Auf den Spuren von Johann Sebastian Bach

Matthias Gretzschel

Auf den Spuren von Johann Sebastian Bach

Ellert & Richter Verlag

Inhalt

Herkunft, Familie, Persönlichkeit, Wirkung

„Nicht Bach! Meer sollte er heißen: wegen seines unendlichen, unerschöpflichen Reichtums an Tonkombinationen und Harmonien." Dieser Ausspruch wird Ludwig van Beethoven zugeschrieben. Er hatte die musikalische Genialität Johann Sebastian Bachs früh erkannt. Diese Wertschätzung, die heute selbstverständlich erscheint, war bis ins 19. Jahrhundert hinein eher die Ausnahme. Bach hatte zwar lebenslang Erfolg, doch er selbst fühlte sich keineswegs als genialer Künstler und er wurde auch von seinen Zeitgenossen nicht als solcher betrachtet. Zum einen war künstlerische Autonomie im modernen Sinn in der absolutistischen Gesellschaft des Barock noch unbekannt, zum anderen war Bach durch die Tradition einer Familie geprägt, in der Musik jahrzehntelang als eine Art künstlerisches Handwerk gepflegt worden war.

Die Bach-Familie – ein einzigartiges Phänomen in der deutschen Musik- und Kulturgeschichte – ist bis zur Mitte des 16. Jahrhunderts nachweisbar. Wechmar, ein kleines zwischen Erfurt und Eisenach gelegenes Dorf, gilt als Wiege der „Bache". In Johann Sebastian Bachs von ihm selbst begonnenen und später von seinem Sohn Carl Philipp Emanuel fortgesetzten Chronik „Der Ursprung der musicalisch-Bachischen Familie" heißt es zu dem frühesten nachweisbaren Vorfahren Veit Bach, er sei „ein Weißbecker in Ungern" gewesen, der im 16. Jahrhundert „der lutherischen Religion halben aus Ungern entweichen" musste. Er ließ sich im lutherischen Thüringen nieder und ging im Dorf Wechmar dem Müllerhandwerk nach, wobei er sich gern mit dem Spiel eines Saiteninstruments unterhalten habe. „Dies ist gleichsam der Anfang zur Music bey seinen Nachkommen gewesen", stellt die Chronik dazu fest.

Doch bald wurde aus dem musikalischen Hobby eine Profession, denn über sieben Generationen hinweg waren die Angehörigen der Bach-Familie in Thüringen in allen nur denkbaren musikalischen Berufen tätig. Sie wirkten als Bierfiedler, Turmbläser, Stadtpfeifer, aber auch als gut bezahlte Hofmusikanten, als Organisten und Kantoren. Die „Bache“ galten damals in Thüringen nicht nur als Familien-, sondern gleichzeitig auch als Berufsbezeichnung. In Bachs „Nekrolog“ heißt es: „Johann Sebastian Bach gehörte zu einem Geschlecht, welchem Liebe und Geschicklichkeit zur Musik, gleichsam als ein allgemeines Geschenk, für alle seine Mitglieder, von der Natur mitgetheilet zu seyn scheinen.“ Das sollte sich bis in die Mitte des 19. Jahrhunderts nicht ändern, denn erst mit dem Tod von Wilhelm Friedrich Ernst Bach endete 1845 diese musikalisch-berufliche Familientradition weitgehend.

Johann Sebastian Bach war ein Familienmensch, betrieb Ahnenforschung, traf sich gern mit Familienangehörigen und gab durch Erziehung und Ausbildung die musikalische Tradition an seine Kinder weiter. Doch was ist er für ein Mensch gewesen?

Selbstbewusst war er sicher, das zeigte sich schon in seiner frühen Jugend. Er war sich wohl der Einzigartigkeit seiner Kunst nicht bewusst, doch überzeugt davon, dass er Überdurchschnittliches leistete – und das wollte er entsprechend honoriert wissen. In Gehaltsverhandlungen kam er mit diesem Selbstbewusstsein, aber auch mit Geschick und Zähigkeit meistens zum Ziel. In Geldsachen war er im Übrigen ein wenig krämerisch veranlagt, vielleicht als Folge seiner schweren Kindheit, in der er nach dem frühen Tod der Eltern plötzlich mittellos auf die Hilfe anderer angewiesen war. Bach war leidenschaftlich und temperamentvoll. Im Streit konnte er reichlich unangenehm werden, denn er trat auch dann rechthaberisch und fordernd auf, wenn seine Position nicht allzu sicher war. Mit ein wenig mehr Kompromissbereitschaft hätte er sich mitunter eine Menge Ärger ersparen können. Mit Sicherheit ist er ein liebevoller Vater gewesen. Ebenso verantwortungsbewusst wie umsichtig war er um das Wohl seiner vielköpfigen Familie besorgt. Insgesamt hatte Bach 20 Kinder: fünf Söhne und zwei Töchter aus der ersten Ehe mit Maria Barbara sowie sechs Söhne und sieben Töchter mit seiner zweiten Ehefrau Anna Magdalena. Wie im 18. Jahrhundert leider üblich,

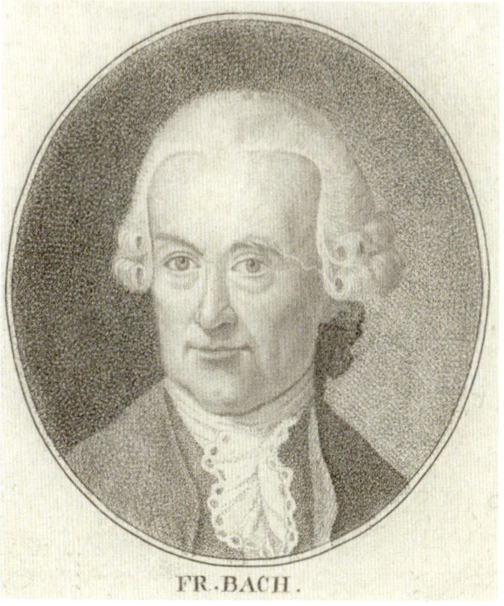

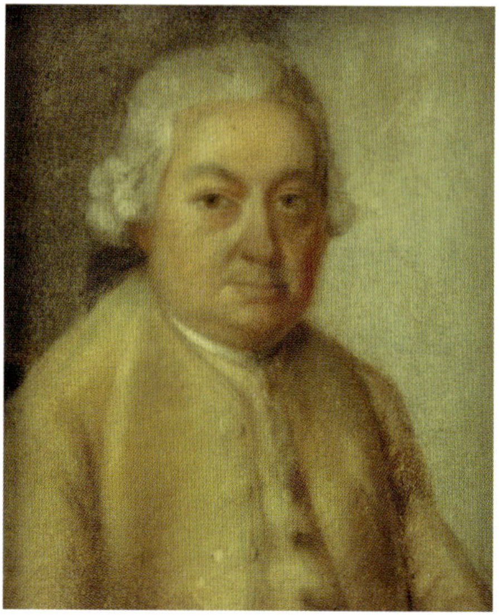

Wilhelm Friedemann Bach (1710 bis 1784), Carl Philipp Emanuel Bach (1714 bis 1788)

starben zehn der 20 Kinder schon in den ersten drei Lebensjahren. Vier seiner Söhne, nämlich Wilhelm Friedemann, Carl Philipp Emanuel, Johann Christoph Friedrich und Johann Christian, wurden selbst erfolgreiche Komponisten.

Zu seinen charakteristischen Wesenszügen gehörte auch beachtlicher Fleiß. Obwohl sein Werk nur unvollständig erhalten blieb, ist dessen Umfang gewaltig. Es zeugt von Bachs lebenslangem Interesse, an musikalischen Entwicklungen zu partizipieren. Trotz der enormen eigenen Kreativität war er sich nicht zu schade, Werke anderer Komponisten mühevoll abzuschreiben, einzustudieren, aufzuführen und zu bearbeiten. Zu Berufskollegen hatte er in aller Regel ein freundschaftliches Verhältnis. Es gehörte zu den eigentümlichen Zufällen in Bachs Leben, dass er seinem bedeutendsten zeitgenössischen Kollegen, dem im nur etwa 40 Kilometer von Leipzig entfernten Halle geborenen Georg Friedrich Händel, niemals persönlich begegnet ist, obwohl er sich mehrfach darum bemüht hatte.

Vielleicht noch mehr als Händel war Bach von tiefer Religiosität geprägt. Tod und Erlösung sind nicht nur wesentliche Motive von Bachs sakraler Musik, sie bestimmten auch seine persönliche Frömmigkeit. Der theologisch interessierte und gebildete Komponist fühlte sich

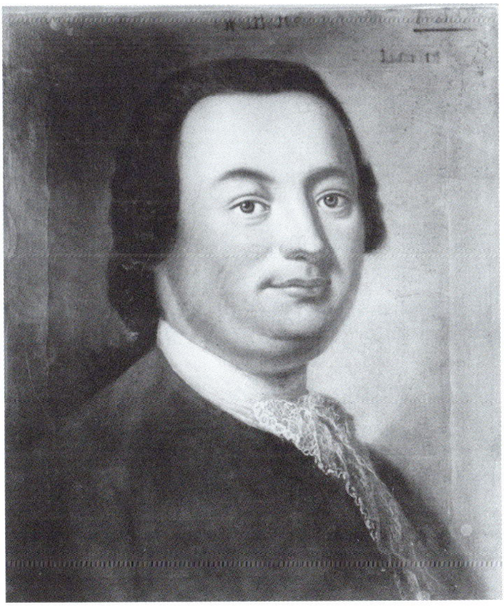

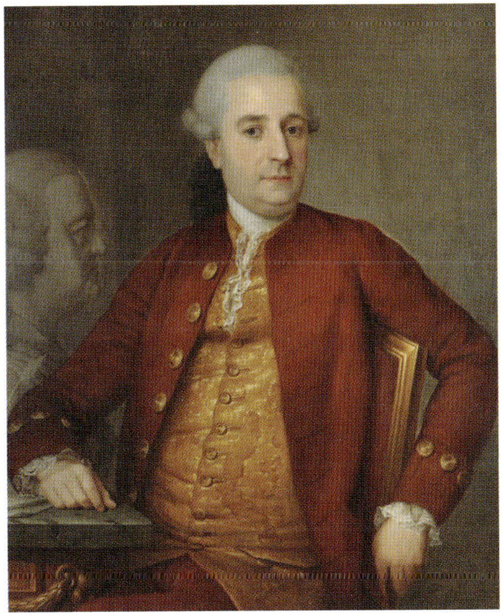

Johann Christoph Friedrich Bach (1732 bis 1795), Johann Christian Bach (1735 bis 1782)

der reformatorischen Lehre seines thüringischen Landsmanns Martin Luther in besonderer Weise verbunden. Nach Bachs Tod geriet sein musikalisches Werk zunächst zwar nicht in Vergessenheit, aber doch stark in den Hintergrund. 52 Jahre danach, im Jahre 1802, erschien die erste Bach-Biografie von Johann Nikolaus Forkel, in der der Komponist erstmalig umfassend gewürdigt wird. Doch die Wiederentdeckung der Bachschen Musik war zunächst eine Angelegenheit von Insidern und Kennern der damaligen Musikszene. So beschäftigte sich der einflussreiche Berliner Musiker und Komponist Karl Friedrich Zelter zwar schon Anfang des 19. Jahrhunderts mit Bachs Werken, trat damit aber noch nicht an eine größere Öffentlichkeit. Der Durchbruch kam erst im Jahr 1829, als Felix Mendelssohn Bartholdy die weitgehend vergessene Matthäuspassion mit der Berliner Singakademie zum ersten Mal wieder aufführte. Das mit Geistesgrößen wie Georg Wilhelm Hegel, Friedrich Schleiermacher und Heinrich Heine hochkarätig besetzte Publikum war tief beeindruckt. Bald folgten weitere Aufführungen in Frankfurt, Breslau, Stettin, Königsberg, Kassel und Dresden. Mendelssohn Bartholdy war es auch, der dafür sorgte, dass Johann Sebastian Bach in Leipzig ein erstes Denkmal erhielt. Am 5. August 1840 gab er in der Thomaskirche ein Orgelkonzert, dessen Erlös für das geplante Monument bestimmt

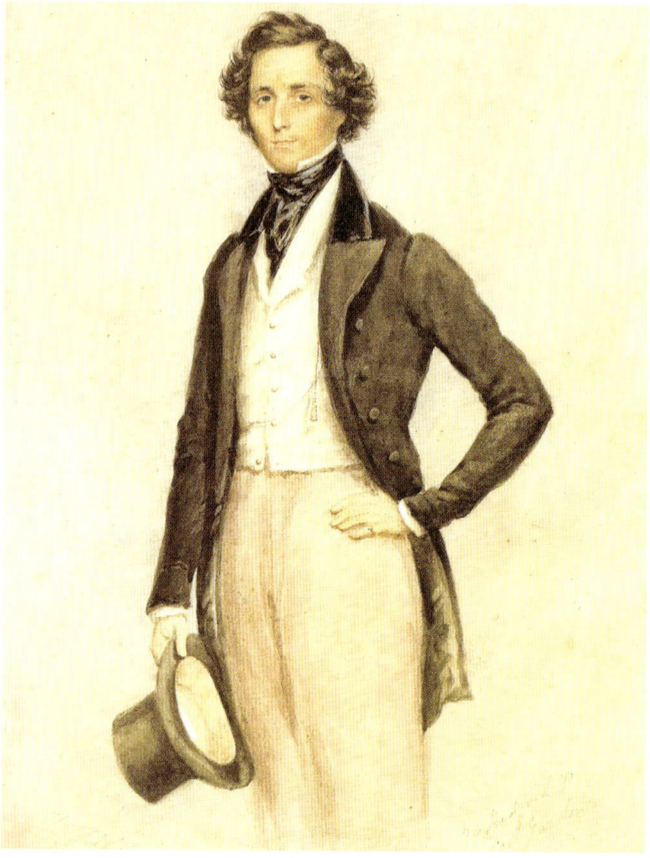

Felix Mendelssohn Bartholdy (1809–1847) auf einem Aquarell von James Warren Childe aus dem Jahr 1830. Der aus Hamburg stammende Komponist, Pianist, Organist und Dirigent setzte sich mit großem Engagement für die Wiederentdeckung der Werke von Johann Sebastian Bach ein. Das von Mendelssohn initiierte weltweit erste Bachdenkmal ist auf den Seiten 20/21 zu sehen.

war. Da die Mittel aber noch nicht reichten, folgte ein Jahr später die erste Leipziger Wiederaufführung der Matthäuspassion als Benefizkonzert. Am 23. April 1843 konnte das Denkmal, das der Dresdner Akademieprofessor Eduard Bendemann nach Mendelssohn Bartholdys Vorstellungen entworfen hatte, eingeweiht werden. Das Monument, das auf einem von Säulenbündeln gerahmten Sockel ruht, hat die Form eines gotischen Sakramentshäuschens. Während auf der einen Seite ein modelliertes Bachporträt zu sehen ist, zeigen die anderen Seitenflächen Genien, die Bachs Leipziger Tätigkeiten als Organist, Komponist, Lehrer und Kantor symbolisieren.

Johann Sebastian Bach war geprägt durch seine thüringisch-sächsische Heimat, die zu den kulturell fruchtbarsten Regionen in Deutschland gehörte. Die Weltläufigkeit seines Hallenser Kollegen Georg Friedrich Hän-

Seit 1908 steht vor der Südseite der Leipziger Thomaskirche das große Bachdenkmal. Um eine möglichst authentische Darstellung zu erreichen, hatte sich der Bildhauer Carl Seffner, der die 2,45 Meter hohe Bachfigur schuf, bei seiner Entwurfsarbeit an anatomischen Befunden orientiert, die bei der Identifikation der vermutlichen Bachschen Gebeine Ende des 19. Jahrhunderts erhoben worden waren.

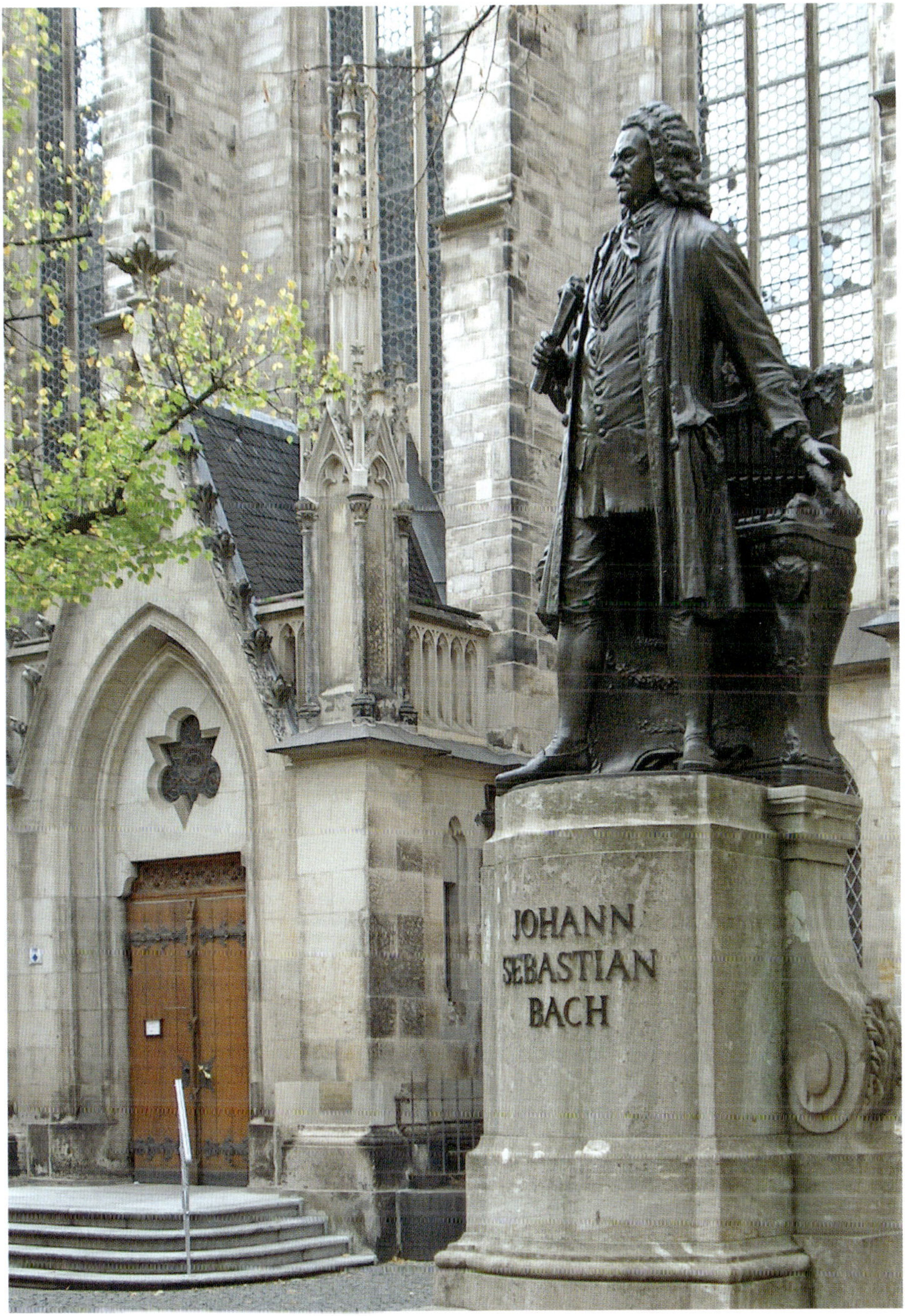
JOHANN
SEBASTIAN
BACH

del war ihm fremd. Obwohl er mit Lüneburg, Hamburg und Lübeck einige norddeutsche Städte kennengelernt und auch Karlsbad besucht hatte, war er fast ausschließlich im thüringisch-sächsischen Raum tätig. Diese regionale Beschränkung bildet einen bemerkenswerten Kontrast zu der grenzenlosen Wirkung der Bachschen Musik. Selbst in Ländern außerhalb des europäischen Kulturkreises sind seine Werke fester Bestandteil des musikalischen Lebens. Wie stark sie Menschen in aller Welt berühren, zeigt auch das große Interesse, das Bachs Schicksal und Lebensumständen entgegengebracht wird.

Zentrum der Bachpflege ist Leipzig, wo er von 1723 bis zu seinem Tod 1750 die längste Zeit seines Lebens als Thomaskantor tätig war. Hier wird sein Erbe nicht nur vom Thomanerchor und zahlreichen weiteren Ensembles gepflegt, in Leipzig befindet sich im Bosehaus, dem ältesten Gebäude am Thomaskirchhof, mit dem Bach-Archiv die wichtigste Institution zur Erforschung von Leben, Werk und Wirkungsgeschichte des Komponisten. Hier lädt auch das Bach-Museum mit seiner interaktiven Ausstellung dazu ein, sich mit dem Leben und Wirken des Thomaskantors zu beschäftigen. Einmal im Jahr ist die sächsische Messestadt zudem Gastgeber des Bachfestes Leipzig, einem großen Musikfestival, das jedes Jahr unter einem anderen thematischen Motto steht.

Auch in anderen deutschen Städten und Regionen gibt es Bach-Festivals, wie die Thüringer Bachwochen, die Bachwoche Ansbach oder die Bach-Wochen an der Hamburger Hauptkirche St. Michaelis. International steht der Thomaskantor ebenfalls regelmäßig in Zentrum von großen Festivals wie dem Bachfestival Antwerpen, dem Bachfestival im niederländischen Dodrecht, dem English Bach Festival, dem Oregon Bach Festival, dem Carmel Bach Festival und dem Baldwin Wallace Bach Festival in den USA oder dem Bach Festival of Canada.

Wie anschlussfähig Bachs Musik ist, zeigt ihre „kulturelle Aneignung“ in asiatischen Ländern wie China, Südkorea und – vor allem – Japan. Das 1990 von Masaaki Suzuki gegründete und in Tokio und Kobe beheimatete Bach Collegium Japan, das aus gemischtem Chor und Orchester besteht, gehört zu den weltweit führenden Ensembles für die historische Aufführungspraxis barocker

Werke. Zu seinen anspruchsvollsten Projekten gehört die 1995 begonnene und 2018 vollendete Einspielung aller Bach-Kantaten. In Japan gehört Bach zum musikalischen Alltag, aber auch in China wird seine Musik regelmäßig gespielt. So hat der Pianist Lang Lang die „Goldberg-Variationen" gleich zweimal eingespielt und sich zuvor in Leipzig und Thüringen die originalen Barockinstrumente angesehen. Da verwundert es nicht, dass eines der weltweit etwa 30 Bachdenkmäler in einem Park der chinesischen Küstenmetropole Shanghai zu finden ist.

Wie die meisten seiner mitteldeutschen Zeitgenossen wird Johann Sebastian Bach kaum etwas über China oder Japan gewusst, geschweige denn sich vorgestellt haben, dass Menschen dort und in vielen anderen Teilen der Welt von seiner Musik ergriffen sein könnten. Bach lebte in Mitteldeutschland und war von dieser protestantisch ausgerichteten Kulturlandschaft geprägt.

Dieses Buch stellt jene Städte und Stätten vor, die zu Stationen im Leben des Komponisten und Musikers geworden sind. Auf seinen Spuren führt die Reise in reizvolle Landschaften und historische Städte, zu prachtvollen Schlössern und jenen jahrhundertealten Kirchen, in denen Bach seine Orgelwerke, seine Kantaten und Oratorien aufgeführt hat.

Das kleine Dorf Wechmar steht am Anfang einer großen Geschichte: Im Jahre 1545 flüchtete der Bäcker Veit Bach, der als Protestant in Ungarn verfolgt worden war, in den unweit von Gotha gelegenen thüringischen Ort. Er soll – so ist es überliefert – beim Kornmahlen musiziert haben. Seine Nachkommen waren bald als Bierfiedler, Stadtpfeifer, Organisten, Kantoren und Hofmusikanten tätig, sodass der Name Bach in Thüringen nicht mehr nur als Familien-, sondern zugleich als eine Art musikalische Berufsbezeichnung galt.

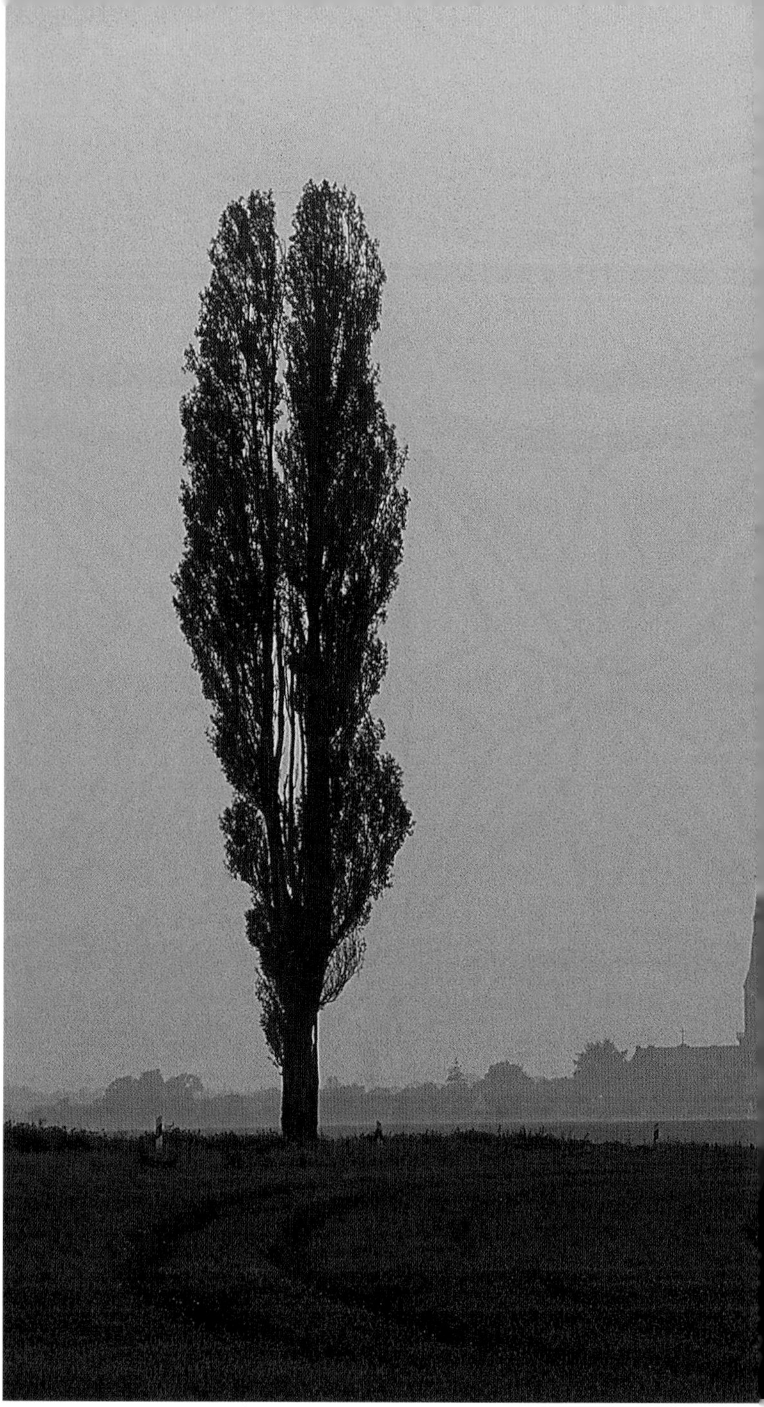

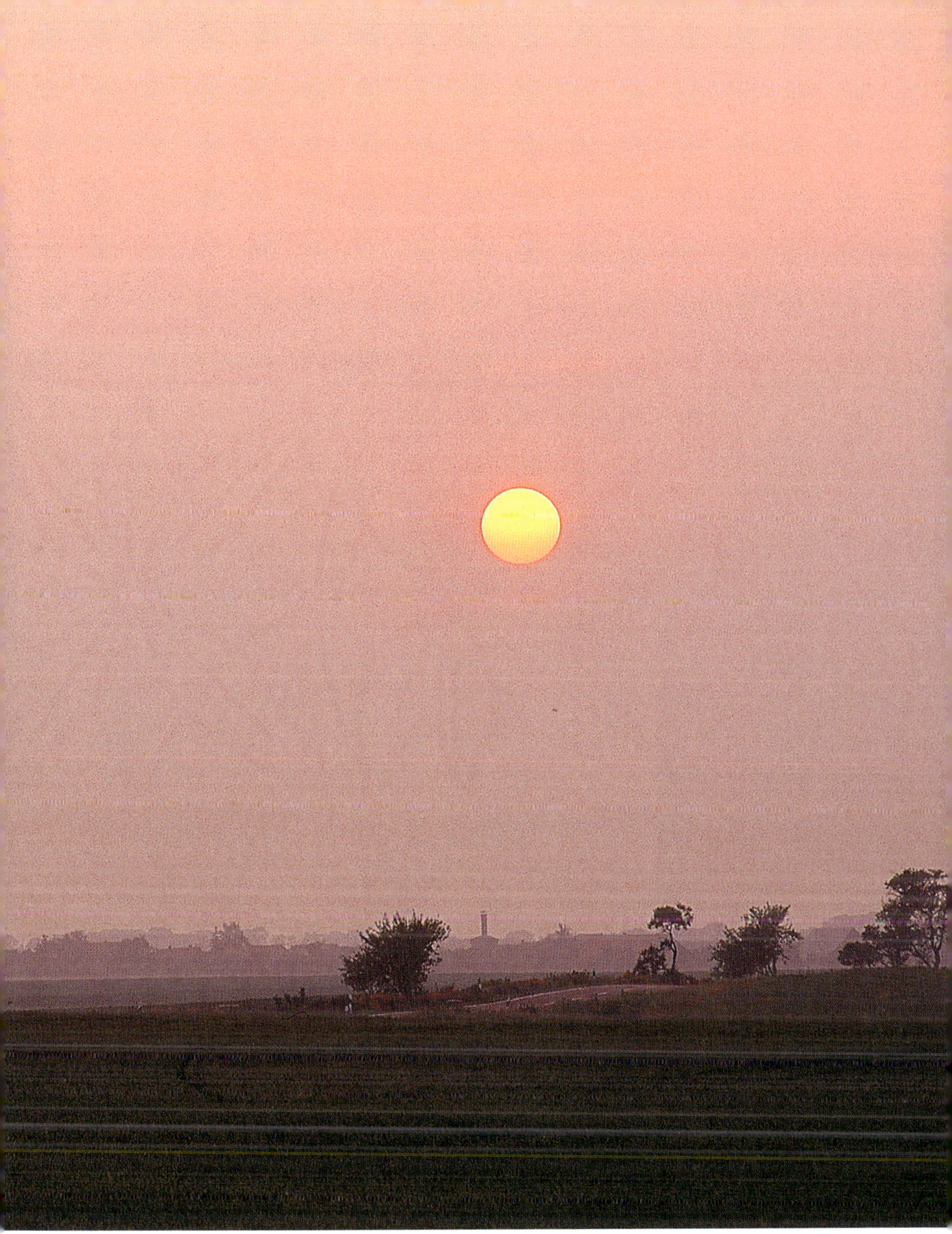

Die Originalpartitur der Matthäuspassion vermittelt einen Eindruck von Johann Sebastian Bachs Noten-Schriftbild. Dieses Werk, das mit seiner einzigartigen Verbindung von Dramatik und Emotionalität, Leidenschaft und Meditation zu den bewegendsten Schöpfungen des Thomaskantors zählt, wurde vermutlich im Jahre 1729 in Leipzig uraufgeführt. Nach dem Tod des Komponisten war sie fast völlig in Vergessenheit geraten. Die Wiederaufführung der Matthäuspassion durch Felix Mendelssohn Bartholdy in der Berliner Singakademie am 11. März 1829 markiert den Beginn der heutigen Bach-Tradition.

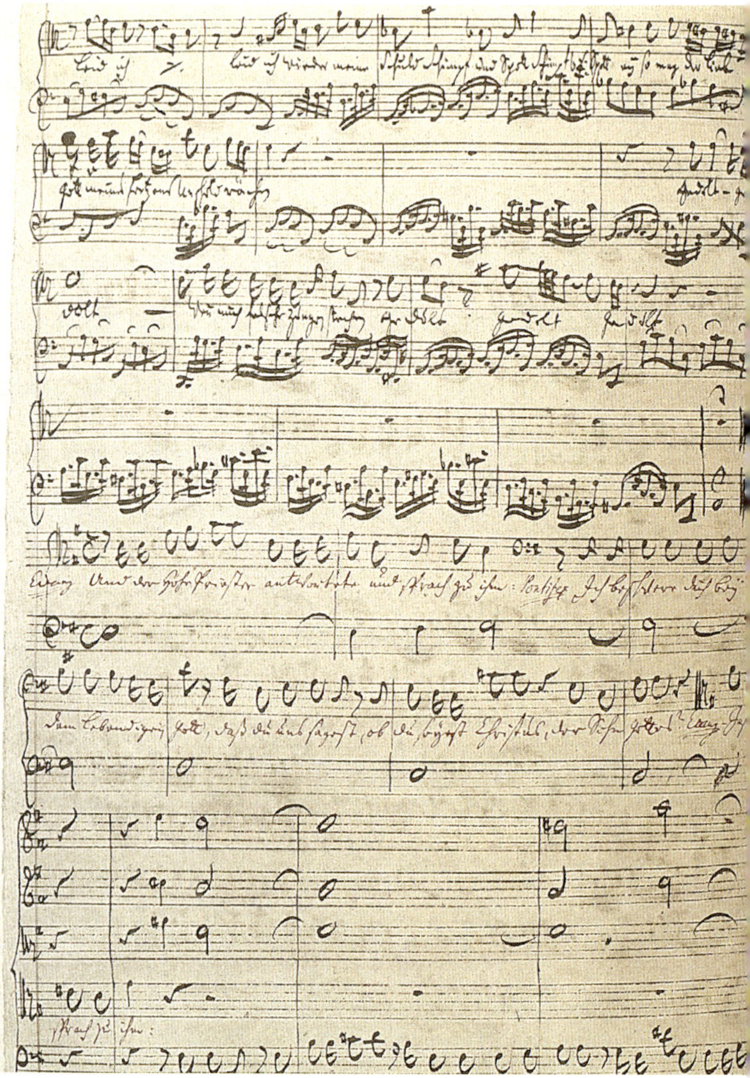

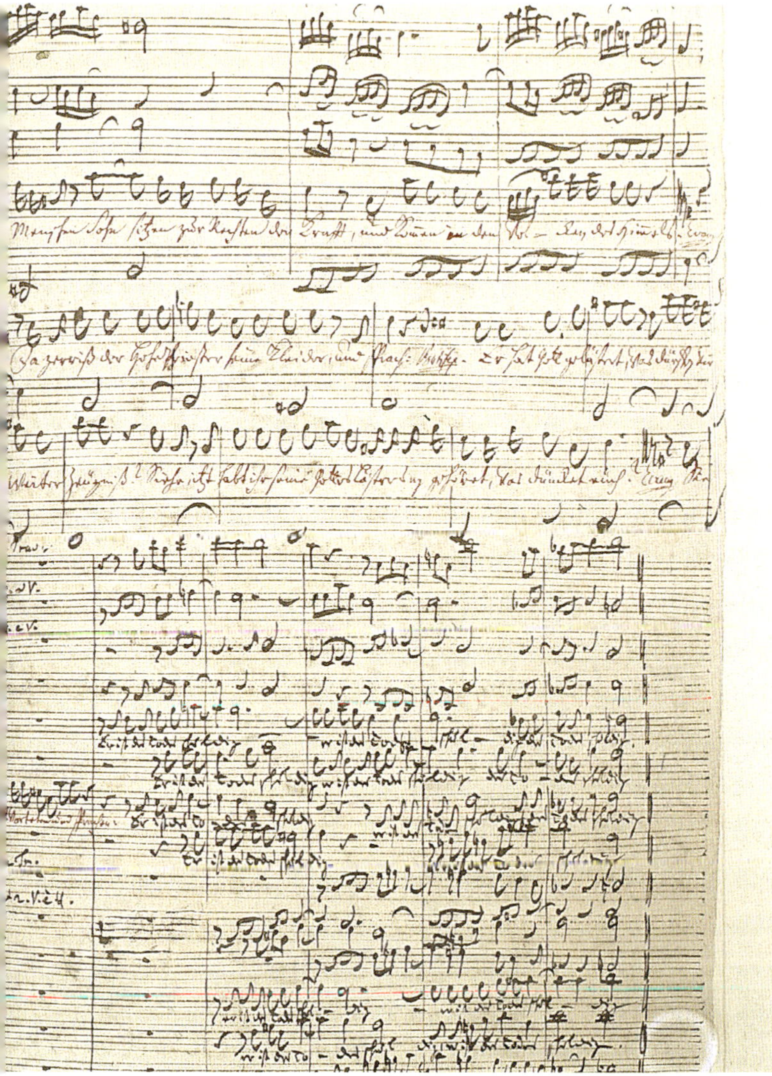

Orgelkompositionen nehmen einen besonders wichtigen Platz im Schaffen Johann Sebastian Bachs ein. Er war ein hervorragender Interpret, dessen Improvisationskunst die Zeitgenossen immer wieder in Erstaunen versetzte. Schon als Schüler interessierte er sich auch für die technischen Fragen des Instrumentenbaus, sodass bald sein Rat als Orgelbau-Experte gefragt war. Unsere Abbildung zeigt eine Hausorgel, die im Jahre 1722 von G. H. Heinrich im österreichischen Hainburg gebaut wurde und sich heute im Bachhaus in Eisenach befindet.

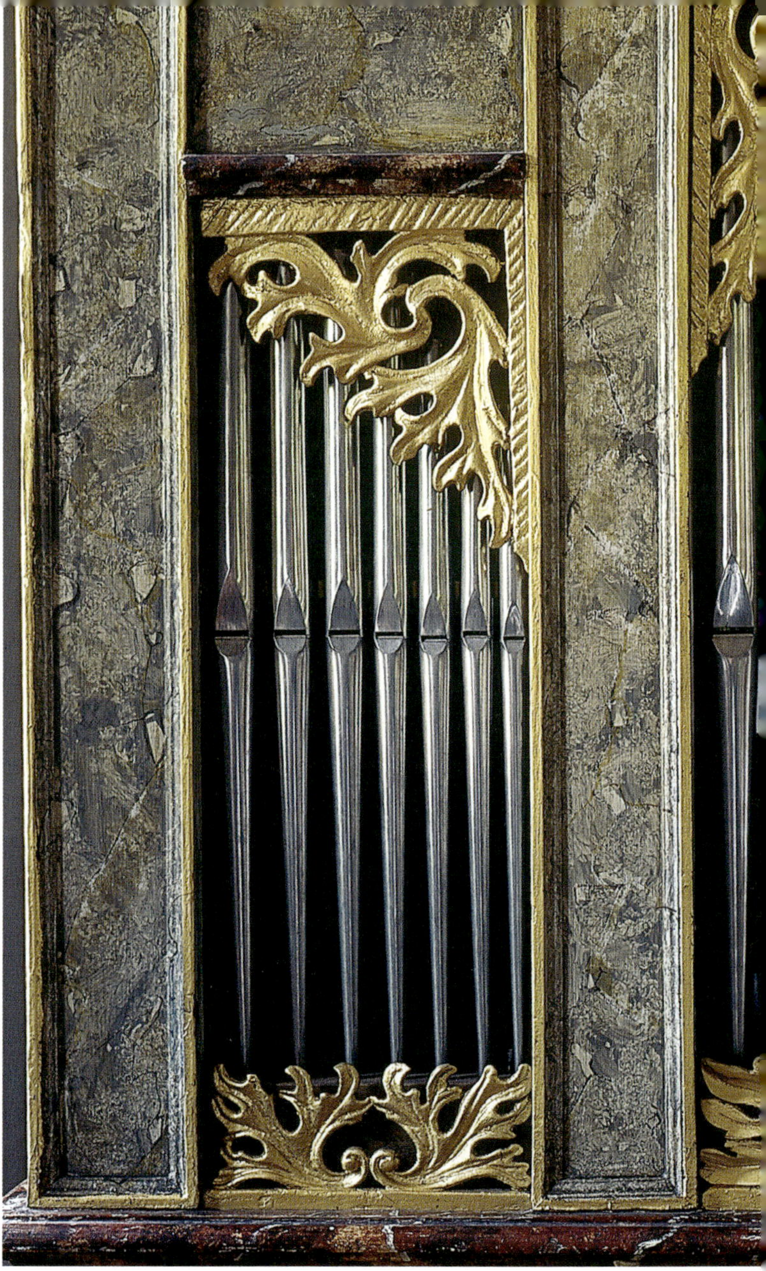

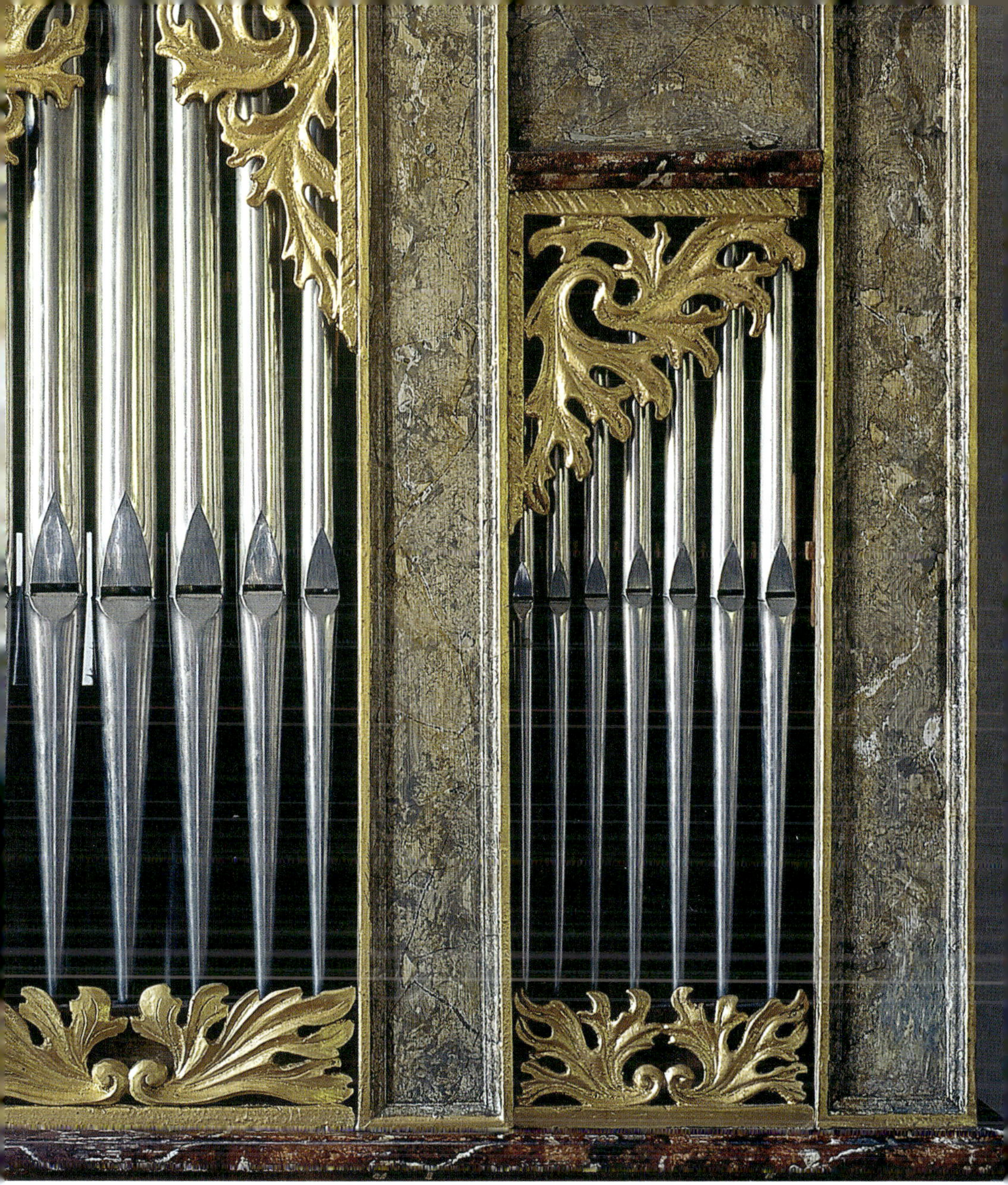

Ein wenig versteckt in den Parkanlagen des Dittrichrings steht das alte Leipziger Bachdenkmal. Felix Mendelssohn Bartholdy hatte dafür gesorgt, dass Bach im Jahre 1843 hiermit überhaupt zum ersten Mal ein Denkmal gesetzt wurde. In einem Brief, der im Leipziger Stadtarchiv aufbewahrt wird, kündigt er die Denkmalseinweihung folgendermaßen an: „Ich beabsichtige, im Saal des Gewandhauses ein Konzert mit lauter Vokal- und Instrumentalkompositionen des unsterblichen Meisters zu geben; nach beendigtem Konzert dachte ich dann, mit einem Teil des Sängerchores an die Thomasschule zum Denkmal hinzugehen und, nach Absingen eines Bachschen Chorals, dasselbe der Stadt als Eigentum zu übergeben."

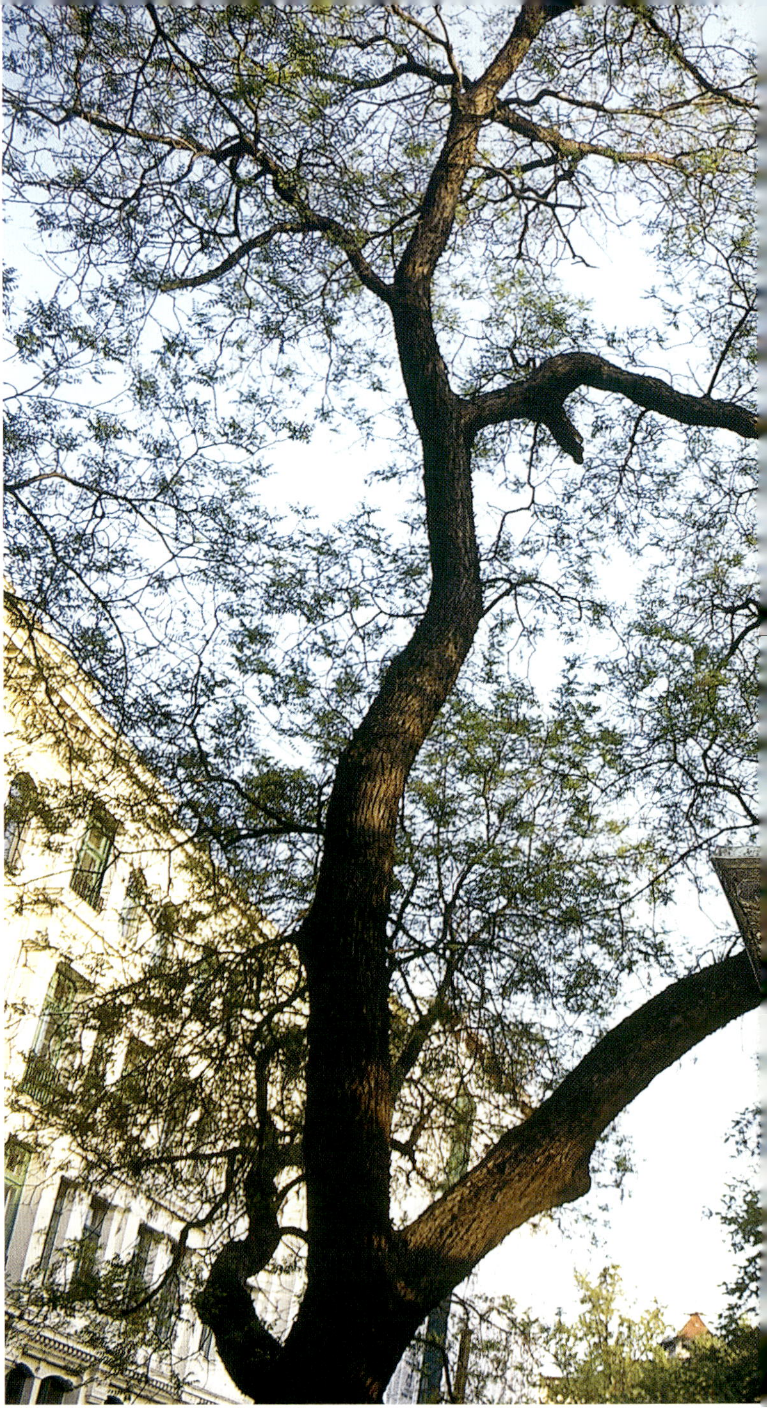

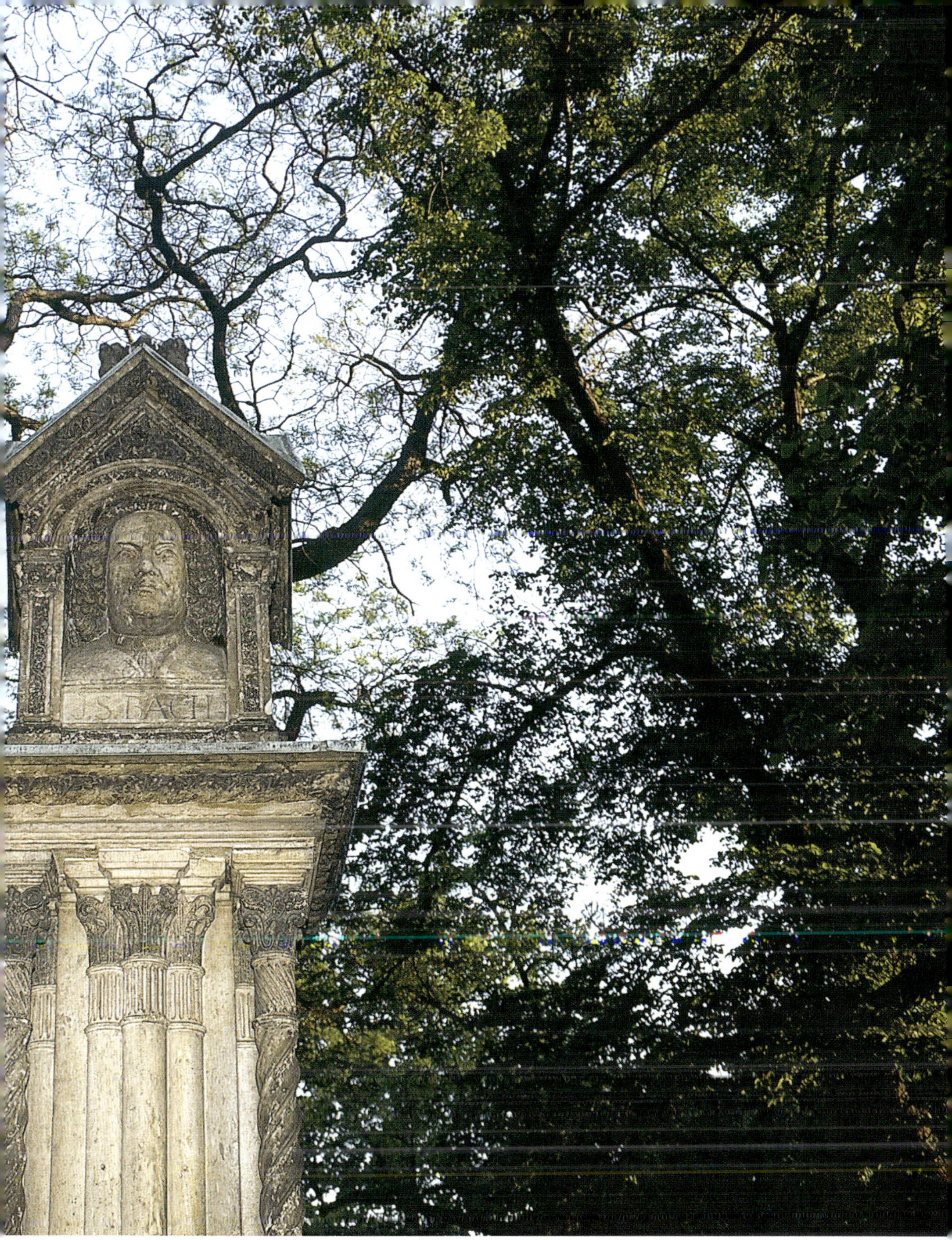
J.S.BACH

Die Kindheit
Eisenach und Ohrdruf: 1685–1700

In der zweiten Hälfte des 17. Jahrhunderts hatte die thüringische Residenzstadt Eisenach etwa 7.000 Einwohner: Handwerker, städtische Beamte, Patrizier und Angehörige des Hofes. Noch war die Erinnerung an den 1618 begonnenen Dreißigjährigen Krieg wach, der Deutschland in unvorstellbarem Ausmaß verwüstet hatte und der 1648 wiedererlangte Frieden erschien den Menschen als kostbares Gut. Das Leben in Eisenach lief wieder in geregelten Bahnen. Wie zu Martin Luthers Zeiten, der 1498 als Lateinschüler hierhergekommen war, zogen Kurrendaner singend durch die engen Gassen der von Mauern und Türmen umgebenen Stadt. Musik spielte auch am Hofe des wettinischen Herzogs Johann Georg I. eine wichtige Rolle. Er selbst hatte eine Hofkapelle gegründet, die in der Alten Residenz am Markt musizierte. Neben auswärtigen Musikern wirkten hier der Stadtpfeifer (auch Hausmann genannt) und seine Gesellen mit. Sie bezogen ihre Gehälter vom Rat und hatten die Aufgabe, den Türmerdienst und kirchenmusikalische Tätigkeiten wahrzunehmen, mussten aber auch zu festlichen Anlässen der Stadt aufspielen.

Seit 1671 übte der aus Erfurt zugezogene Johann Ambrosius Bach das Amt des Eisenacher Stadtpfeifers aus. Sechs Jahre später berief ihn sein Landesherr zusätzlich als Trompeter in die Hofkapelle. Noch in Erfurt hatte Bach die Handwerkertochter Elisabeth Lemmerhirt geheiratet. Am 21. März 1685 wurde das achte Kind dieses Paares geboren. Zwei Tage später ließ man den Knaben in der Georgenkirche auf den Namen Johann Sebastian taufen.

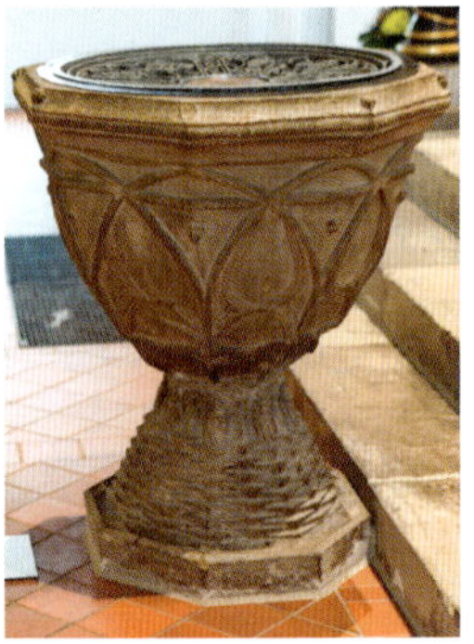

Der spätmittelalterliche Taufstein von 1503 in der Eisenacher Georgenkirche, über den Bach am 23. März 1685 bei seiner Taufe gehalten wurde.

Viel wissen wir über Johann Sebastians Kindheit nicht, nur eines steht fest: Seine musikalische Begabung zeigte sich schon sehr früh. Doch das war in der Bachfamilie nichts Ungewöhnliches. Ganz selbstverständlich unterwies der Vater ihn im Geigenspiel und vom achten Le-

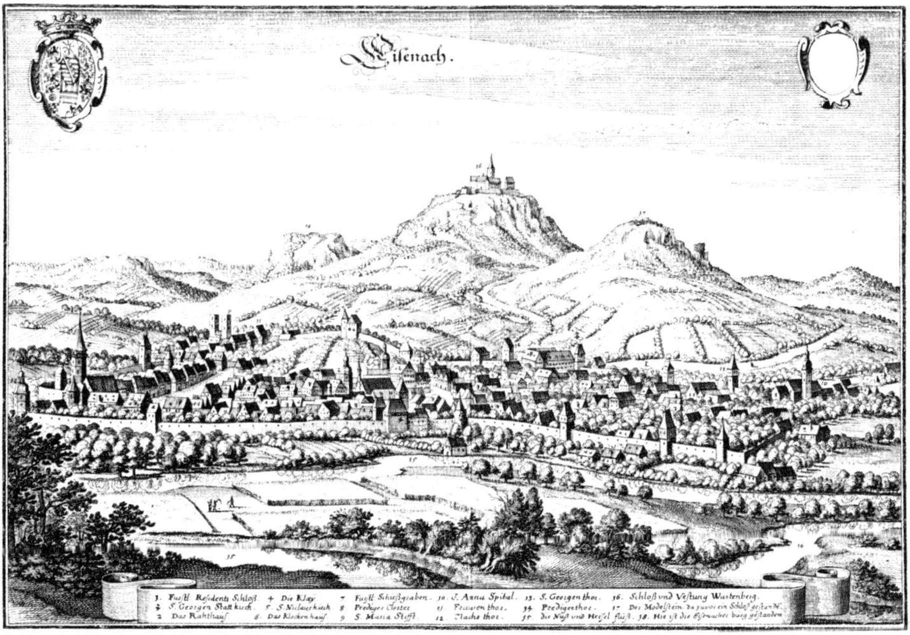

Als Johann Sebastian Bach im Jahre 1685 in Eisenach geboren wurde, war die turmreiche Stadt zu Füßen der Wartburg noch von einer wehrhaften Mauer umgeben. Der Kupferstich von Matthäus Merian d. J. mit der Ansicht der thüringischen Residenz entstand Mitte des 17. Jahrhunderts.

bensjahr an war er auch ein begeisterter Chorsänger. Johann Sebastians Kindheit wurde allerdings durch den frühen Tod seiner Eltern überschattet. Die Mutter starb im Mai 1694, der Vater wenig später Anfang 1695. Der Verlust der Eltern war für den knapp Zehnjährigen ein erschütterndes Erlebnis. Vielleicht liegt hier auch eine Erklärung für seine beinahe schwärmerische Todessehnsucht und die intensive Bindung an den christlichen Erlösungsgedanken, die Persönlichkeit und Werk Johann Sebastian Bachs nachhaltig prägen sollten. Da Unterhalt und Erziehung des Kindes gesichert werden mussten, nahm Johann Sebastians vierzehn Jahre älterer Bruder Johann Christoph Bach, der die Organistenstelle in der thüringischen Kleinstadt Ohrdruf innehatte, ihn zu sich.

Verweilen wir noch ein wenig in der Geburtsstadt des Komponisten. In den Grünanlagen am Frauenplan steht das 1884 vollendete, von dem Bildhauer Adolf von Donndorf entworfene Denkmal, das Bach als selbstbewussten und erfolgreichen Bürger in der Kleidung des 18. Jahrhunderts darstellt. Gleich nebenan, am Frauenplan 21, befindet sich das Bachhaus, ein stattliches Wohnhaus aus dem 17. Jahrhundert. Der Musikhistoriker und

Bach-Biograf Carl Hermann Bitter hatte das Gebäude vermeintlich als Bachs Geburtshaus identifiziert und eine entsprechende Gedenktafel vorgeschlagen, die 1868 angebracht wurde. Am Anfang des 20. Jahrhunderts regte dann die in Leipzig ansässige Neue Bachgesellschaft an, das Haus zu kaufen und hier eine Gedenkstätte einzurichten. Prominente, wie der Geiger Joseph Joachim und der Dirigent Hans von Bülow, unterstützten diese Idee, und schon bald trafen aus aller Welt Spenden ein, sodass 1907 ein Museum eröffnet werden konnte. Später tauchten allerdings Unterlagen auf, aus denen hervorging, dass Johann Ambrosius Bach Steuern für ein anderes Haus gezahlt hatte, welches auf der Fleischergaß gestanden hatte. Dieses wirkliche Geburtshaus befand sich also auf der heutigen Lutherstraße 35, etwa 100 Meter vom Bachhaus entfernt, wurde aber bereits im 18. Jahrhundert abgerissen. Auch wenn das Haus am Frauenplan nicht Johann Sebastians Geburtshaus gewesen ist, wohnten hier Mitte des 18. Jahrhunderts mehrere Mitglieder des Eisenacher Zweigs der Bach-Familie. Im Zweiten Weltkrieg wurde das Bachhaus stark beschädigt, doch bereits 1947 konnte es wiedereröffnet werden. Möbel aus Bachs Besitz sind allerdings nicht zu besichtigen, da sie ausnahmslos verlorengingen. Dennoch wirkt dieses Museum, das sich der Familie, den Lebensumständen und dem Werk des Komponisten widmet, besonders authentisch, nicht nur,

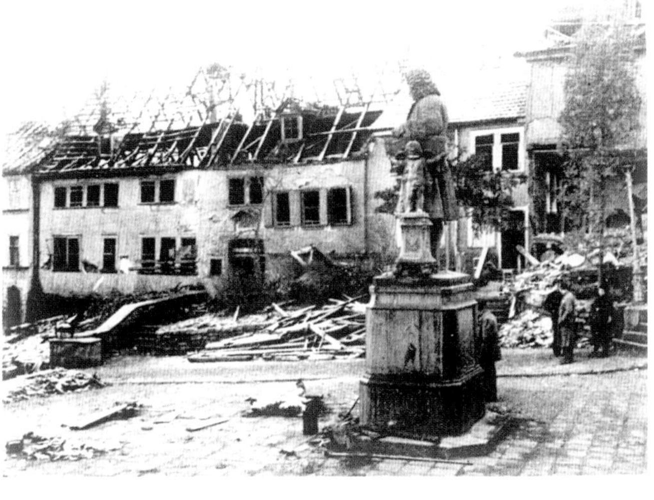

Das im Zweiten Weltkrieg stark beschädigte Bachhaus auf einem Foto von 1945

Das Eisenacher Bachhaus mit dem 2007 eröffneten Erweiterungsbau, der von dem Kasseler Architekten Berthold H. Penkhues entworfen wurde.

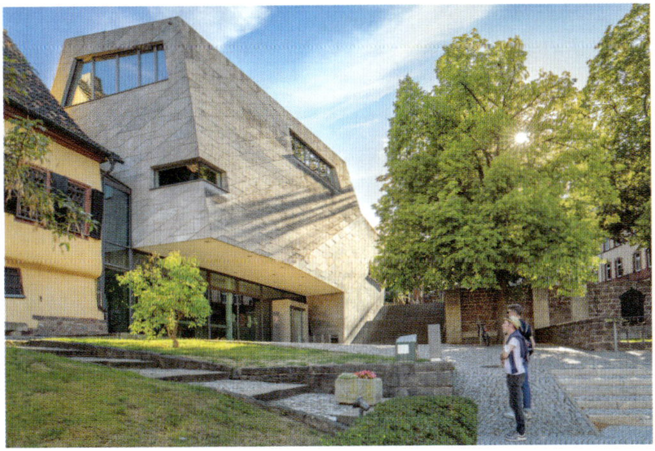

weil es sich in unmittelbarer Nähe zu dem Ort seiner Geburt befindet, sondern auch, weil es den Besuchern ermöglicht, sich in die Lebensumstände, den Alltag und die Kultur der kleinen thüringischen Residenz in der zweiten Hälfte des 17. Jahrhunderts hineinzuversetzen.

Schon 1911 konnte das gründerzeitliche Nachbarhaus (Frauenplan 19) in das Museum einbezogen werden. 1973 kamen im Zuge von Neugestaltungen das Haus Frauenplan 21 a und 1980 auch noch das Gebäude Frauenplan 23 hinzu. Diese beiden westlich des eigentlichen Bachhauses gelegenen Gebäude mussten nach der Jahrtausendwende einem skulptural anmutenden und sehr dominant wirkenden Neubau weichen, dessen Fassade mit rautenförmigen Muschelkalk-Platten verkleidet ist. Dieses neue, von dem Kasseler Architekten Berthold H. Penkhues entworfene Museumsgebäude wurde am 27. Mai 2007 anlässlich des 100jährigen Bestehens des Bachhauses eröffnet. Hier befindet sich auch der Eingangsbereich mit dem Foyer, von dem aus die Besucher in das Erdgeschoss des historischen Bachhauses und in den Garten gelangen. Während es im Obergeschoss des Bachhauses um die Biografie des Komponisten geht, wird im Neubau Bachs Musik thematisiert, auch mit außergewöhnlichen Inszenierungen wie einem „Begehbaren Musikstück“ mit 13 Hörstationen und den „Bubble Chairs“, fünf hängenden Sitzschalen des finnischen Designers Eero Aarnio, in denen die Besucher jeweils einem Bachwerk lauschen können. Weitere Themen dieses sehr modern gestalteten Museums sind u. a. die Bach-Ikonographie (die bildliche Darstellung des Komponisten) und Aspekte der Bach-Forschung. Mit jährlich etwa 60.000 Besuchern gehört das Bachhaus, in dem stündlich ein kleines Konzert auf fünf barocken Tasteninstrumenten zu erleben ist, zu den größten und meistbesuchten Musikermuseen in Deutschland.

Am 21. März, Bachs Geburtstag, findet Jahr für Jahr eine Kranzniederlegung am Denkmal und anschließend ein Konzert im Instrumentensaal des Bachhauses statt. Eine Kuriosität ist die Gedenktafel aus dem Jahr 1868 mit der Aufschrift „Johann Sebastian Bach wurde am 21. März 1685 in diesem Hause geboren“, die sich jahrzehntelang im Museumsarchiv befand, seit 2007 aber wieder an der Fassade zu sehen ist – als Relikt einer frühen Ehrung und eines historischen Irrtums, auf den in der Ausstellung aber ausdrücklich hingewiesen wird.

Sehenswert ist auch die Georgenkirche, Eisenachs Haupt-, Stadt- und Pfarrkirche. Das ursprünglich romanische Gebäude wurde im 16. Jahrhundert zur dreischiffigen Hallenkirche umgebaut. Zur wertvollen Ausstattung gehören u. a. die 700 Jahre alten Grabsteine der Thüringer Landgrafen hinter dem Altar, die barocke Kanzel und der kostbare, mit reichen Schnitzereien versehene Orgelprospekt von 1719. 132 Jahre lang haben Mitglieder der Familie Bach hier den Organistendienst versehen. Erhalten blieb auch der Taufstein von 1503, über den Johann Sebastian Bach am 23. März 1685 gehalten wurde.

Zehn Jahre war Johann Sebastian alt, als er und sein Bruder Johann Jacob im Hause des ältesten Bruders Johann Christoph in Ohrdruf Aufnahme fanden. „Ein Städtlein und darin ein Schloss“, schrieb der Kupferstecher und Geograph Matthäus Merian in der Mitte des 17. Jahrhunderts und meinte damit Schloss Ehrenstein, eine vierflügelige Renaissanceanlage, die im Jahre 1590, also ein knappes Jahrhundert vor Bachs Aufenthalt, fertiggestellt worden war. Die kleine Residenz gehörte damals zum Herrschaftsgebiet des Herzogs Ernst I. von Sachsen-Gotha, der als orthodoxer Lutheraner die Einrichtung von Lateinschulen veranlasst hatte. Die Ohrdrufer Lateinschule, die Bach nun besuchte, geht auf die älteste thürin-

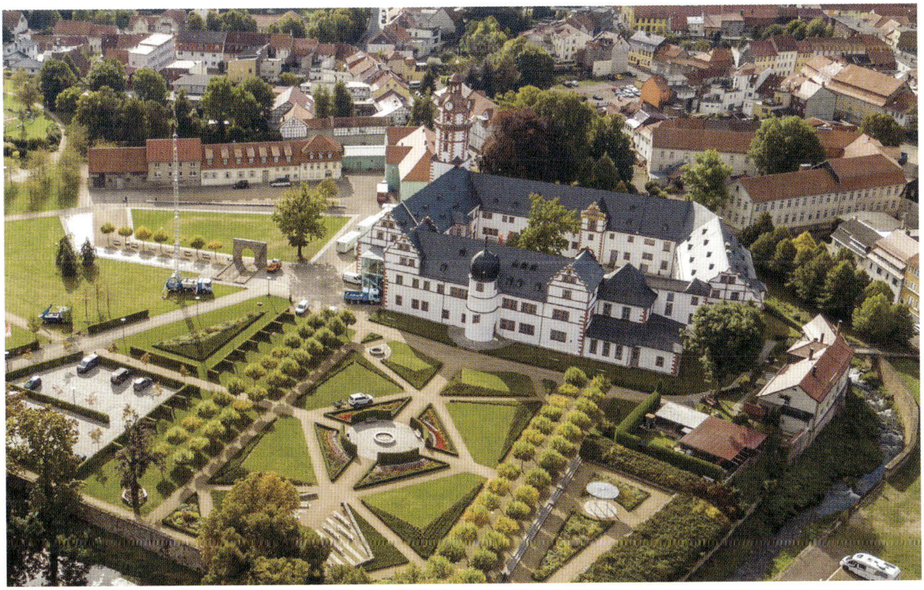

Schloss Ehrenstein, ein stattlicher Renaissancebau aus der Mitte des 16. Jahrhunderts, fiel im November 2013 einem Brand zum Opfer, wurde aber wiederaufgebaut und erstrahlt seit 2022 in neuem Glanz. Eine Ausstellung erinnert an Johann Sebastian Bach, der fünf Jahre seiner Kindheit bei seinem Bruder in Ohrdruf verbrachte.

gische Klosterschule zurück und hatte sich zur bedeutendsten Bildungsstätte des Herzogtums entwickelt. Für Johann Sebastian ein Glücksfall, denn so konnte er sich vor allem in den Fächern Griechisch, Latein, Arithmetik und in sprachstilistischen Übungen eine solide Bildung aneignen. Prägend war auch die streng nach der lutherischen Orthodoxie ausgerichtete religiöse Unterweisung.

Zunächst ging er gemeinsam mit seinem drei Jahre älteren Bruder Johann Jacob zur Schule, doch dieser verließ Ohrdruf 1696 wieder, um in Eisenach beim Nachfolger des Vaters im Amt des Stadtpfeifers in die Lehre zu gehen. Johann Sebastian vervollkommnete seine musikalische Ausbildung als Angehöriger des Chores der Lateinschule, aber vor allem unter der Anleitung seines ältesten Bruders. Seit 1690 war Johann Christoph Bach Organist an der Ohrdrufer Michaeliskirche. Auch Johann Sebastian durfte nun auf der Orgel von St. Michaelis spielen, was für seine weitere Entwicklung große Bedeutung hat. Lernte er hier doch die Orgelwerke von Johann Pachelbel, einem Freund seines älteren Bruders, von Johann Jakob Frohberger, Dietrich Buxtehude und anderen zeitgenössischen Komponisten kennen. Die folgende Anekdote zeugt von der musikalischen Leidenschaft des Knaben: Johann Christoph Bach besaß ein Notenbuch mit den Werken der

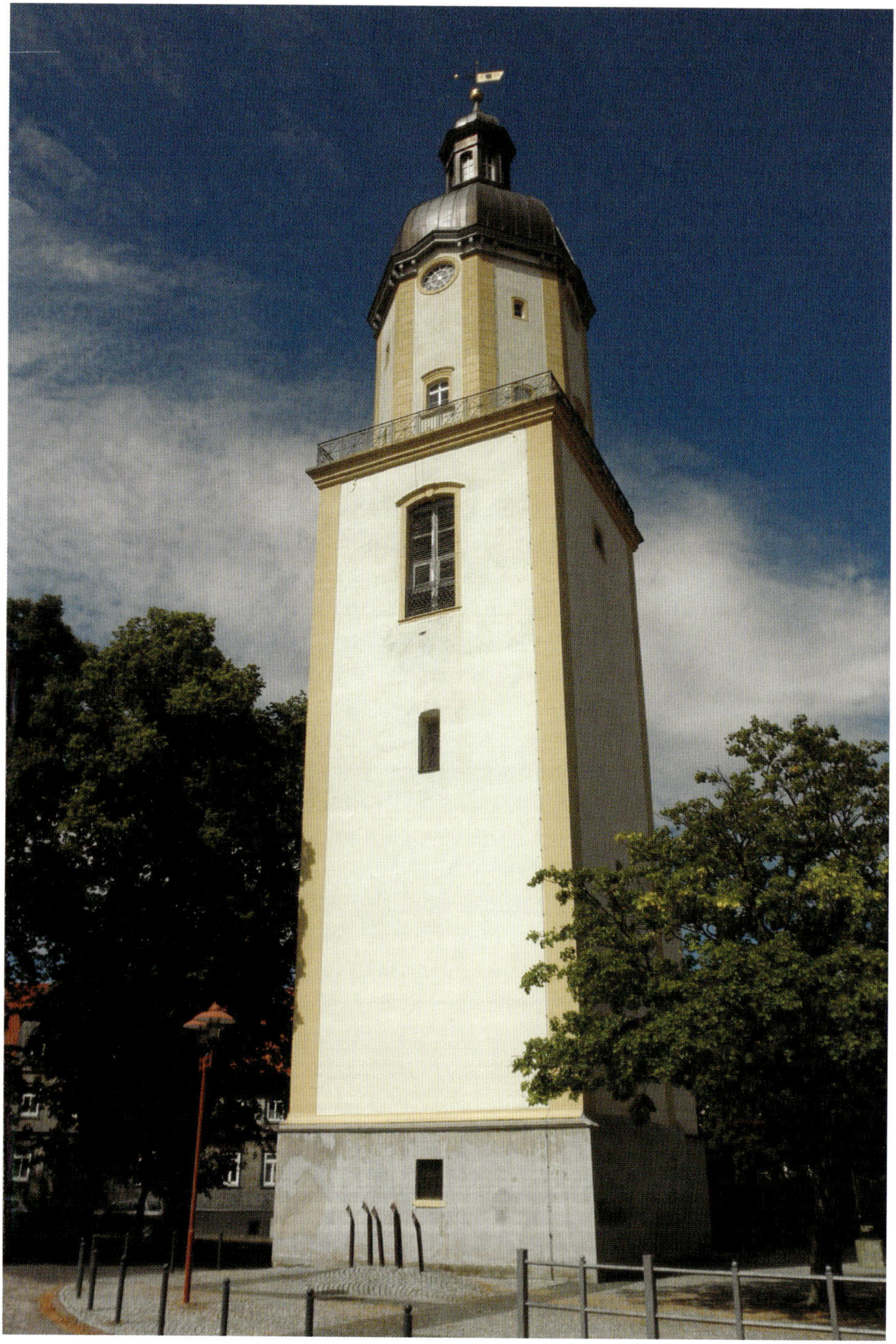

Nur der Turm der Ohrdrufer Michaeliskirche hat den Zweiten Weltkrieg überdauert. Das Kirchenschiff wurde am 6. Februar 1945 bei einem amerikanischen Luftangriff zerstört.

berühmtesten zeitgenössischen Meister, für die sich Johann Sebastian natürlich besonders interessierte. Doch – aus welchen Gründen auch immer – verweigerte ihm der Bruder das Buch, das in einem mit Gitterstäben versehenen Schrank verschlossen lag. Ein halbes Jahr lang schlich sich Johann Sebastian Nacht für Nacht an den Schrank heran, langte mit seiner schmalen Hand zwischen den Gitterstäben hindurch und zog das Buch heraus. „Bey Mondenscheine" kopierte er das Werk komplett, wurde aber schließlich von Johann Christoph Bach ertappt, der „ihm seine mit so vieler Mühe verfertigte Abschrift ohne Barmherzigkeit abnahm". Eine anrührende Geschichte, aber ob sie auch wahr ist? Es spricht einiges dafür, denn immerhin wurde sie bereits 1754 in dem von Carl Philipp Emanuel Bach und Johann Friedrich Agricola verfassten „Nekrolog" veröffentlicht. Für Johann Christoph, dessen Familie sich inzwischen vergrößert hatte, wurde es immer schwieriger, den Unterhalt des jüngsten Bruders zu bestreiten. Daher entschloss sich dieser 1700, 15-jährig, gemeinsam mit seinem Freund Georg Erdmann nach Lüneburg zu gehen. Als mittelloser Waise hatte er die Chance, an der dortigen Lateinschule eine Freistelle zu bekommen.

Viel ist in Ohrdruf von Bachs Lebens- und Wirkungsstätten nicht übriggeblieben: Das Wohnhaus des Bruders fiel einem Stadtbrand zum Opfer. Nur noch eine Gedenktafel am Thüringer Hof in der heutigen Johann-Sebastian-Bach-Straße erinnert daran. Die Michaeliskirche sank bei einem alliierten Bombenangriff im Zweiten Weltkrieg in Schutt und Asche. Erhalten blieb der im unteren Bereich quadratische Turm, an dem ebenfalls eine Erinnerungstafel angebracht worden ist. Schloss Ehrenstein hat dagegen den Krieg und die DDR-Zeit trotz erheblicher Vernachlässigung überdauert, fiel aber 2013 kurz vor Abschluss einer umfassenden Sanierung in weiten Teilen einem durch Schweißarbeiten verursachen Großbrand zum Opfer. Nach achtjährigem Wiederaufbau wurde die bedeutende Renaissanceanlage im Juni 2022 wiedereröffnet. In der völlig neu konzipierten Ausstellung wird Bachs Zeit in Ohrdruf von 1695 bis 1700 thematisiert, u.a. kann man die Matrikel (Schülerverzeichnis) der Schule sehen, durch die Bachs Schulbesuch nachweisbar ist.

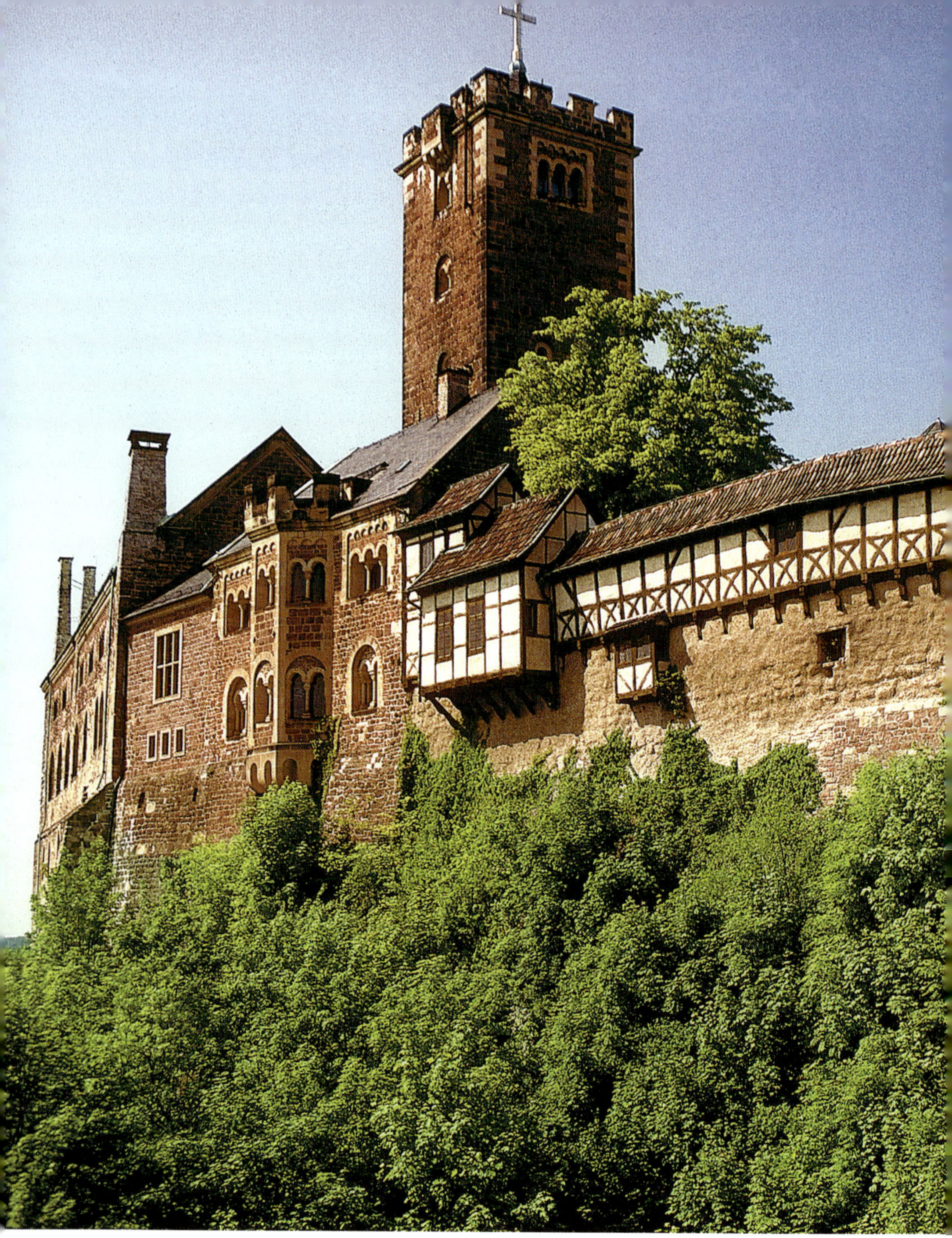

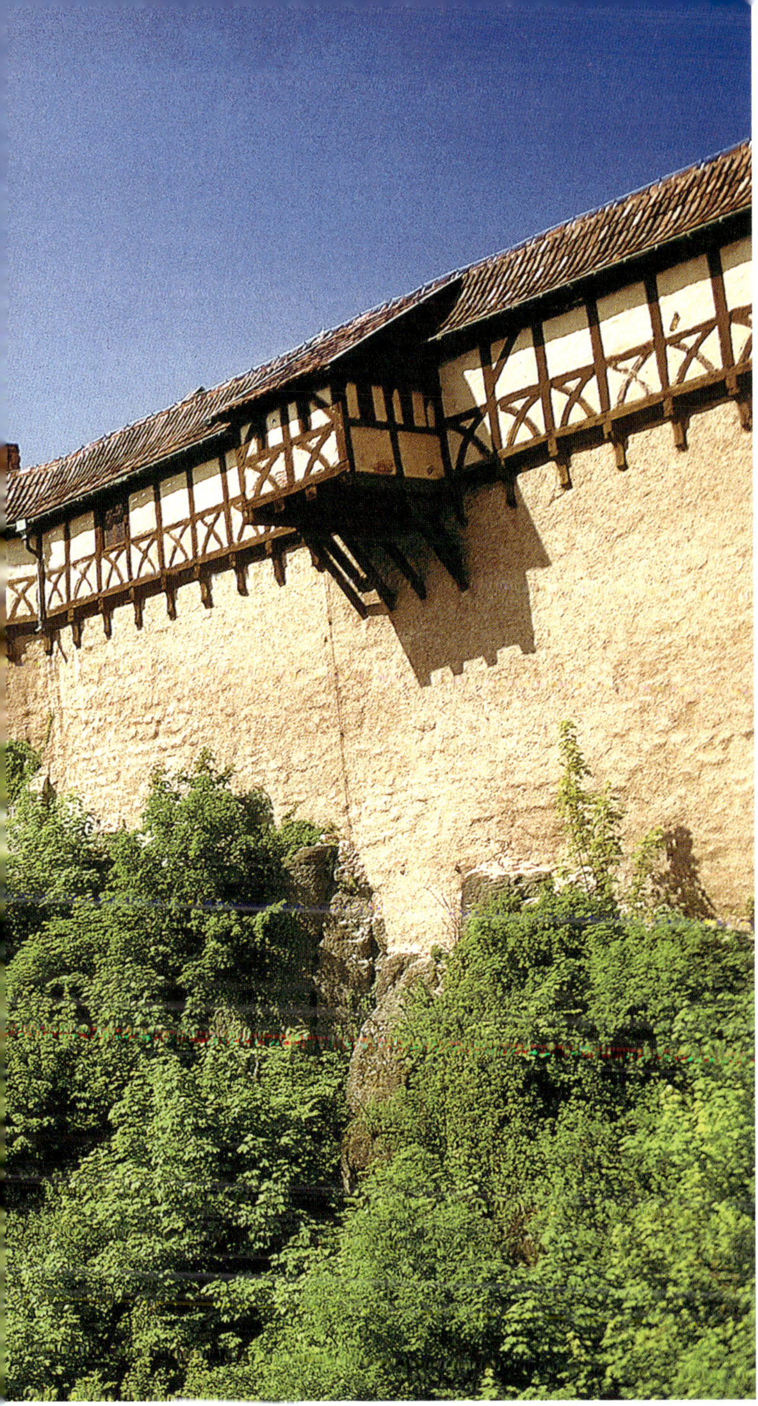

Über Bachs Geburtsstadt Eisenach thront majestätisch Deutschlands berühmteste Burg. Durch Martin Luther, der 1521 hier unter dem Tarnnamen Junker Jörg lebte und das Neue Testament ins Deutsche übersetzte, wurde die Wartburg zum Symbol der Reformation. Bach fühlte sich seinem thüringischen Landsmann besonders verbunden: Als größter Meister der protestantischen Kirchenmusik brachte er die luthersche Sprache in einzigartiger Weise zum Klingen.

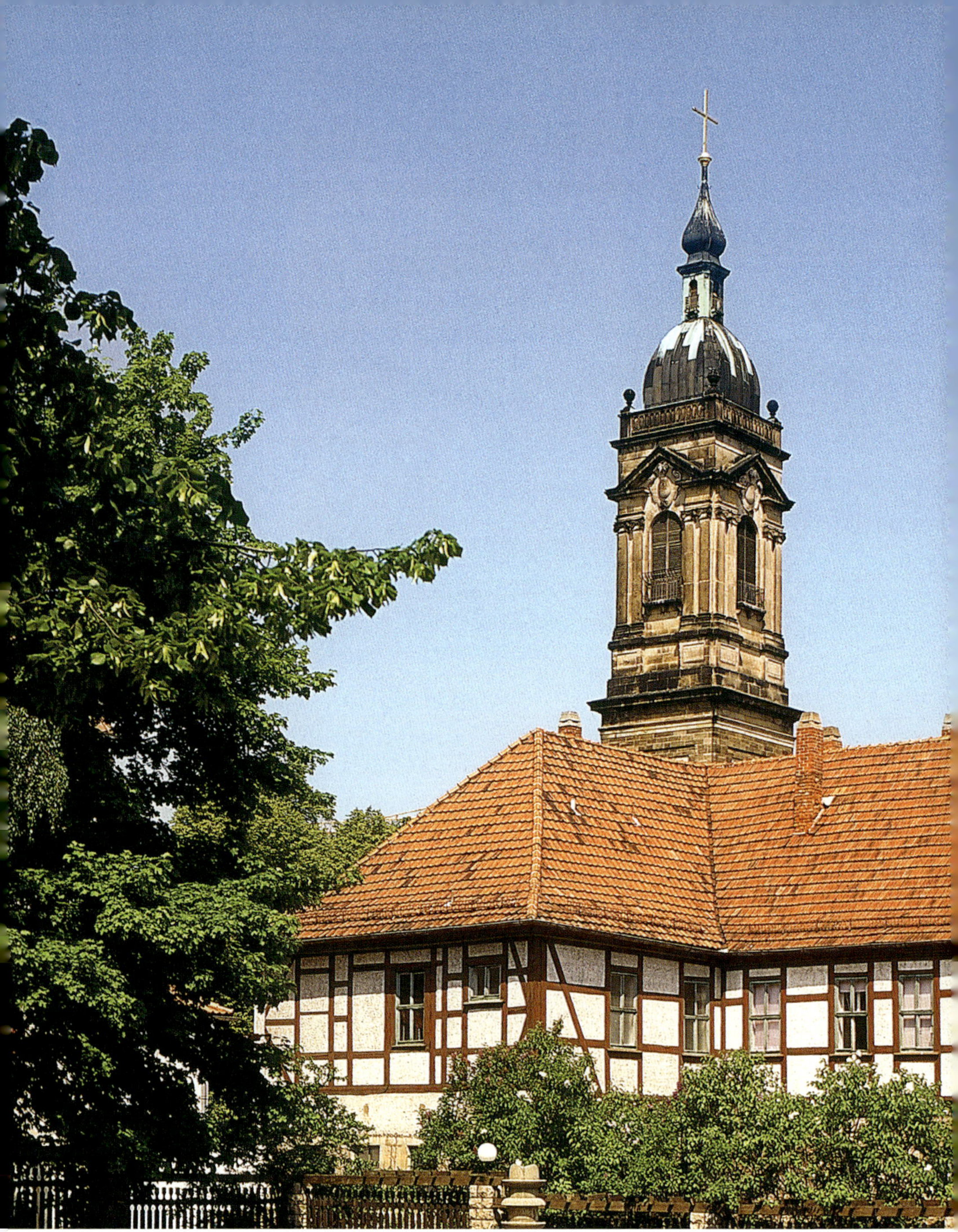

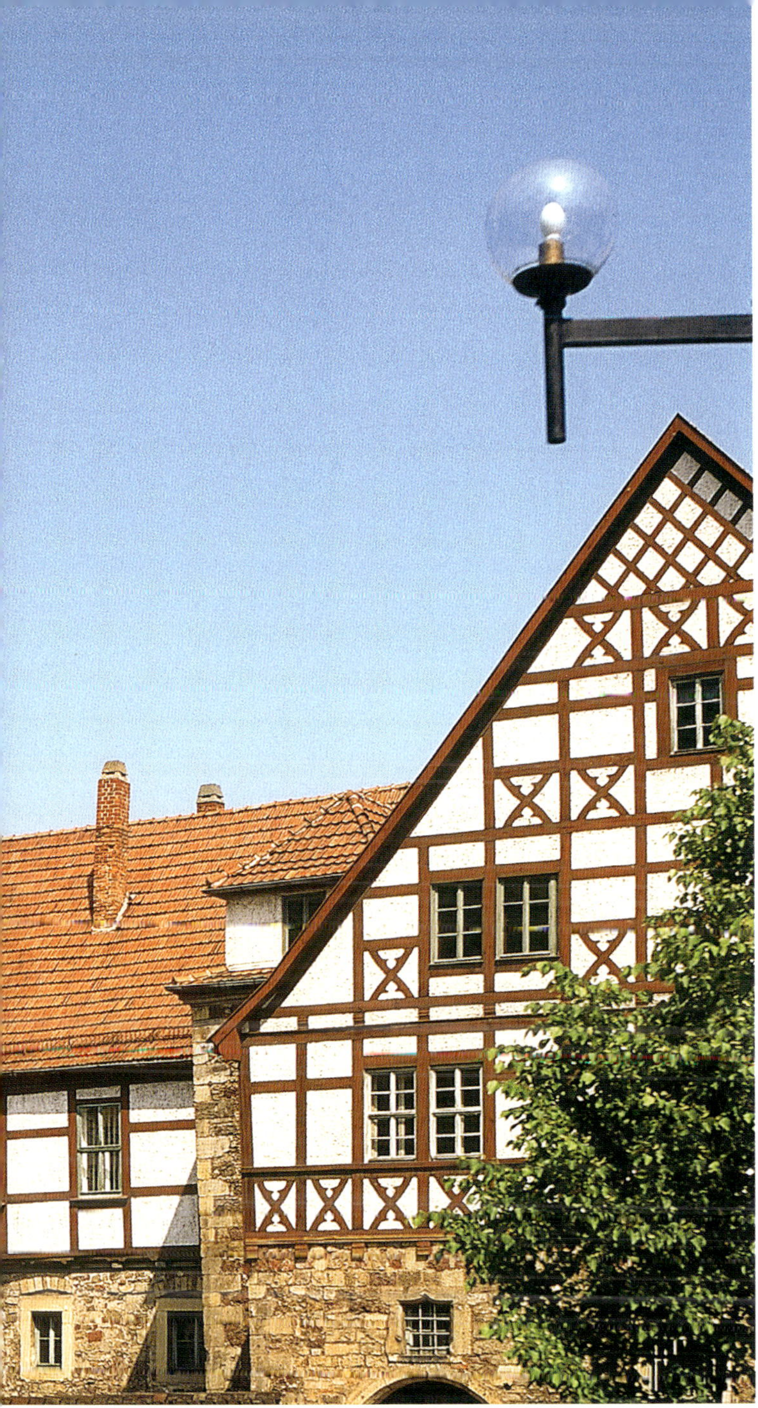

Der erst 1899 erbaute neobarocke Turm der bis dahin turmlosen Georgenkirche erhebt sich hoch über die vielfach noch mittelalterlichen Häuser der Stadt Eisenach. In der dreischiffigen gotischen Hallenkirche, mit deren Bau 1515 begonnen wurde, befinden sich die Grabsteine der thüringischen Landgrafen. Am 23. März 1685 wurde Johann Sebastian Bach in St. Georg getauft. Später sang er als Mitglied der Kurrende in dieser Kirche – wie 200 Jahre vor ihm Martin Luther, der einen Teil seiner Schulzeit in Eisenach verbrachte.

Blick in den Garten des Bachhauses am Eisenacher Frauenplan, das lange Zeit als Bachs Geburtshaus galt. Vermutlich wurde er aber in einem anderen, nur wenig entfernten und heute nicht mehr existenten Gebäude, das auf dem Grundstück der heutigen Lutherstraße 35 stand, geboren. Dennoch vermittelt die hervorragend gestaltete Ausstellung im Bachhaus, das im Jahre 1906 von der Neuen Bach-Gesellschaft erworben und zur musealen Gedenkstätte umgewandelt wurde, einen faszinierenden Eindruck vom Leben und Wirken des Komponisten. In einer neu konzipierten Dauerausstellung anlässlich der Wiedereröffnung des Bachhauses im Jahr 2007 wurden ein Schlafzimmer mit Wiege sowie Bachs Leipziger Kompositionszimmer nachgestaltet. Eines der wertvollsten Ausstellungsstücke ist ein als „Bach-Pokal" bekannter Glaskelch von 1735, der zu den ganz wenigen Gebrauchsgegenständen des Komponisten zählt, die erhalten geblieben sind.

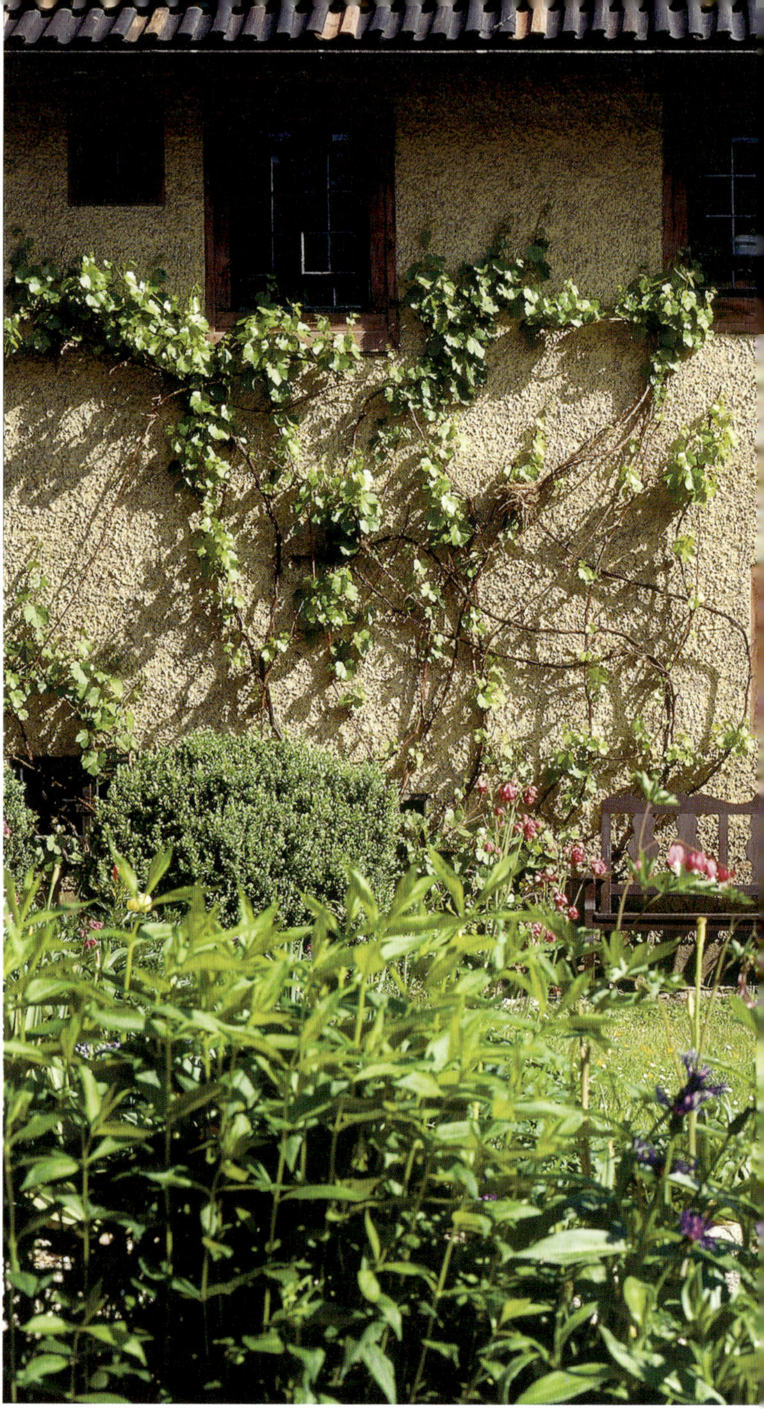

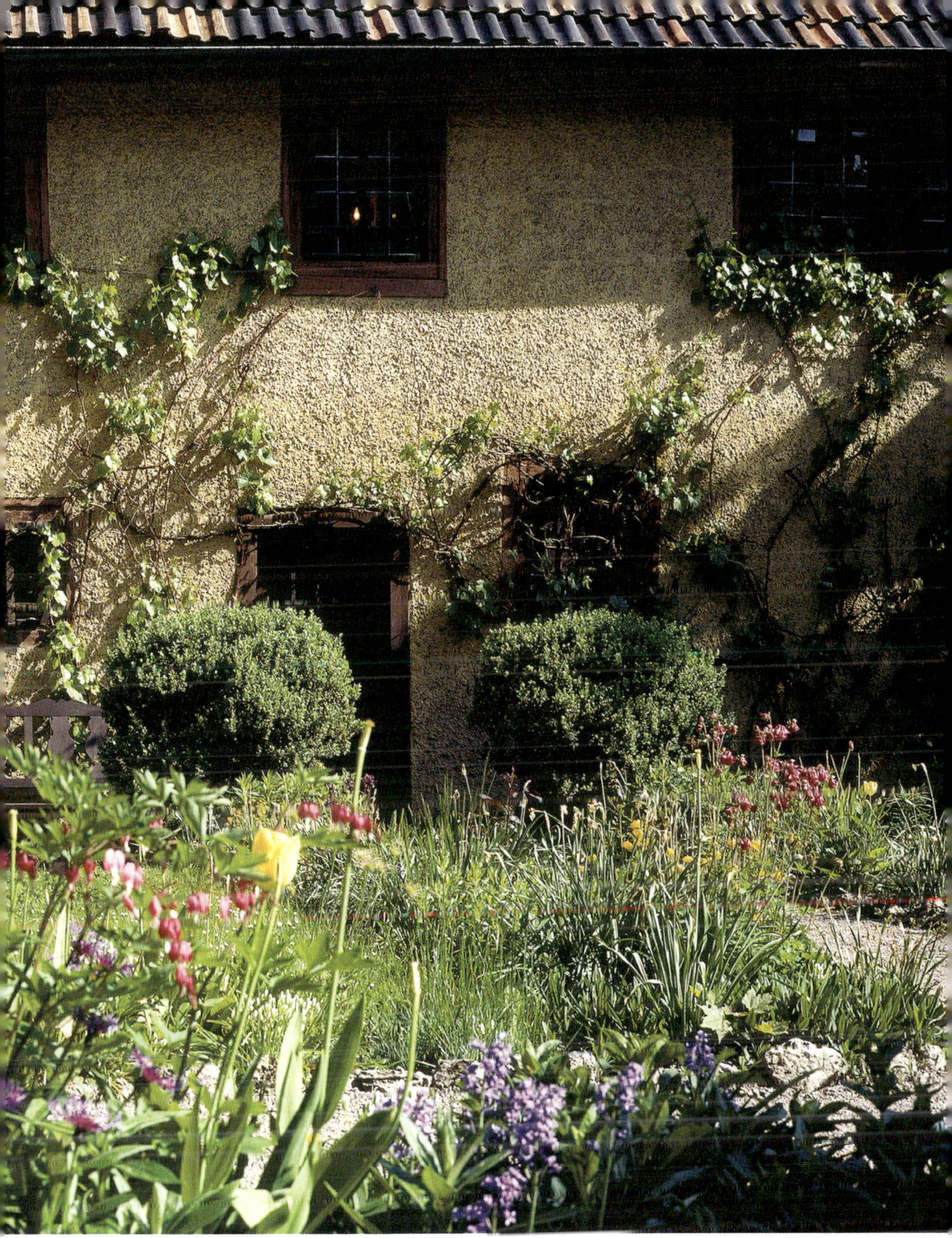

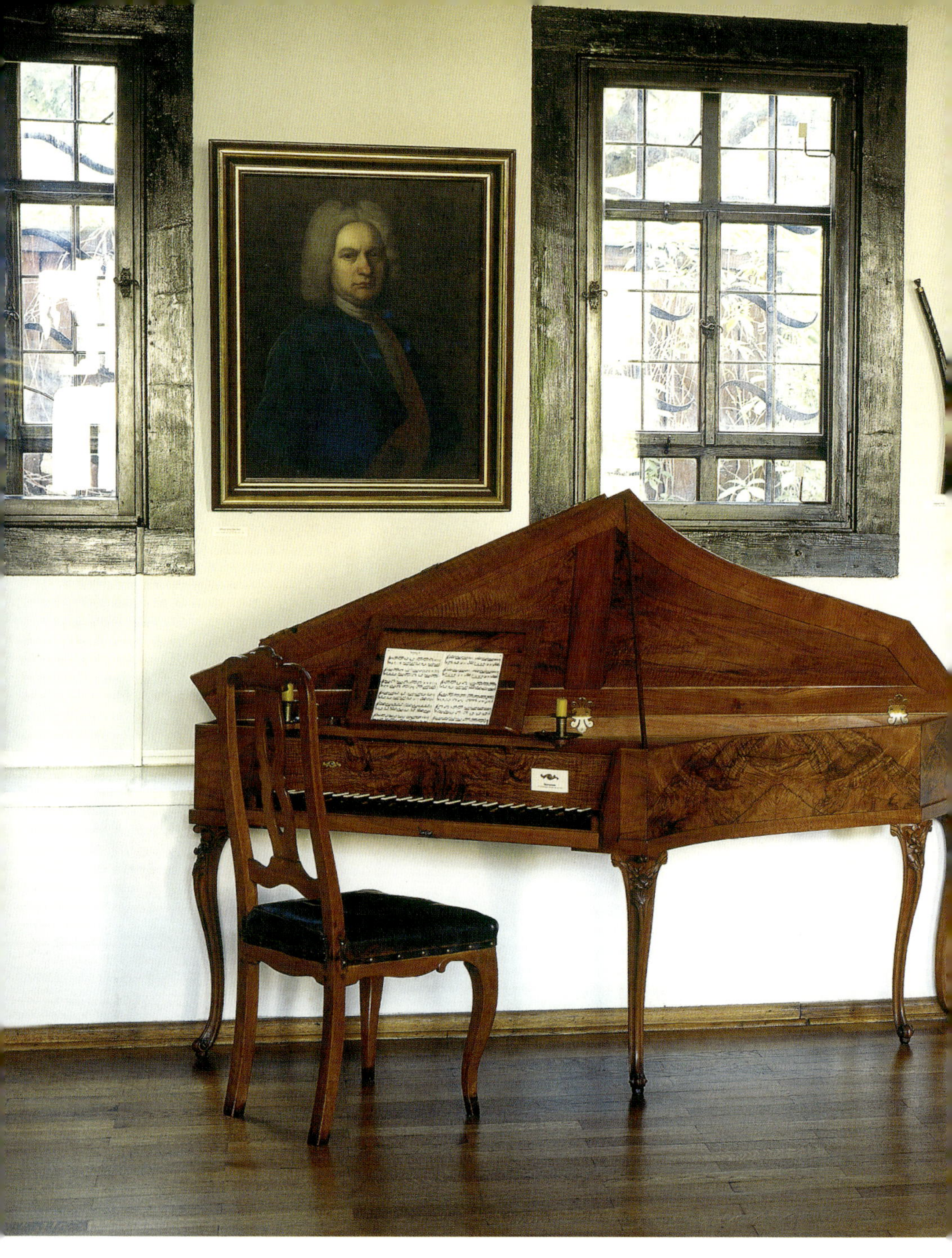

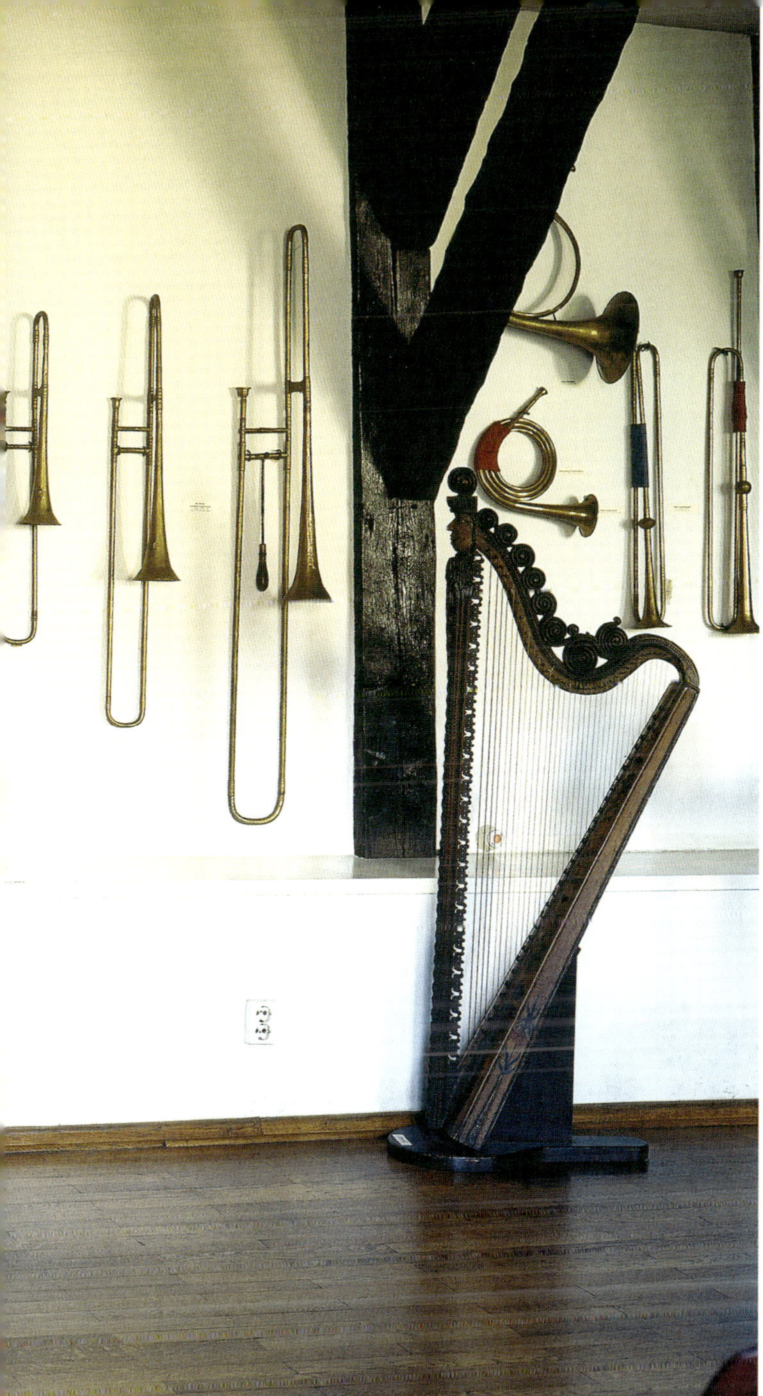

Zur besonderen Atmosphäre des Eisenacher Bachhauses trägt eine wertvolle Sammlung historischer Instrumente bei, die bei der Aufführung Bachscher Werke gebräuchlich waren. Das Querspinett aus der Werkstatt von Johann Heinrich Silbermann entstand um 1760. Darüber hängt ein Ölgemälde, das Johann Jacob Ihle im Jahre 1720 schuf. Es zeigt allerdings nicht, wie früher vermutet wurde, Johann Sebastian Bach im Alter von 35 Jahren, sondern wahrscheinlich einen namentlich nicht bekannten Adligen aus Bayreuth.

Die spätere Schulzeit
Lüneburg, Celle, Hamburg: 1700–1702

Elias Herda, Ohrdrufs Schul-Kantor, hatte Johann Sebastian von der reichen norddeutschen Stadt Lüneburg berichtet. Dort gebe es die Klosterschule St. Michael, an der mittellose Schüler aufgenommen würden, sofern sie auch über eine gute Stimme verfügten. Denn der Mettenchor von St. Michael sei weit über die Grenzen der Stadt hinaus bekannt und habe immer Bedarf an guten Sängern.

Da die Verhältnisse in Ohrdruf immer schwieriger wurden und die Aussicht auf eine Freistelle in Lüneburg verlockend erschien, machte sich der 15-jährige Bach im März des Jahres 1700 gemeinsam mit seinem drei Jahre älteren Mitschüler Georg Erdmann auf den Weg. Etwa 350 Kilometer mussten die beiden zu Fuß zurücklegen, bis am Horizont die hochaufragenden Türme von St. Michaelis, St. Johannis, St. Nicolai und den anderen Lüneburger Kirchen vor ihnen auftauchten. Ein wenig beklommen mag ihnen zumute gewesen sein, denn obwohl sie ein Empfehlungsschreiben ihres Schul-Kantors in der Tasche hatten – sicher war der Eintritt in die Lüneburger Lateinschule keineswegs.

Doch Bach und sein Freund Erdmann hatten Glück, sie wurden sofort in die frühere Klosterschule St. Michael aufgenommen. Die Schule war zusammen mit einer sogenannten Ritterakademie im Gebäude des früheren Benediktinerklosters St. Michael untergebracht. Diese Ritterakademie war eine Internatsschule für junge Adelige, die hier eine stark musisch ausgerichtete Bildung erhielten. Man inszenierte Theaterstücke, lernte den höfischen Tanz und führte französische Musik auf. Für Johann Sebastian erschloss sich auf diese Weise eine gänzlich neue Welt.

Gemeinsam mit den adeligen Zöglingen sang er im berühmten Mettenchor, der in der Michaeliskirche die Gottesdienste begleitete und regelmäßig Motetten, Kantaten und Oratorien aufführte. Schon bald brachte er es zum Chorpräfekten, was ihm auch Zugang zu der reichhaltigen Musikbibliothek seiner Schule verschaffte. Anfang des 18. Jahrhunderts umfasste sie über mehr als 12.000 Einzeltitel und gehörte zu den größten derartigen Sammlungen zumindest in Norddeutschland. Hier fand er nicht nur die zeitgenössische deutsche Musikliteratur vor, darunter die Werke der Komponisten seiner eigenen Familie, sondern auch die der italienischen und französischen Meister. An der Nicolaikirche wirkte zu dieser Zeit Johann Jakob Löwe, ein Schüler von Heinrich Schütz, und an der Johanniskirche sein Thüringer Landsmann Georg Böhm. Mit ihm stand Bach schon bald in freundschaftlicher Verbindung. Böhm, der zu den anerkanntesten Organisten in Norddeutschland gehörte, erteilte dem jungen Bach auch an der St. Johanniskirche Orgelunterricht. Dafür stand ihm die von dem niederländischen Orgelbauer Hendrik Niehoff 1553 erbaute und 1652 erweiterte Orgel zu Verfügung, die trotz mancherlei Umbauten und Veränderungen bis heute erhalten blieb.

Lüneburg gehörte damals zum Besitz des Herzogs Georg Wilhelm von Hannover-Braunschweig-Lüneburg. Seine Ehefrau, die Französin Eleonore Desmier d'Olbreuse, hatte dafür gesorgt, dass das Musikleben nach französischem Vorbild ausgerichtet wurde. Aus Frankreich kam auch Thomas de la Selle, der als Tanzlehrer an der Ritterakademie wirkte, zugleich aber auch Geiger an der Hofkapelle des Herzogs im nur unweit entfernten Celle war. Thomas de la Selle war Schüler von Jean-Baptiste Lully, dem Hofkomponisten Ludwigs XIV., gewesen

Das eindrucksvolle Stadtbild von Lüneburg ist vor allem von mittelalterlicher Architektur geprägt. Der Kupferstich entstand 1682.

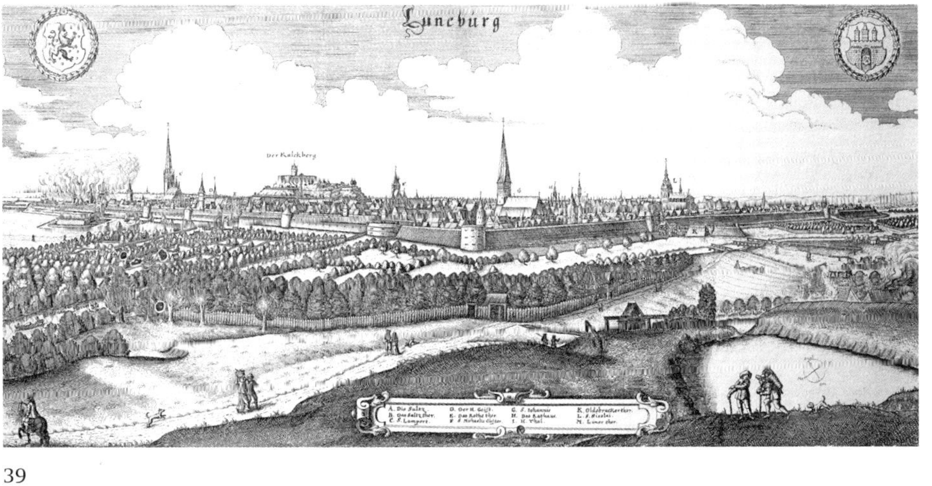

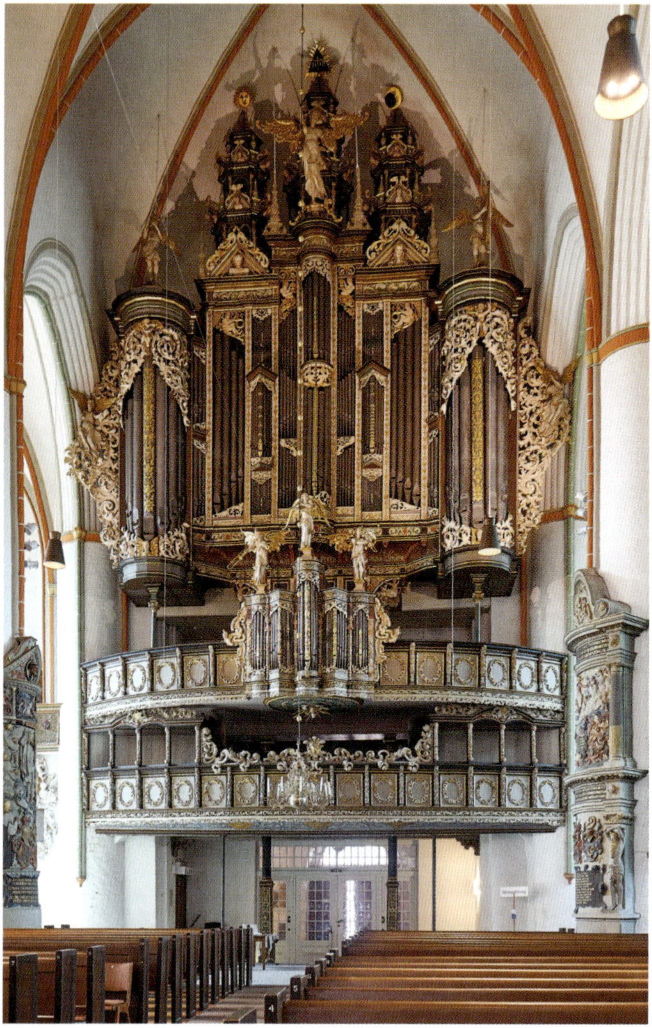

Die 1553 von dem niederländischen Orgelbauer Hendrik Niehoff erbaute und später mehrfach erweiterte Orgel in der Lüneburger Johanniskirche hat einen aufwendig gestalteten und reich verzierten Prospekt. Bach hat dieses Instrument als Schüler kennengelernt.

und ein exzellenter Kenner der französischen Musik. Bach befreundete sich mit ihm, und man kann annehmen, dass beide wohl nach Celle zu Theater- und Konzertaufführungen gereist sind.

Die Dominante der einstigen Residenzstadt Celle bildet das von einem künstlichen Wassergraben umgebene Schloss, auf das alle Hauptstraßen hin orientiert sind. Ursprünglich eine wehrhafte mittelalterliche Anlage, von der noch ein Turm mit vier Meter dicken Wänden zeugt, wurde das Schloss in den Jahren 1533–1558 im Renaissancestil umgebaut. Georg Wilhelm, dem letzten der Celler Herzöge, ist es zu danken, dass die Anlage später zu einem der schönsten Barockschlösser Norddeutschlands umgestaltet wurde.

Auch wenn Belege dafür fehlen, spricht viel dafür, dass Bach Celle kennengelernt und hier wichtige musikalische Anregungen erhalten hat. In den ersten Jahren des 18. Jahrhunderts führte die Hofkapelle Werke von Jean-Baptiste Lully, Louis Marchand, François Couperin und anderen französischen Meistern auf. Bach war ja nie in Frankreich, aber wenn er tatsächlich das von Lüneburg aus in drei Tagesmärschen erreichbare Celle besucht hat, konnte er hier durch die Bekanntschaft mit Thomas de la Selle nicht nur Konzerte im Schloss besuchen, sondern auch französische Orgelmusik kennenlernen. In kaum einem anderen Ort in Deutschland hätte er die Möglichkeit gehabt, so intensiv mit französischer Musik und Kultur vertraut zu werden.

Zu den Autoritäten unter den Organisten des 17. und 18. Jahrhunderts gehörte Johann Adam Reincken, der die Organistenstelle an der Hamburger Hauptkirche St. Katharinen innehatte. Von ihm hat Bach in Lüneburg viel gehört, weil der dortige Kantor Georg Böhm, der aus einem Dorf in der Nähe von Ohrdruf stammte und die Bach-Familie gut kannte, ein Schüler von Reincken gewesen war. 1701 brach Johann Sebastian Bach zum ersten Mal von Lüneburg nach Hamburg auf, um Reincken zu besuchen.

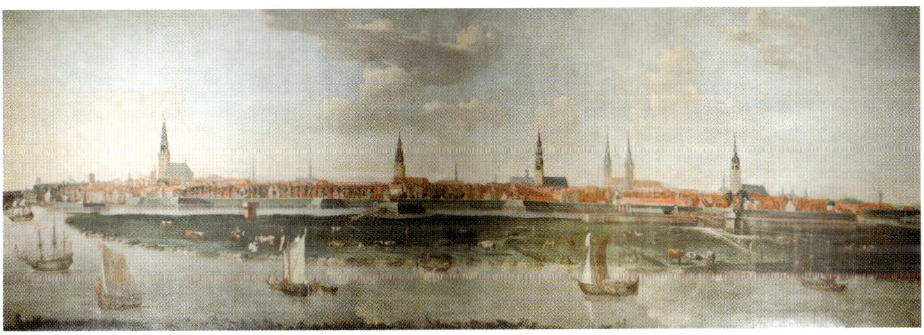

Bach besuchte Hamburg Anfang des 18. Jahrhunderts. Die Stadtansicht des Malers Joachim Luhn, auf der die Türme von St. Michaelis, St. Nikolai, St. Katharinen, St. Petri, vom Mariendom und von St. Jacobi (von li. nach re.) zu sehen sind. Heute hängt das Gemälde in der Hauptkirche St. Jacobi.

Wie könnte Bachs Besuch damals abgelaufen sein? Versetzen wir uns also in das Jahr 1701 zurück, als der Lüneburger Lateinschüler mit großen Erwartungen in die Hansestadt Hamburg wanderte. Für die etwas über 50 Kilometer lange Strecke wird er zu Fuß etwa zwei Tage gebraucht haben. Nachdem er die Stadtmauer erreicht und das Deichtor passiert hatte, fragte er nach St. Katharinen, seinem wichtigsten Ziel. Dort wollte er die berühmte Orgel hören und vor allem Johann Adam Reincken, einen Star unter den Organisten seiner Zeit. Bald darauf betrat er die unweit des Hafens gelegene Kirche für ein Erlebnis, das er nie wieder vergessen würde. Der Teenager aus Thüringen hatte im Mittelschiff Platz genommen und wartete. Er wendete sich um und betrachtete den prächtigen, mit Schnitzereien und Figuren reich geschmückten Prospekt der Orgel, die freilich noch stumm war. Dann endlich sah er einen recht alten Mann, der langsam und gebückt die Treppe hinaufging, die zum Spieltisch führte. Einen Moment noch, dann war der Raum von einem Klang erfüllt, wie ihn Johann Sebastian Bach nie zuvor gehört hatte. Und es war nicht nur der fast übernatürlich schöne Klang der Orgel, der den Jugendlichen tief beeindruckte, sondern auch die Improvisationskunst von Johann Adam Reincken. Nein, so weit war er selbst noch nicht, aber genauso wollte er später Orgel spielen, am liebsten auf einem so großartigen Instrument. Reincken wird den jungen Zuhörer zunächst kaum wahrgenommen haben. Er war schon 58 Jahre alt und sein Renommee so groß, dass er nicht nur ein Spitzengehalt kassierte, sondern seine Vorgesetzten davon überzeugt hatte, seine Stelle an St. Katharinen von zusätzlichen bürokratischen Aufgaben zu entlasten: Für die ursprünglich mit der Tätigkeit als Organist verbundene Aufgabe des Kirchenschreibers wurde 1667 eine weitere Stelle geschaffen. So konnte sich Reincken ganz seiner Kunst widmen.

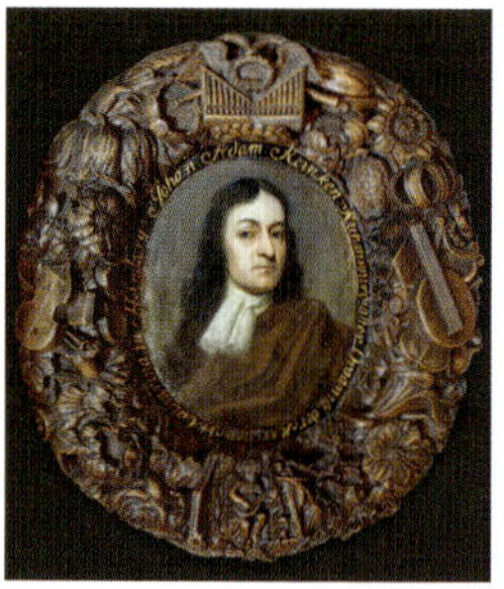

Der in den Niederlanden geborene Komponist und Organist Johann Adam Reincken (1643 bis 1722) auf einem Gemälde von Godfrey Kneller, das sich im Museum für Hamburgische Geschichte befindet. Reincken war einer der bedeutendsten Organisten seiner Zeit.

Die große Orgel in St. Katharinen, die später für Bach noch eine wichtige Rolle spielen sollte, kam offenbar seinem Klangideal so nahe wie nur wenige andere Instrumente. Ihre Ursprünge reichen bis ins 16. Jahrhundert zurück. 1605/06 wurde sie von Johannes Scherer d.J. umgebaut und erweitert, 1631 fügte der Orgelbauer Gottfried Fritzsche ein Brustwerk hinzu und Reincken veranlasste schließlich ab 1671 einen weiteren Umbau, bei dem zwei große Pedalregister, eine Großposaune und ein Principal 32‘ hinzukamen. Trotz dieses langen und komplizierten Bauprozesses verfügte diese Orgel über einen ebenso harmonischen wie differenzierten Klang, der von Bach beson-

Seit dem 16. Jahrhundert schufen gleich mehrere bedeutende Orgelbauer über Generationen hinweg die große Orgel der Hamburger Hauptkirche St. Katharinen. 1943 wurde sie zum großen Teil zerstört, konnte aber von 2009 bis 2013 durch die niederländische Firma Flentrop weitgehend originalgetreu rekonstruiert werden.

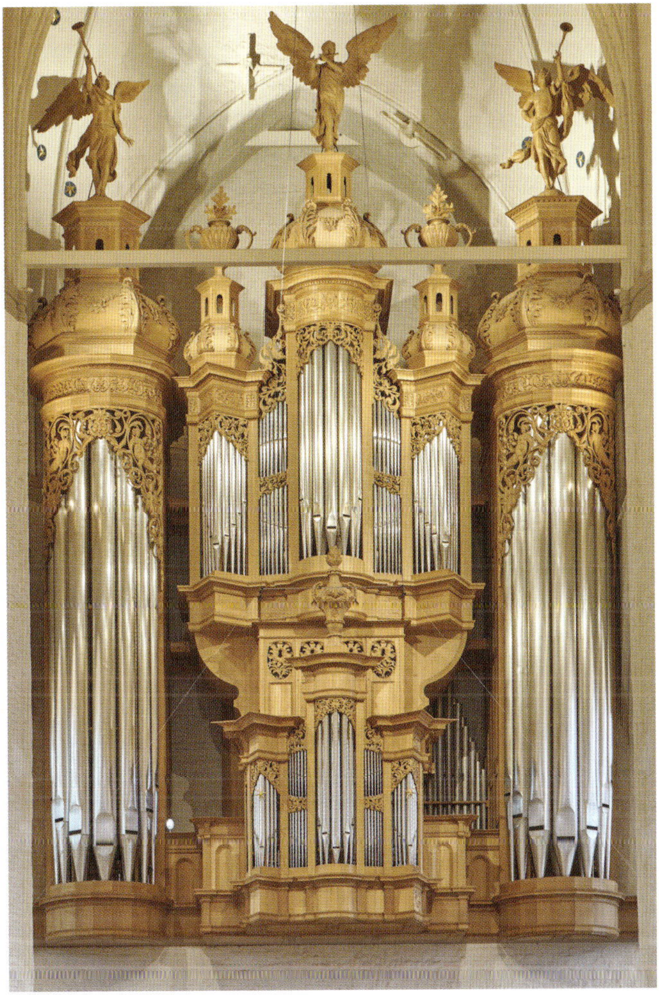

ders bewundert wurde. 1943 ging sie mit der Zerstörung der Katharinenkirche verloren, glücklicherweise hatte man aber einen wesentlichen Bestand von 520 Pfeifen zuvor ausgelagert. Dadurch ergab sich die Möglichkeit eines Wiederaufbaus, der 2009 bis 2013 realisiert werden konnte. Die niederländische Firma Flentrop aus Zaandam führte die Rekonstruktion dieses bedeutenden Werks aus, das heute über 61 Register mit 4330 Pfeifen verfügt. In gewisser Hinsicht ist diese Restaurierung sogar Bach zu verdanken, denn die Initiative, die das nötige Geld dafür sammelte, hieß „Stiftung Johann Sebastian", ihr Motto: „Eine Orgel für Bach".

Durch die Begegnung mit Reincken lernte Bach in Hamburg einen herausragenden Vertreter der norddeutschen Orgelmusik kennen, was sein eigenes Orgelschaffen stark beeinflusst. Er besucht aber wohl auch die Hamburger Oper, die damals von Reinhard Keiser geleitet wurde. Wie stark die Hansestadt Bach beeindruckt hat, zeigte sich Jahre später, als er sich hier um eine Stelle bemühte – doch diese Geschichte muss später erzählt werden. Bei dem inzwischen 16-jährigen offenbart sich auch schon ein Charakterzug, der für ihn typisch werden sollte: Selbstbewusstsein. „Ich habe fleißig sein müssen, wer ebenso fleißig ist, der wird es ebenso weit bringen", soll Bach damals gesagt haben. An diesem Ausspruch, der allerdings nicht gesichert ist, zeigt sich die für jene Zeit typische Einschätzung der Musik als erlernbares Handwerk. Dass bei ihm weit mehr als Fleiß im Spiele war, dürfte Bach damals kaum bewusst gewesen sein.

Wahrscheinlich Ostern 1702 beendet der junge Mann seine Lüneburger Schulzeit mit regulärem Abschluss; eine fruchtbare Periode, in der er wohl bereits seine ersten Orgelwerke komponierte. Ganz sicher hat er sein Orgelspiel hier schon hoch entwickelt, denn bald darauf wurden ihm die ersten Organistenämter angeboten.

Man muss es als Glücksfall der Geschichte betrachten, dass das malerische Lüneburg weitgehend vor Zerstörungen bewahrt blieb und sich daher seit Bachs Zeiten nicht grundlegend gewandelt hat. Die Michaeliskirche, Bachs hiesige Hauptwirkungsstätte, war anstelle eines zerstörten Vorgängerbaus in den Jahren 1376 bis 1418 von Benediktinermönchen errichtet worden. Die große Orgel an der Westwand, deren barocker Prospekt erhalten geblieben ist, hat Bach nicht mehr kenngelernt. Sie wurde sechs Jahre nach Bachs Abreise von dem Hamburger Orgelbaumeister Matthias Dropa erbaut, aber seit dem späten 19. Jahrhundert mehrfach erheblich verändert.

Mit ihrem 108 Meter hohen mächtigen Backsteinturm beherrscht die Johanniskirche das mittelalterliche Stadtbild Lüneburgs. Die fünfschiffige gotische Hallenkirche ist mit zahlreichen Kunstwerken ausgestattet. Die Mitte des 16. Jahrhunderts entstandene Orgel mit ihrem kostbaren Barock-Prospekt hat Johann Sebastian Bach zumindest gehört, wahrscheinlich aber sogar selbst ge-

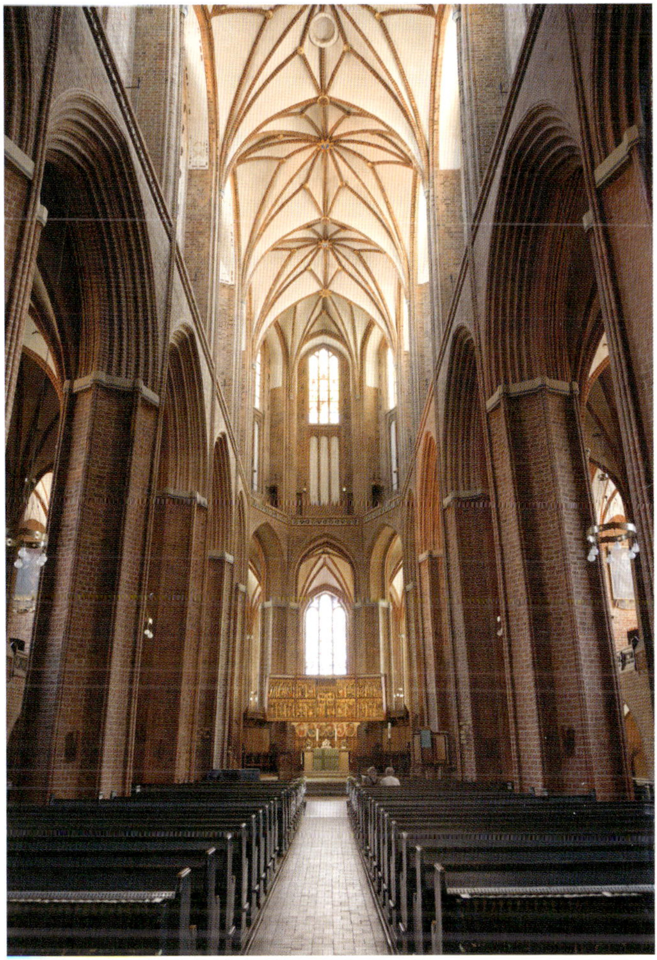

Blick in die Lüneburger Nicolaikirche, in der während Bachs Aufenthalt der bedeutende Organist Johann Jakob Löwe tätig war. Ob Bach ihn kennengelernt hat oder – wie mitunter vermutet wird – gar von ihm unterrichtet wurde, ist nicht belegt.

spielt. Während St. Johannis weiträumig anmutet, wirkt das Innere der in der ersten Hälfte des 15. Jahrhunderts erbauten Nicolaikirche hochaufstrebend. Die Basilika mit ihrem schmalen, von einem reizvollen Sternrippengewölbe bekrönten Mittelschiff schließt sich der Tradition der nordfranzösischen Kathedralen an. Die barocke Orgel, an der Bach Jakob Löwe gehört hatte, existiert nicht mehr. Die heutige Orgel ist ein Werk der Firma Furtwängler & Hammer aus dem Jahr 1899, ein großes romantisches Instrument, das durch eine 2002 erfolgte Restaurierung weitgehend wieder auf seinen Originalzustand zurückgeführt werden konnte. Bach wäre der romantische Klang gewiss ungewohnt und fremd vorgekommen.

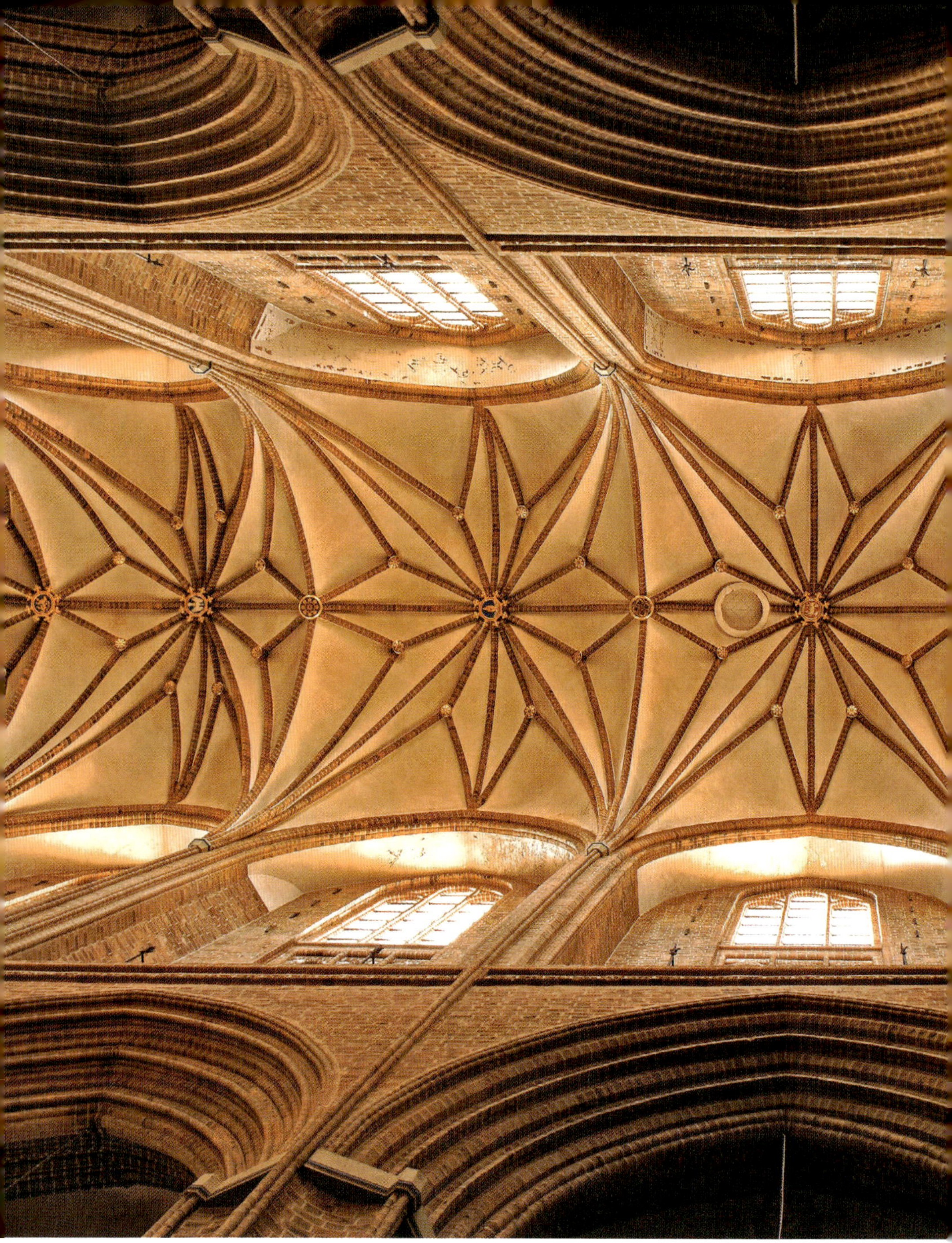

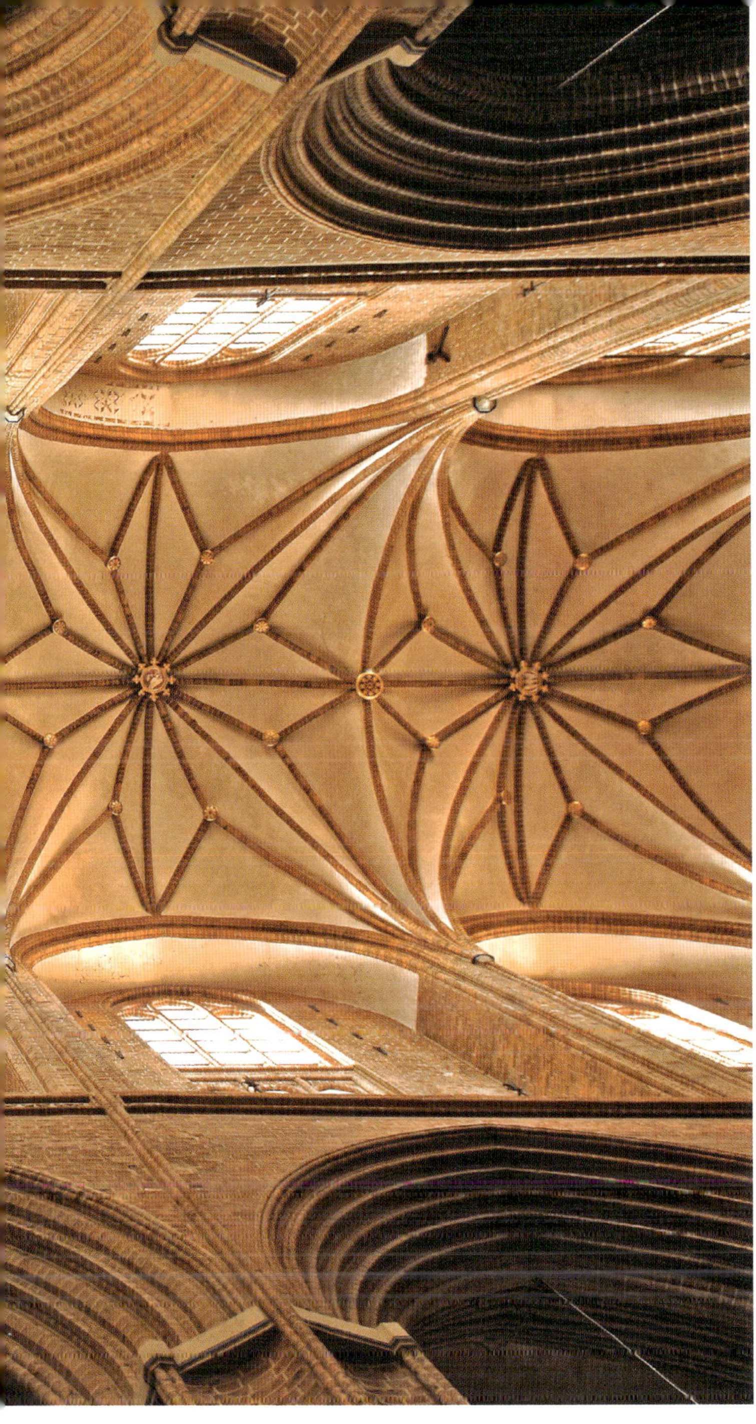

Einmalig in Norddeutschland ist das in acht Zacken auslaufende spätgotische Sternengewölbe im 28,70 Meter hohen Mittelschiff der Lüneburger Hauptkirche St. Nicolai. Die aus Backstein errichtete dreischiffige Basilika ist die kleinste und jüngste der drei Lüneburger Hauptkirchen.

Im März des Jahres 1700 traf der 15jährige Johann Sebastian Bach in der reichen norddeutschen Stadt Lüneburg ein. Gemeinsam mit seinem Freund und Mitschüler Georg Erdmann hatte er den weiten Fußweg aus dem thüringischen Ohrdruf auf sich genommen, um sich an der hiesigen Klosterschule St. Michael zu bewerben. Da beide gut singen konnten und der berühmte Mettenchor der Schule immer auf der Suche nach schönen Knabenstimmen war, wurden sie aufgenommen. Für Bach war dies ein besonderer Glücksfall, denn in Lüneburg kam er zum ersten Mal mit der norddeutschen Musikkultur in Berührung. Unsere Abbildung zeigt die Barockfassade des berühmten, im Kern noch mittelalterlichen Rathauses, das knapp zwei Jahrzehnte nach Bachs Lüneburger Aufenthalt entstanden ist.

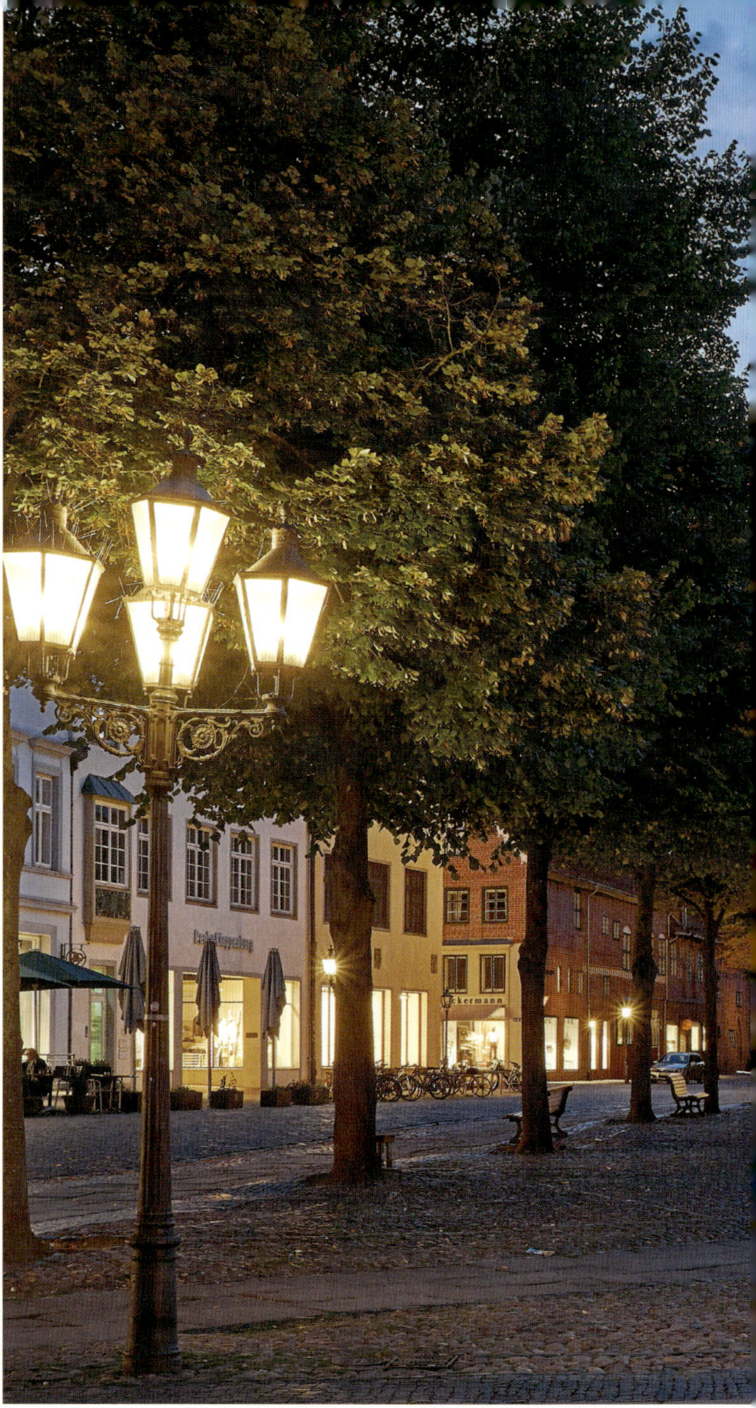

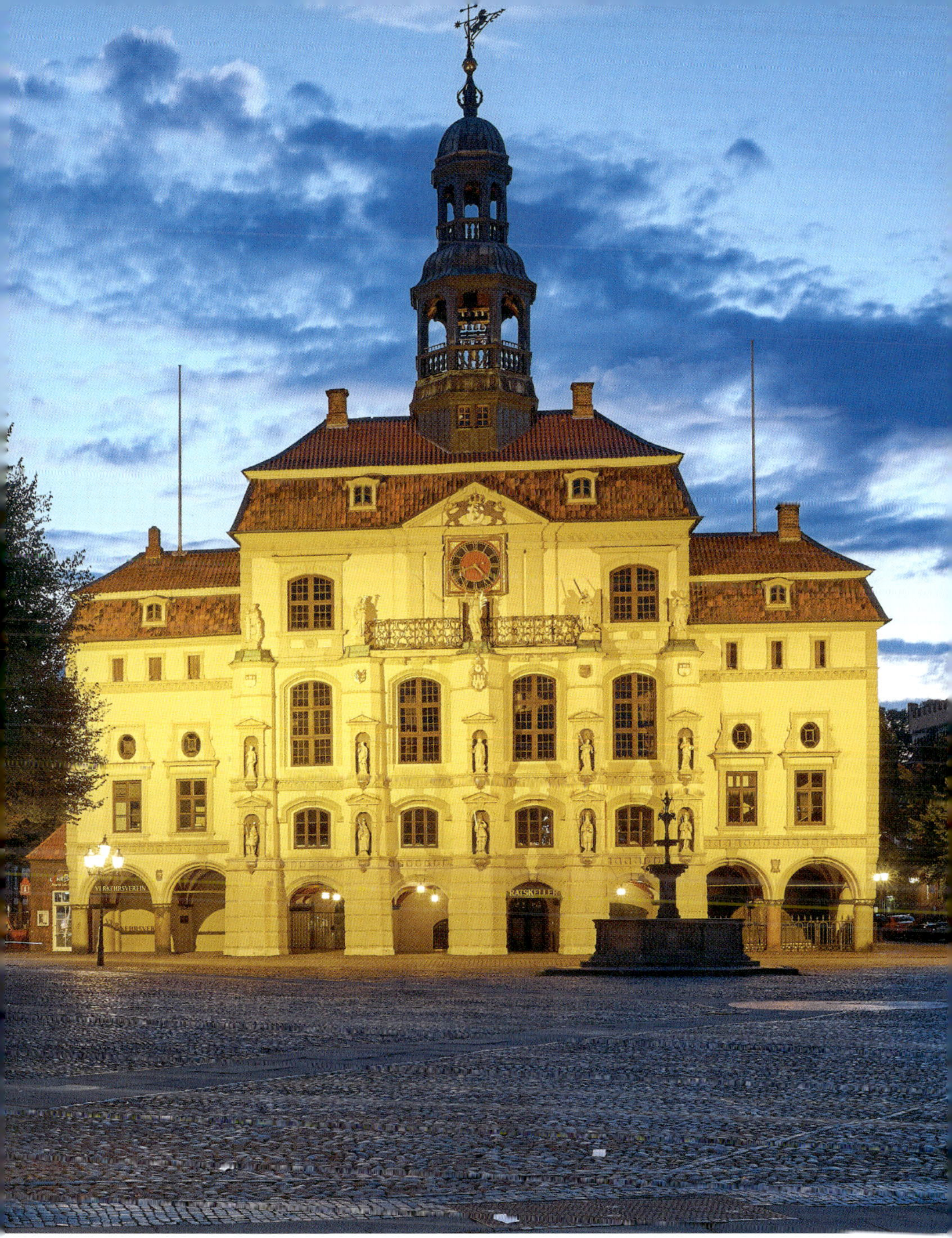
VERKEHRSVEREIN
RATSKELLER

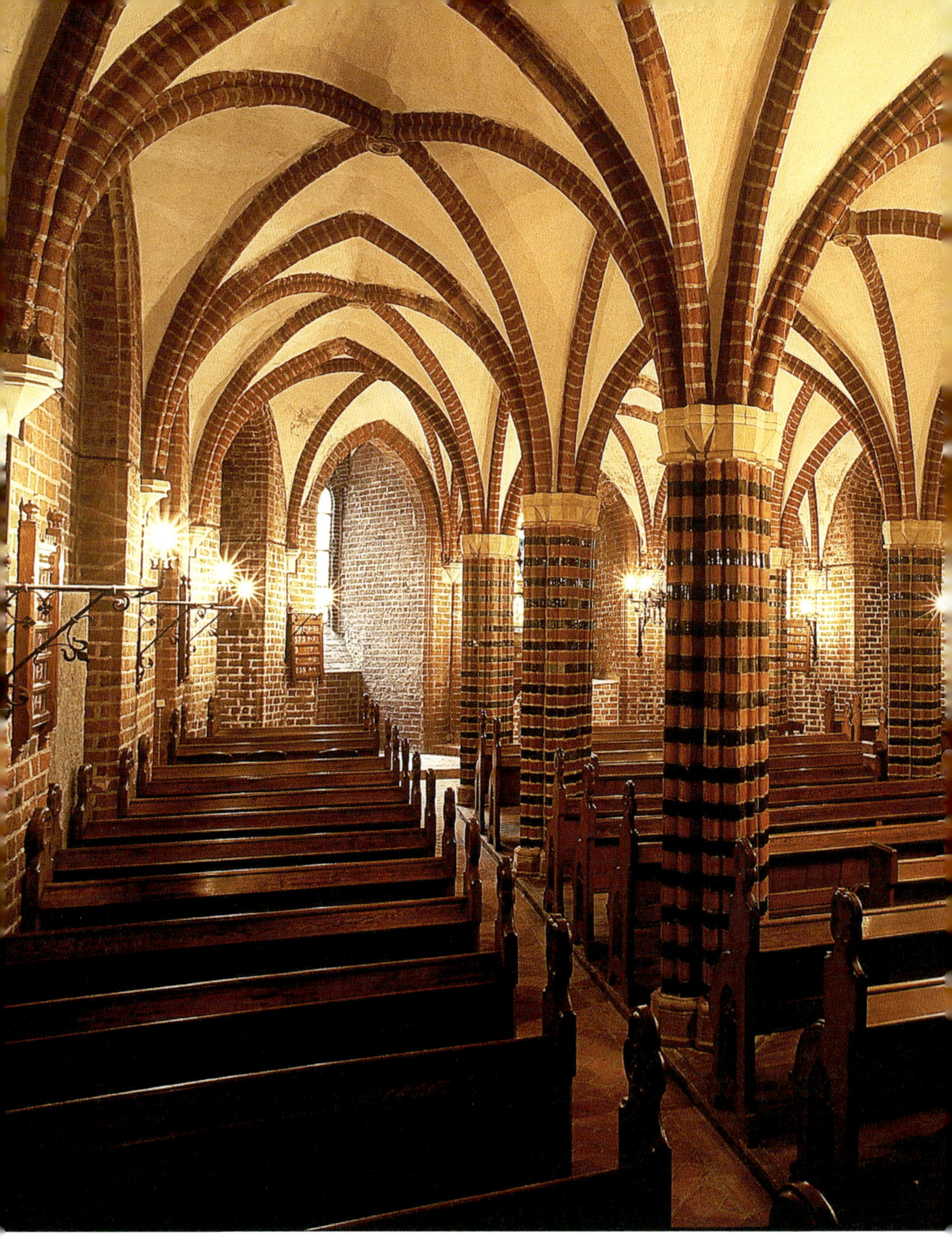

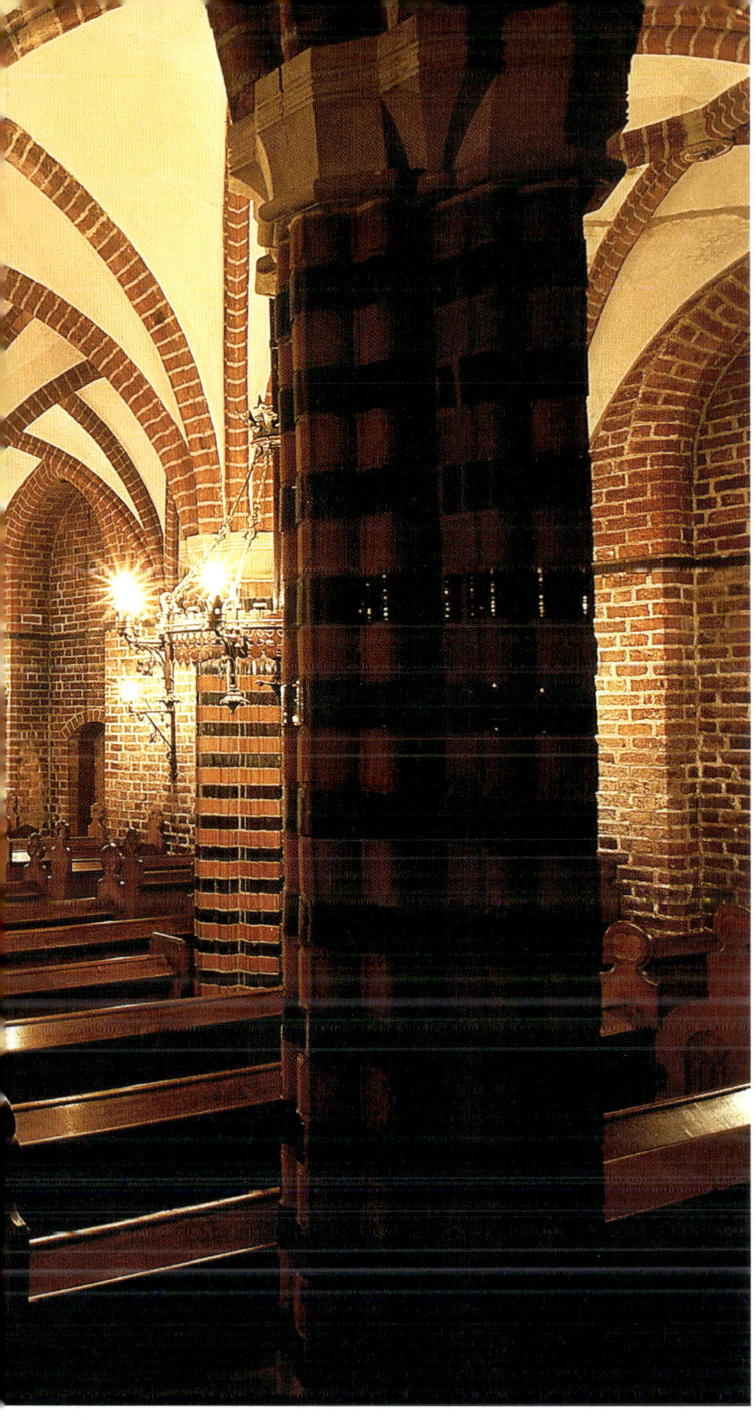

Die Michaeliskirche, Bachs wichtigste Lüneburger Wirkungsstätte, war anstelle eines älteren Vorgängerbaus von 1376 bis 1412 in gotischen Formen von Benediktinermönchen erbaut worden. Unser Bild zeigt die Unterkirche, die 1379 geweiht wurde.

Thomas de la Selle war Bachs Tanzlehrer an der Lüneburger Michaelisschule. Er wirkte aber zugleich auch als Geiger an der Hofkapelle des etwa 90 Kilometer entfernten Celle, wo das musikalische Leben stark an französischen Vorbildern orientiert war. Auch wenn es keine Belege dafür gibt, kann man annehmen, dass de la Selle seinen Schüler zu Konzerten ins Celler Schloss einlud. Möglicherweise hat Bach hier die Kompositionen von Jean-Baptiste Lully, Louis Marchand, François Couperin und anderen französischen Meistern kennengelernt. Das Schloss, das auf eine Burganlage zurückgeht, wurde von 1533–1558 im Renaissancestil und später, unter Georg Wilhelm, dem letzten Celler Herzog, in beschwingten Barockformen umgebaut.

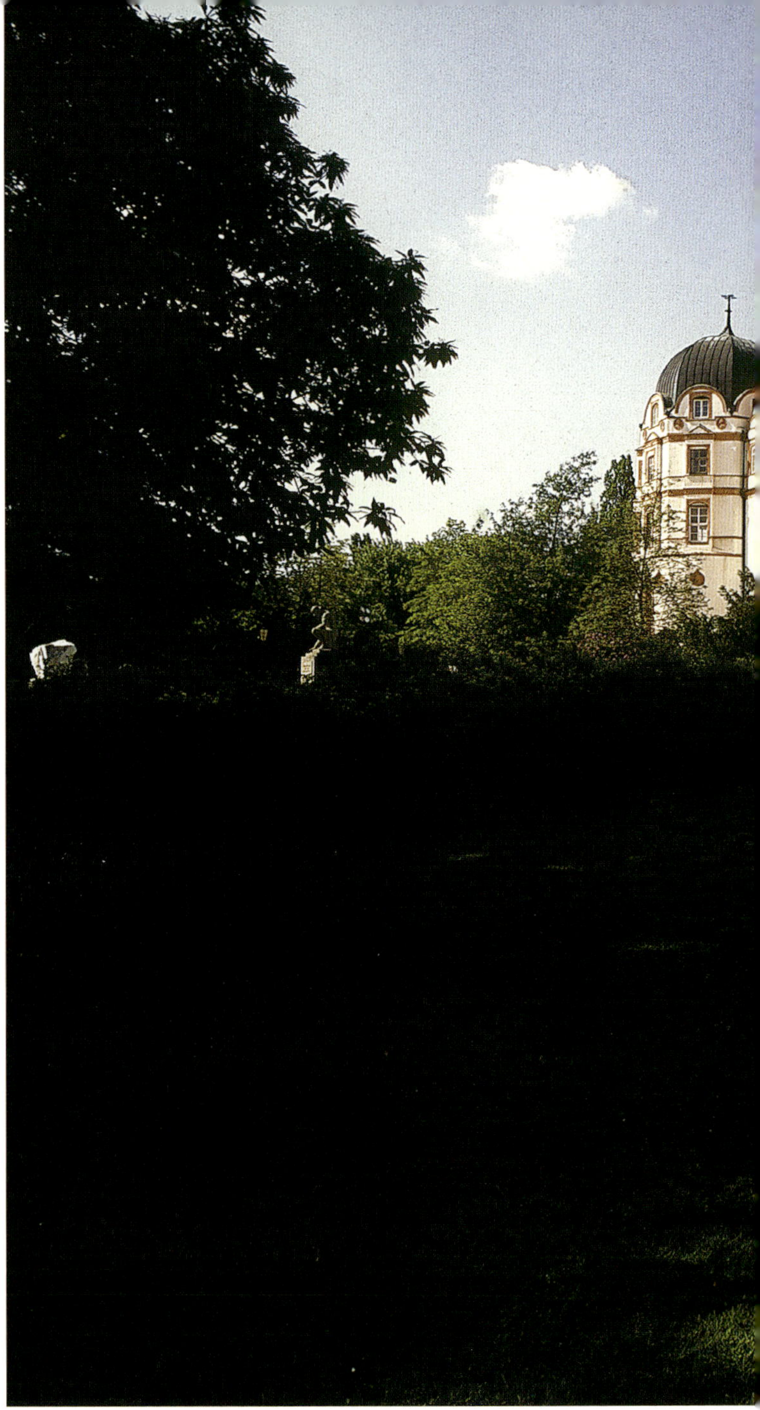

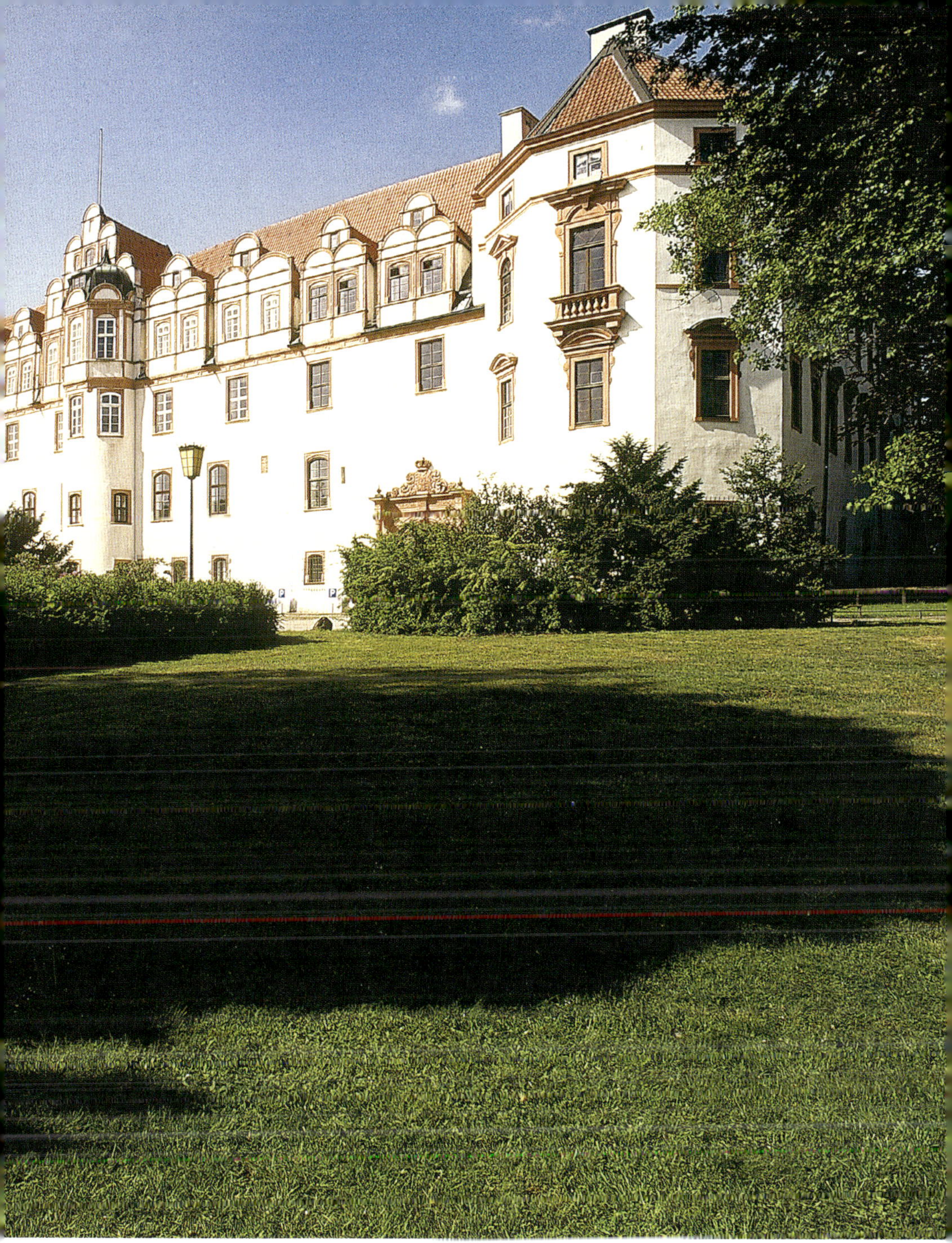

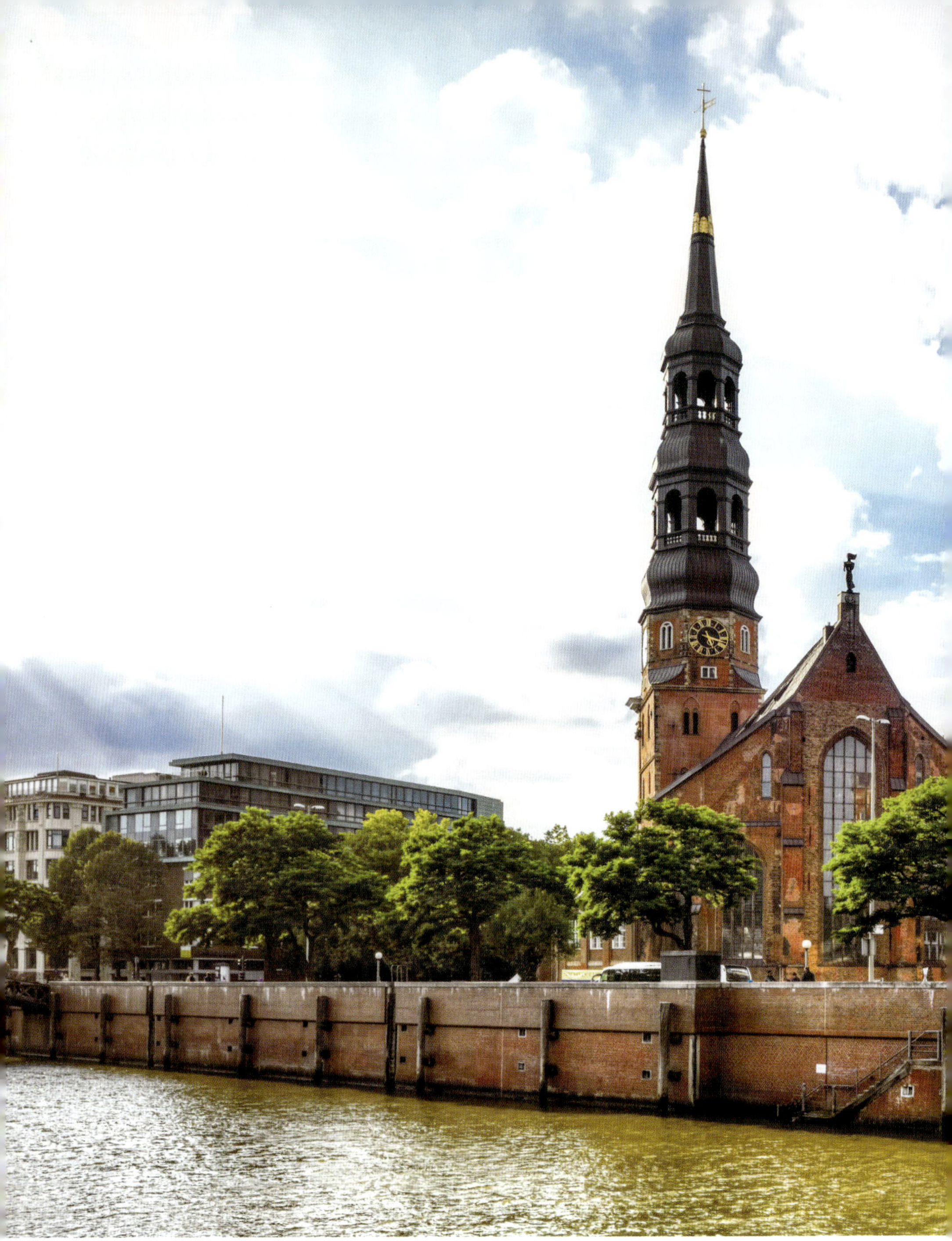

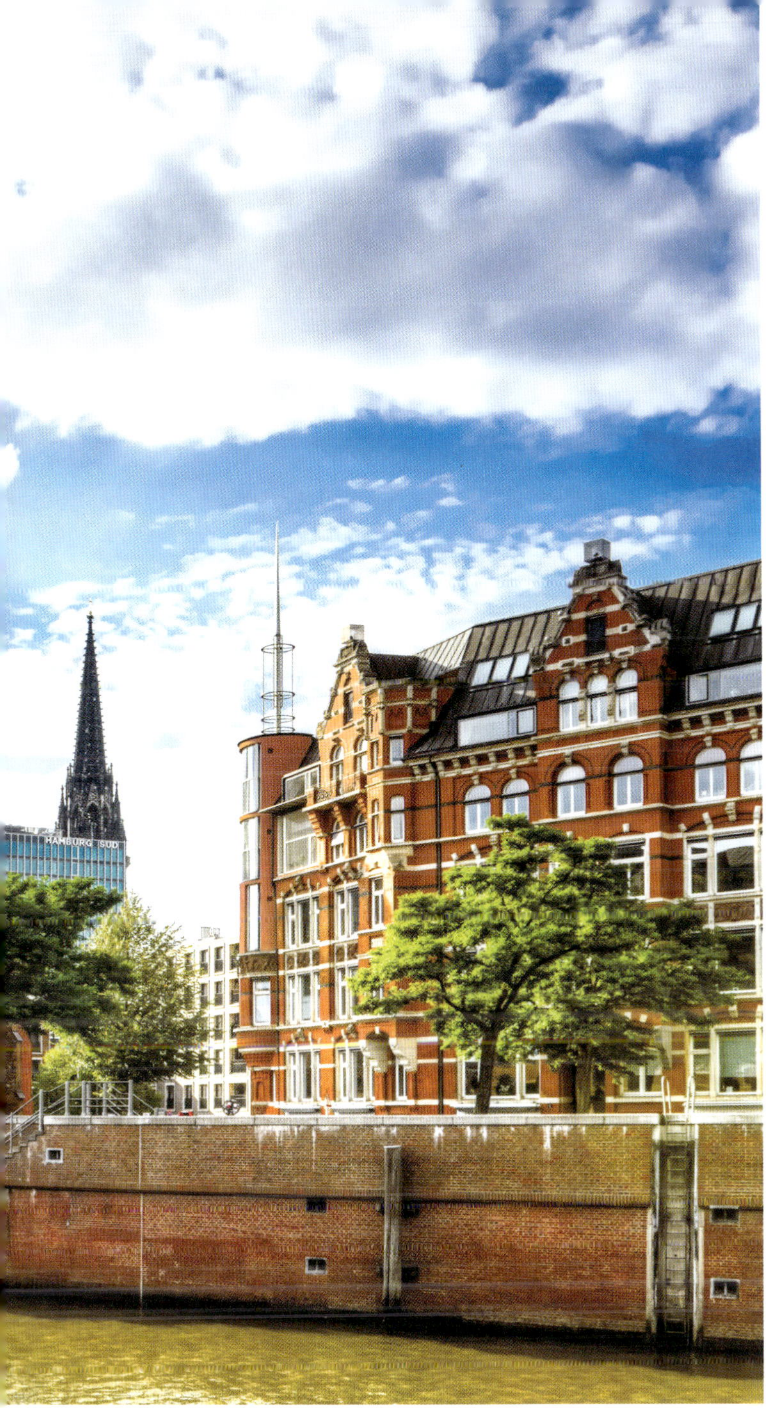

Die erste große Stadt, die Johann Sebastian Bach kennenlernte, war Hamburg. Mehrfach machte er sich von Lüneburg auf den Weg, um die Hansestadt zu besuchen. In der gotischen Katharinenkirche, deren Turmlaterne sich hoch über das Häusermeer erhebt, hörte Bach 1701 voller Begeisterung die Improvisationen des berühmten Hamburger Orgelmeisters Johann Adam Reincken über den Choral „An Wasserflüssen Babylon". Als sich Bach fast zwei Jahrzehnte später, im Herbst 1720, um die vakante Organistenstelle von St. Jacobi bewarb, kam es zu einer erneuten Begegnung mit dem damals bereits 79 Jahre alten Reincken. Diesmal improvisierte Bach, ebenfalls an der Orgel der Katharinenkirche, über den gleichen Choral. Reincken meinte daraufhin ergriffen: „Ich dachte, diese Kunst wäre gestorben: ich sehe aber, dass sie in Ihnen lebt."

Die erste Stelle
Arnstadt, Lübeck: 1703–1707

Mehr als vierhundert Figürchen, aus Wachs, Holz und Stoff gefertigt, bevölkern in dem am Anfang des 18. Jahrhunderts erbauten Neuen Palais der thüringischen Residenz Arnstadt die berühmte Puppenstadt „Mon plaisir". Fürstin Augusta Dorothea zu Schwarzburg-Arnstadt hatte sie von Hofdamen und Handwerkern seit 1700 über mehrere Jahrzehnte hinweg in ebenso kunstvoller wie mühsamer Arbeit allein zu ihrer Erheiterung herstellen lassen. Doch „Mon plaisir" ist nicht nur eine vergnügliche Angelegenheit. Die 82 Puppenstuben mit den verschiedensten Szenen vermitteln darüber hinaus ein authentisches Bild vom Alltag einer kleinen Residenzstadt zu Beginn des 18. Jahrhunderts. Wer die frappierend detailgetreu gestalteten Puppenstuben „In der Apotheke", „Blick in den Weinkeller", „Im Hoftheater" oder „Hofmusikanten beim Konzert" betrachtet, kann sich sehr gut vorstellen, wie man in Arnstadt zur Bachzeit gelebt hat.

Als Johann Sebastian 1702 seine Lüneburger Schulzeit beendet hatte, war er 17 Jahre alt und musste fortan allein für seinen Lebensunterhalt aufkommen. Organist wollte er nun werden, das lag nahe, weil fast jeder zweite in seiner weitläufigen Verwandtschaft diesem Beruf nachging, vor allem aber, weil Johann Sebastian sein Orgelspiel inzwischen so weit vervollkommnet hatte, dass er ein solches Amt auszufüllen vermochte. Drei Organisten-Stellen waren zu jener Zeit in Bachs thüringischer Heimat vakant: an der Eisenacher Georgenkirche, in der Bach getauft worden war, an der Jakobikirche in Sangerhausen und an der Arnstädter Bonifatiuskirche. Wir wissen nicht, ob Johann Sebastian sich in Eisenach um die Nachfolge seines Onkels Johann Christoph beworben hatte. Die Stelle bekam jedenfalls sein Vetter Johann Bernhard Bach. Johann Sebastian bewarb sich zunächst in Sangerhausen, konnte auch den Rat beim Probespiel überzeugen, wurde aber auf Intervention des Herzogs Georg von Sachsen-Weißenfels dann doch nicht gewählt. Der Fürst hielt es für geraten, statt des jugendlichen Anfän-

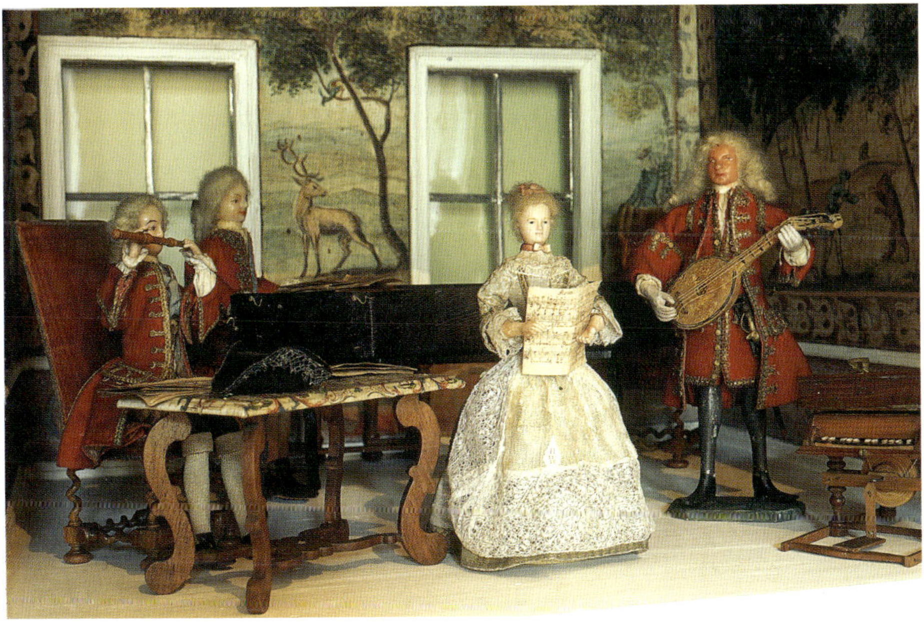

„Mon plaisir“ („Mein Vergnügen“) nannte die Fürstin Augusta Dorothea zu Schwarzburg-Arnstadt (1666–1751) die einzigartige Puppenstadt, die in ihrem Auftrag in jahrelanger Arbeit entstanden ist. Die insgesamt 82 Puppenstuben zeigen Szenen aus dem Leben der kleinen Residenz, darunter auch ein Konzert der fürstlichen Hofkapelle.

gers lieber den elf Jahre älteren und bereits bewährten Hofmusikus Johann August Kobelius mit dem Amt zu betrauen. Aus heutiger Sicht gewiss eine für Sangerhausen betrübliche Entscheidung. Blieb also nur noch Arnstadt übrig.

In der dortigen Bonifatiuskirche, die nach einem Stadtbrand im 16. Jahrhundert wieder aufgebaut worden war und nun meist Neue Kirche genannt wurde, war der Mühlhausener Meister Johann Friedrich Wender gerade dabei, eine neue Orgel fertigzustellen. Bach rechnete sich große Chancen aus, die Arnstädter Stelle zu bekommen, musste sich aber noch bis zur Vollendung der Orgel im Jahre 1703 gedulden. Er überbrückte diese Zeit, indem er zunächst für drei Monate als Geiger in der Kapelle des Weimarer Herzogs Johann Ernst wirkte. In Weimar vertrat er auch den hochbetagten und kränkelnden Hoforganisten Johann Effler. Geige oder Orgel – Bach beherrschte beide Instrumente.

Als Johann Sebastian am 13. Juli 1703 in Arnstadt eintraf, um die neue Orgel zu prüfen, waren im damals noch existierenden Schloss Augustenburg im heutigen Arnstädter Stadtteil Oberndorf die Hofdamen und Handwerker der Fürstin schon seit etwa drei Jahren mit

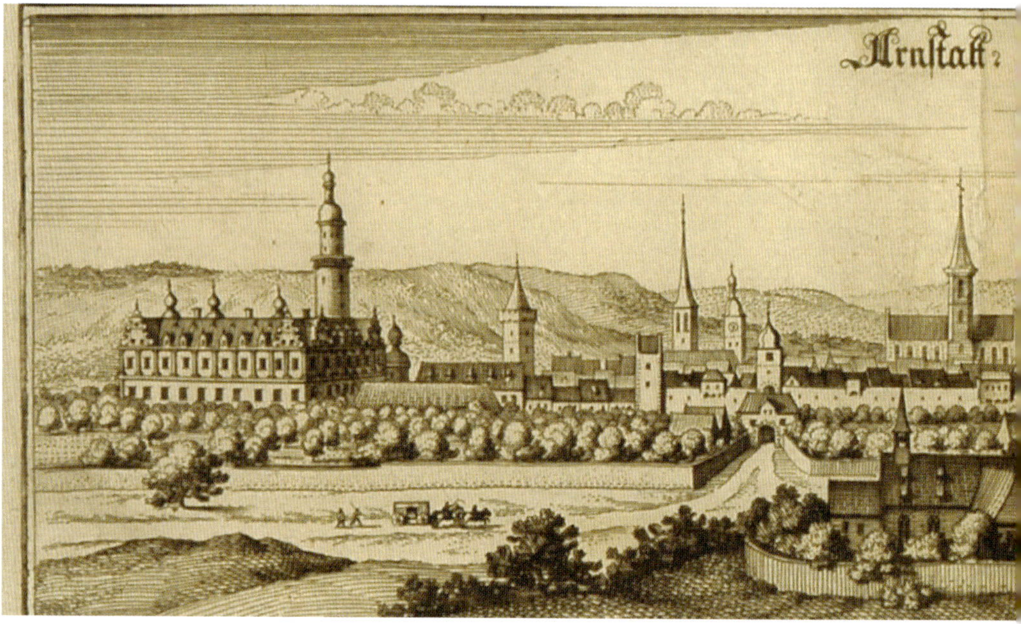

Kleine Residenz mit beeindruckender Turmlandschaft: Dieser Holzschnitt von Arnstadt stammt aus dem Jahr 1650.

der Herstellung der Puppenstadt beschäftigt. Eine der Szenen zeigt auch eine Kirche, also den künftigen Arbeitsplatz des angehenden Organisten. Doch der musste nun erst einmal die neue Orgel begutachten. Mit Orgelbaufragen hatte er sich bereits in Lüneburg intensiv auseinandergesetzt, sodass er schon bald als Experte galt. Er prüfte den Klang der einzelnen Register, die Spielbarkeit der Manuale und des Pedals und begann zu improvisieren. Die Arnstädter Honoratioren waren so beeindruckt, dass sie dem jungen Mann ohne ein weiteres Probespiel die Organistenstelle antrugen.

Reichlich drei Wochen später, nämlich am 9. August 1703, trat Johann Sebastian Bach seine erste feste Stelle an. Er solle sich in seinem „anbefohlenen Ambte, Beruff, Kunst-Übung und Wissenschafft fleißig und treulich aufführen“, heißt es etwas verschwommen im Einstellungsvertrag, aus dem ferner hervorgeht, dass sich Bachs Aufgaben auf die Begleitung der Gemeinde beim sonntäglichen Choralsingen, bei einer Betstunde am Montag und der Frühpredigt am Donnerstag beschränken. Dafür erhielt er ein Jahresgehalt von 50 Gulden und zusätzlich 30 Thalern für Kost und Logis. Diese Währungsangaben lassen sich kaum seriös in heutige Kaufkraft um-

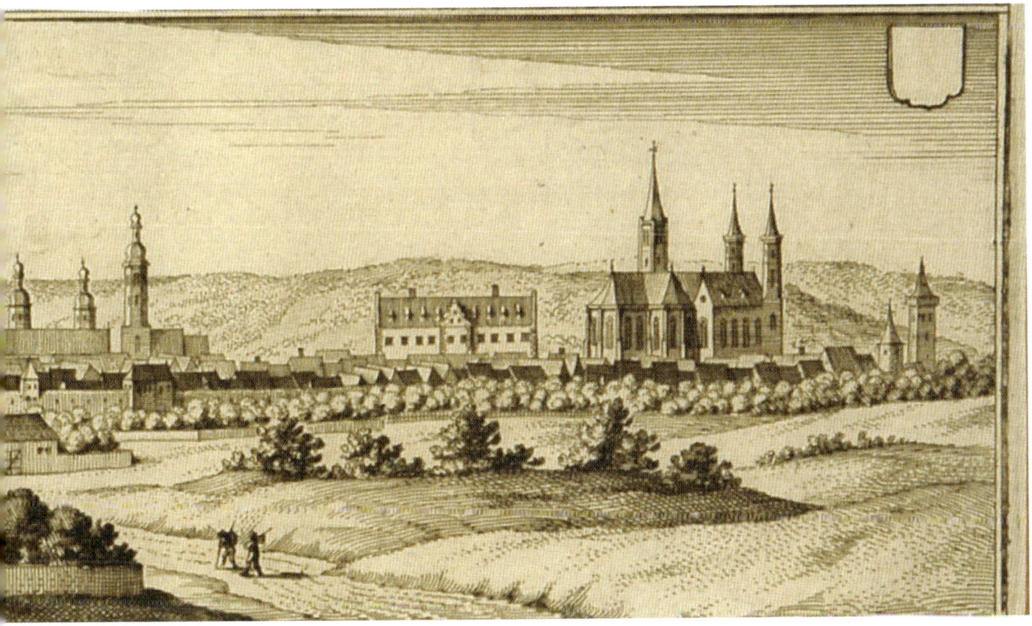

rechnen, dennoch scheint festzustehen, dass die Arnstädter Stelle für einen Berufsanfänger kein schlechter Job war. Doch die Sache hatte einen Haken, denn das kirchliche Konsistorium, das sich einen Kantor mit umfassenderen Aufgaben für die Neue Kirche wohl nicht leisten konnte, erwartete von Bach, dass er zusätzlich mit den Zöglingen der Lateinschule Choräle und Kantaten einstudieren und aufführen sollte.

Bach versuchte sich dieser lästigen Pflicht so weit wie möglich zu entziehen, denn so exzellent er als Musiker war, seine pädagogischen Fähigkeiten blieben zeitlebens eher bescheiden. Konflikte schienen unausweichlich, und sie ließen auch nicht lange auf sich warten. Bach empfand viele der Schüler als unmusikalisch und unwillig und ließ die Chorproben häufig ausfallen, was ihm Vorwürfe des Konsistoriums eintrug. Eines Tages kam es sogar zu einem spektakulären Zwischenfall: Bach war mit dem Lateinschüler Johann Heinrich Geyersbach aneinandergeraten, den er für besonders unbegabt und renitent hielt. Vor versammelter Mannschaft beschimpfte er ihn als *Zippelfagottisten*. Was das eigentlich bedeutet, darüber herrscht bis heute in der Forschung keine Einigkeit. Zippel könnte von Ziege abgeleitet sein oder von

Zwiebel oder auch von dem lateinischen discipulus, was eigentlich nur Schüler heißt. Auf jeden Fall war es als Beleidigung gedacht und wurde von Geyersbach auch als solche empfunden. So lauerte er am 4. August 1705 seinem Musiklehrer auf, als dieser gerade die Kirche verlassen hatte und über den Markt lief, um ihn zu verprügeln. Bach wehrte sich heftig, zog den Degen, der übrigens zu seiner Dienstkleidung gehörte, und es kam zu einem wüsten Handgemenge, das nur mühsam ohne bleibende Schäden beendet werden konnte.

Interessanterweise war Bachs gleichaltriger Kollege Georg Friedrich Händel nur ein gutes halbes Jahr zuvor, nämlich am 5. Dezember 1704, gleichfalls in eine musikalisch bedingte Rauferei verwickelt gewesen: Während einer Aufführung der Oper „Die unglückselige Cleopatra" von Johann Mattheson am Hamburger Gänsemarkt-Theater war es zwischen ihm und dem Komponisten, mit dem er eigentlich eng befreundet war, auf offener Bühne zu einer Streiterei gekommen, die schließlich in einem Duell gipfelte, das nur dank eines glücklichen Zufalls unblutig beendet werden konnte.

Aber auch wenn Raufereien unter Musikern Anfang des 18. Jahrhunderts nicht ungewöhnlich gewesen sein dürften, brachte Bach die Auseinandersetzung mit Geyersbach eine Menge Ärger ein. Schließlich verwarnte der Rat beide Kampfhähne und ermahnte Bach, er solle künftig auf Beleidigungen verzichten und seine Chorschüler ordentlich auf der Orgel begleiten. Und es blieb nicht der einzige Ärger. Am 11. November 1706 musste der Kantor zu einer Anhörung beim Rat erscheinen, bei der man ihm vorwarf, er habe „ohnlängsten die fremde Jungfer auf das Chor biethen und musiciren laßen". Offenbar hatte Bach eine junge Sängerin auf der Orgel begleitet. Es gibt die Vermutung, es habe sich um Bachs Cousine und spätere Ehefrau Maria Barbara gehandelt, doch belegt ist das nicht. Außerdem spricht die Formulierung „fremde Jungfer" dagegen, denn Maria Barbara war in Arnstadt keineswegs fremd, sondern immerhin die Nichte des Bürgermeisters.

Bereits in Lüneburg hatte Bach von dem wohl bedeutendsten norddeutschen Organisten und Komponisten Dietrich Buxtehude gehört, der als Kantor an der Lü-

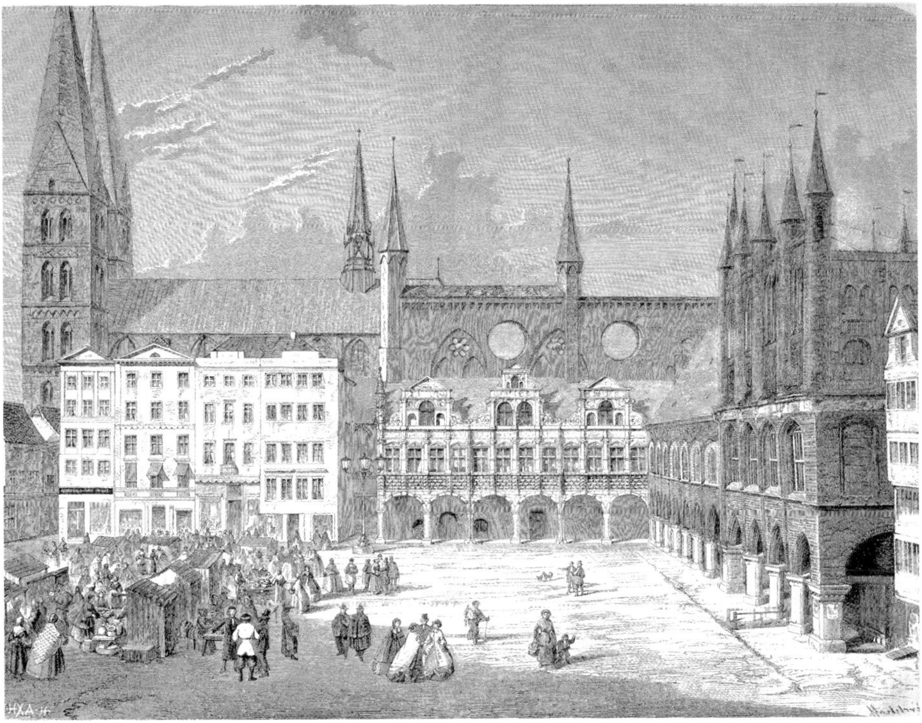

Dieses Radierung aus dem 18. Jahrhundert zeigt den Lübecker Markt mit Rathaus und Marienkirche. Die markanten Backsteinarchitektur bildet noch heute die Kulisse für das bunte Treiben an Markttagen.

becker Marienkirche wirkte. Da er ihn nun endlich kennenlernen wollte, wandte er sich im Herbst 1705 mit einem Urlaubsgesuch an das Konsistorium. Nachdem er für die Zeit seiner Abwesenheit in seinem Vetter, dem Arnstädter Johann Ernst Bach, einen kompetenten Vertreter gefunden hatte, wurde ihm der Urlaub bewilligt. Vier Wochen hatte er nun Zeit für die weite Reise nach Norddeutschland. Wenn man bedenkt, dass die Entfernung von Arnstadt nach Lübeck mehr als 400 Kilometer beträgt und zu Fuß bewältigt werden musste, dürfte der „Bildungsurlaub" von vornherein viel zu knapp bemessen gewesen sein. Doch darüber wird sich der junge Mann zunächst kaum Gedanken gemacht haben. Und tatsächlich war die Begegnung mit Buxtehude für Bach so anregend und faszinierend, dass er darüber die Zeit vergaß. Nachdem die vereinbarten vier Wochen verstrichen waren, wartete man in Arnstadt vergeblich auf seine Rückkehr, was bei den Herren vom Rat und vom Konsistorium zunächst ein Stirnrunzeln hervorrief, das bald zum Unmut anwuchs.

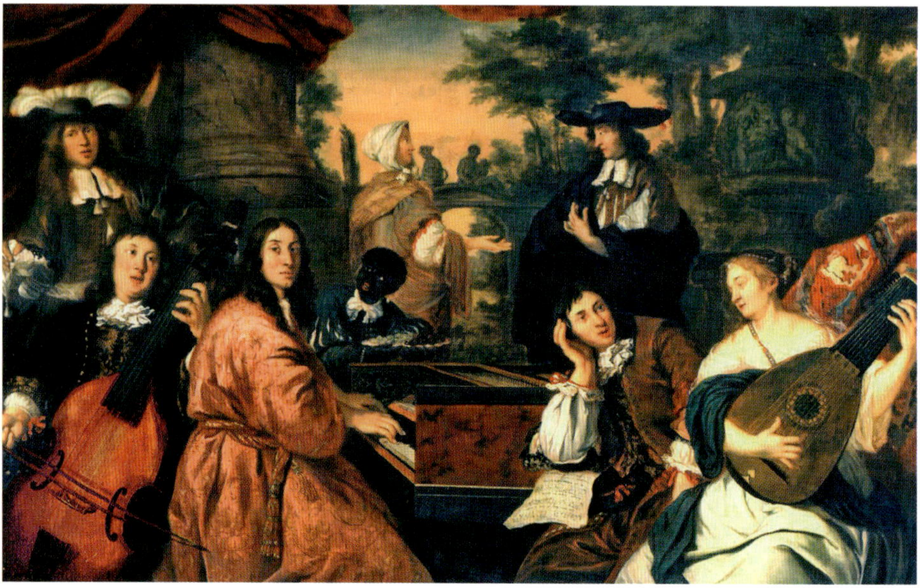

Bach verschwendete jedoch kaum einen Gedanken an seine Arnstädter Pflichten. Er lauschte Buxtehudes Choralphantasien, einer völlig neuen Art der Choralbearbeitung, bei der die Melodie in einzelne Motive zerlegt und – mit kontrapunktierenden Nebenstimmen versehen – zu einem neuen Ganzen verschmolzen wurde. Der damals schon fast 70 Jahre alte Buxtehude hat Bachs außerordentliche Begabung offenbar schnell erkannt und womöglich hätte er ihn gern als seinen Nachfolger gesehen.

Bach dürfte schon mit diesem Gedanken gespielt haben, immerhin war das Lübecker Kantorenamt eine der renommiertesten und begehrtesten Stellen in ganz Deutschland.

War es ein „Schönheitsfehler", der ihn davon abhielt? Wer Kantor von St. Marien werden wollte, musste nämlich die Tochter seines Vorgängers heiraten. Da sich die Reize von Buxtehudes schon etwas älteren Tochter Anna Margaretha offenbar in Grenzen hielten, hatten bereits 1703 Georg Friedrich Händel und Johann Mattheson das Amt dankend abgelehnt. Mattheson notierte dazu: „weil eine Heiratsbedingung bei der Sache vorgeschlagen wurde, wozu keiner von uns die geringste Lust bezeugte, schieden wir nach vielen empfangenen Ehrenbezeugungen und genossenen Lustbarkeiten von dannen." Wahr-

Lübeck musiziert: Das Bild einer „Musizierenden Gesellschaft", dass der niederländische Maler Johannes Voorhout 1674 schuf, zeigt Johann Adam Reincken, den vermutlichen Auftraggeber des Gemäldes, am Cembalo sitzend. Bei dem Gambenspieler links neben ihm könnte es sich um Dietrich Buxtehude handeln.

St. Marien zu Lübeck gilt als die „Mutterkirche der Backsteingotik". Nach ihrem Vorbild wurden im gesamten Ostseeraum mehr als 70 Kirchen erbaut. Das Mittelschiff erreicht am Scheitelpunkt 38,5 Meter. Damit ist es das höchste Backsteingewölbe der Welt.

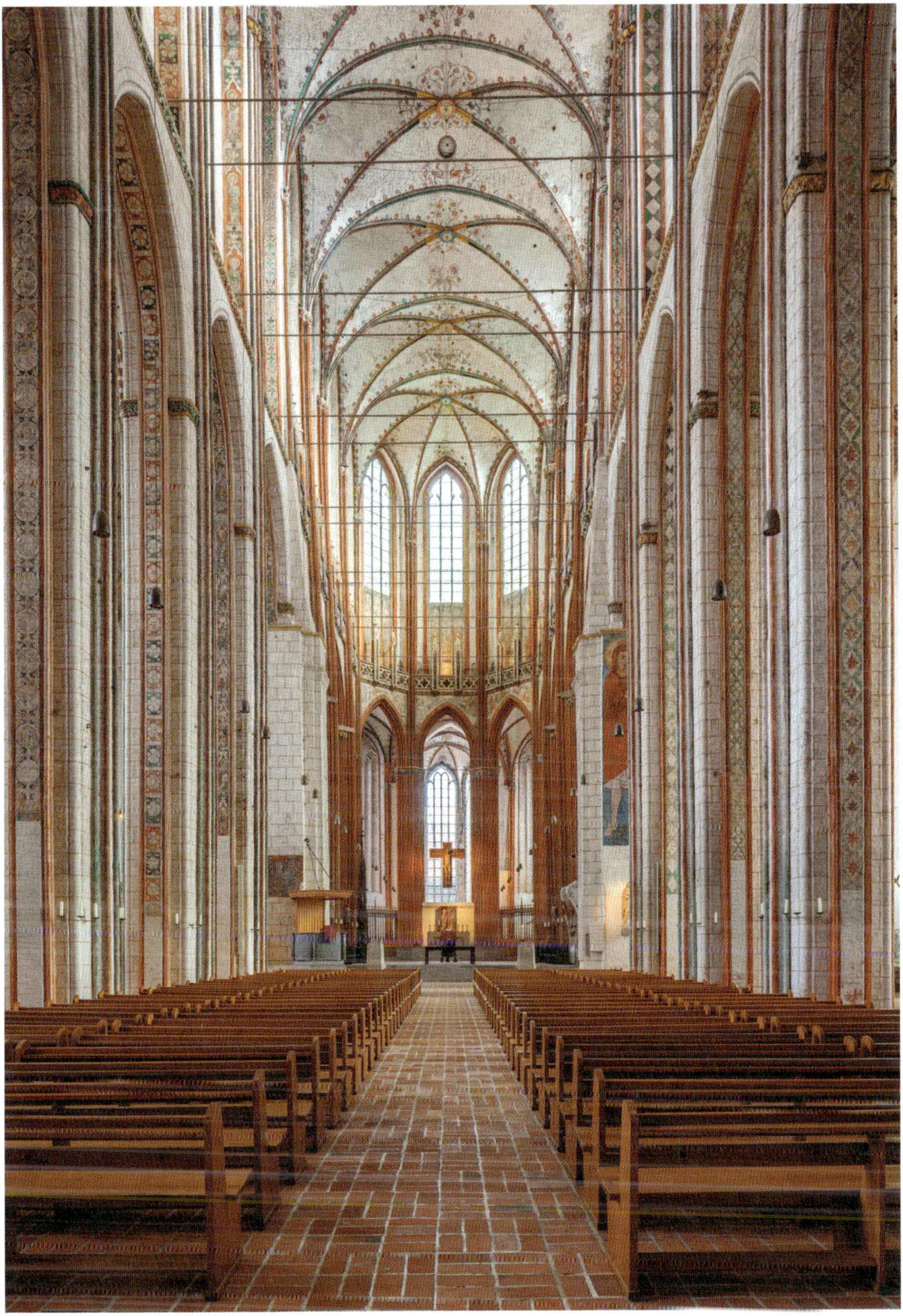

scheinlich kam für Bach eine Ehe mit Anna Margaretha Buxtehude, wie schön oder hässlich sie auch gewesen sein mag, ohnehin nicht in Betracht, da er bereits mit der Arnstädterin Maria Barbara frisch verlobt war.

Bevor er sich aber auf den beschwerlichen Rückweg nach Thüringen begab, besuchte er noch die berühmten „Abendmusiken", die von Buxtehudes Vorgänger und Schwiegervater, Franz Tunder, eingeführt worden waren. Die Abendmusiken – eine lübische Spezialität – waren Veranstaltungen, in denen Kirchenmusik unabhängig von einem Gottesdienst aufgeführt wurde, eine frühe Form der heute so beliebten Kirchenkonzerte. Übrigens heiratete Anna Margaretha 1707 tatsächlich den Nachfolger ihres Vaters. Der hieß Johann Christian Schieferdecker, war ein guter Bekannter von Johann Mattheson und stammte wie Bach aus Thüringen.

Als Johann Sebastian Bach im Februar 1706 mit vielen neuen Eindrücken wieder in Arnstadt eintraf, empfing man ihn – nicht zu Unrecht – mit der Vorhaltung, dass er „nur auf 4. Wochen gebeten, sey aber wohl 4. mahl so lange außengeblieben". Den Herren vom Konsistorium drohte bald weiteres Ungemach, denn Bachs musikalischer Stil hat sich seit der Begegnung mit Buxtehude auf eine für sie befremdliche Weise verändert. Am 21. Februar 1706 luden sie ihn vor und beklagten sich, „daß er bißher in dem Choral viele wunderliche variationes gemachet, viele fremde Thone mit eingemischet, daß die Gemeinde darüber confundiret (verwirrt) worden" sei. Im Klartext heißt das: Die Arnstädter Gemeinde verlor bei Bachs kunstvollen Choralimprovisationen offenbar regelmäßig den Faden.

Wer sich z. B. Bachs sehr wahrscheinlich schon in Arnstadt entstandene Bearbeitung über den Choral „Herr Jesu Christ, dich zu uns wend" anhört, wird ein gewisses Verständnis für die Haltung des Arnstädter Konsistoriums aufbringen. Der Musikhistoriker Martin Geck meint dazu: „Da spielt Bach – wie ein verfrüht erschienener Max Reger – mit den chromatischen Möglichkeiten eines vierstimmigen Satzes auf eine Art, die vom Cantus firmus mehr ablenkt, als dass sie ihn verdeutlicht."

Bach fügte sich. An einem Dauerstreit mit seinen Arbeitgebern war ihm nicht gelegen, denn längst hatte er innerlich mit Arnstadt abgeschlossen. Er versah seinen Dienst nun gewissermaßen „nach Vorschrift“, vervollständigte dabei seine musikalische Könnerschaft und wartete im Übrigen nur auf eine günstige Gelegenheit, der Stadt den Rücken zu kehren.

Trotzdem dürfte sich der junge Mann im Großen und Ganzen in Arnstadt einigermaßen wohlgefühlt haben, erfreute sich seine Familie doch enger Beziehungen zu der kleinen Residenz. Lange Zeit wirkten hier Bache als Hof- und Stadtmusikanten, aber auch als Kantoren und Organisten. Am Haus Kohlgasse Nummer 7 erinnert eine Gedenktafel daran, dass hier von 1687–1693 der Organist Johann Christoph Bach und bis 1732 sein Sohn, der Organist Johann Ernst Bach wohnten. Wahrscheinlich war auch Johann Sebastian einige Zeit in diesem Haus untergekommen. Der hier ansässige Johann Ernst Bach war übrigens jener Cousin, der Johann Sebastian während seines Lübeck-Aufenthaltes vertreten hatte. Das Haus, das zeitweise vom Abriss bedroht war, ist heute mustergültig restauriert und trägt den Namen Bachhaus.

Die meiste Zeit dürfte Johann Sebastian am Ledermarkt Nummer 7 im Haus des mit der Bachfamilie verwandten Bürgermeisters Martin Feldhaus gewohnt haben. Dort wird er wohl auch seiner bereits erwähnten Cousine Maria Barbara Bach zum ersten Mal begegnet sein. Neben dem Eingang wurde 1935, zum 250. Geburtstag des Komponisten, eine Tafel angebracht mit der Aufschrift: „In diesem Haus wohnte Johann Sebastian Bach 1703–1707“.

Auf dem Arnstädter Marktplatz steht seit 1985, dem 300. Geburtstag des Komponisten, ein ungewöhnliches Denkmal. Es zeigt Johann Sebastian nicht als würdigen Kantor und Kirchenmusiker mit Notenblatt und Allongeperücke, sondern so, wie er wohl während seiner Arnstädter Jahre tatsächlich gewesen ist: jung, selbstbewusst und ziemlich eigenwillig. Der Hallenser Bildhauer Bernd Göbel hat den Zwanzigjährigen als Bronzestatue dargestellt, wie er zurückgelehnt auf der Orgelbank sitzt. Auf einer Tafel sind am Sockel die Lebensdaten Bachs graviert.

Als im Dezember 1706 Johann Georg Ahle starb, der Organist der Divi-Blasii-Kirche zu Mühlhausen, sah Bach seine Chance gekommen. Über verwandtschaftliche

Verbindungen signalisierte er dem Rat der freien Reichsstadt Mühlhausen sein lebhaftes Interesse an der vakant gewordenen Stelle. Am Ostersonntag 1707 wurde er zum Probespiel eingeladen und begeisterte die Mitglieder des Mühlhäuser Konsistoriums durch seine Virtuosität. Alles Weitere war nur noch Formsache. Am 29. Juni 1707 vermerkt das Arnstädter Ratsprotokoll: „Herr Johann Sebastian Bach, bißheriger Organist zur neuen Kirche bittet umb dimission, wolte hiermit die Schlüßel zur Orgel dem Rathe, von dem er sie empfangen, wieder überliefert haben". – Ende einer Dienstzeit, die trotz aller Querelen und Konflikte sicher zu den glücklichsten und unbeschwertesten Phasen in Johann Sebastian Bachs Leben gehört haben dürfte.

In die Arnstädter Zeit fallen die ersten nachweisbaren Kompositionen, darunter Präludium und Fuge g-moll, BWV 535 a und Fantasie c-moll, BWV 1121. Besonders interessant ist das „Capriccio über die Abreise des sehr geschätzten Bruders". Anlass zur Komposition dieses originellen Stücks, bei dem sich feierlichgetragene und humorvoll-scherzende Züge die Waage halten, war möglicherweise der Abschied von Bachs Bruder Johann Jacob, der sich 1704 als Feldmusiker in der Armee des Schwedenkönigs Karl XII. verdingt hatte. Mit seinen Seufzermotiven und den imitierten Posthornklängen erinnert das Werk an die programmatische Cembalo-Musik von François Couperin, die Bach vielleicht schon in Celle kennengelernt haben wird. Zu den bekanntesten Arnstädter Choralbearbeitungen gehört „Wie schön leucht' uns der Morgenstern", die stark von der reichen Improvisationskunst der norddeutschen Orgelmeister inspiriert ist.

Werfen wir noch einen Blick auf Arnstadt, die früheste Siedlung Thüringens und die älteste Stadt auf dem Gebiet der früheren DDR. Aus diesem Umstand haben die Lokalpolitiker eine Zeit lang nicht ohne Geschick Kapital geschlagen, sodass hierher zu DDR-Zeiten etwas mehr Mittel flossen als in andere Städte vergleichbarer Größe. Da die Stadt auch im Krieg nicht zerstört worden ist, blieb viel aus Bachs Zeiten erhalten. Gegen Ende der DDR-Zeit war jedoch ein beträchtlicher Teil der historischen Bausubstanz in so schlechtem Zustand, dass es zu großflächigen Abrissen kam. Die erhalten gebliebenen

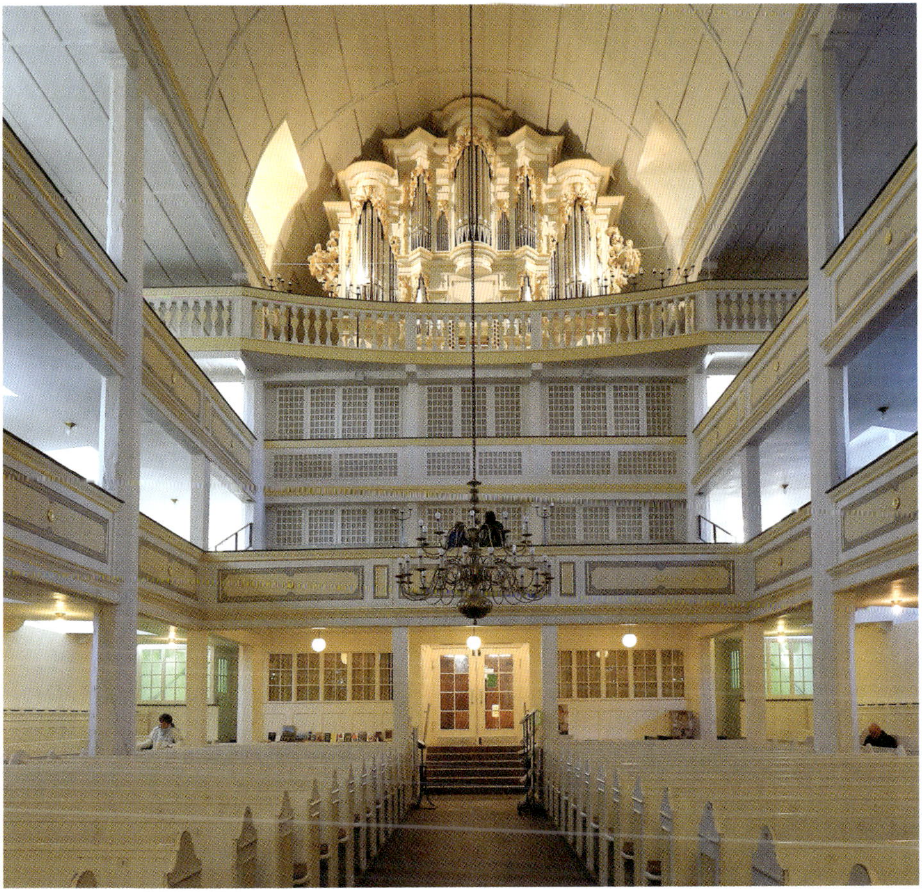

Der prächtige Barockprospekt der 1703 erbauten Wender-Orgel in der Arnstädter Neuen Kirche (heute Bachkirche) sieht im Wesentlichen noch so aus wie zu Bachs Zeit.

historischen Stadtquartiere wurden nach der Wende jedoch zu großen Teilen mit öffentlichen und privaten Mitteln mustergültig restauriert. Heute präsentiert sich das historische Arnstadt daher als städtebauliches Schmuckstück.

Bachs Hauptwirkungsstätte, die Neue Kirche, heißt seit 1935 Johann-Sebastian-Bach-Kirche. Sie entstand von 1676 bis 1683 anstelle eines durch Brand zerstörten Vorgängerbaus. Besonders schön sind der frühbarocke Schaugiebel und der Kanzelaltar von 1776, der der einschiffigen Gemeindekirche ein typisch protestantisches Gepräge gibt. Von der Wender-Orgel, die Bach regelmäßig gespielt hat, existiert neben sieben Registern noch der prachtvolle Prospekt, der besonders gut zur Geltung kommt. Unterhalb davon befindet sich seit 1913 eine Or-

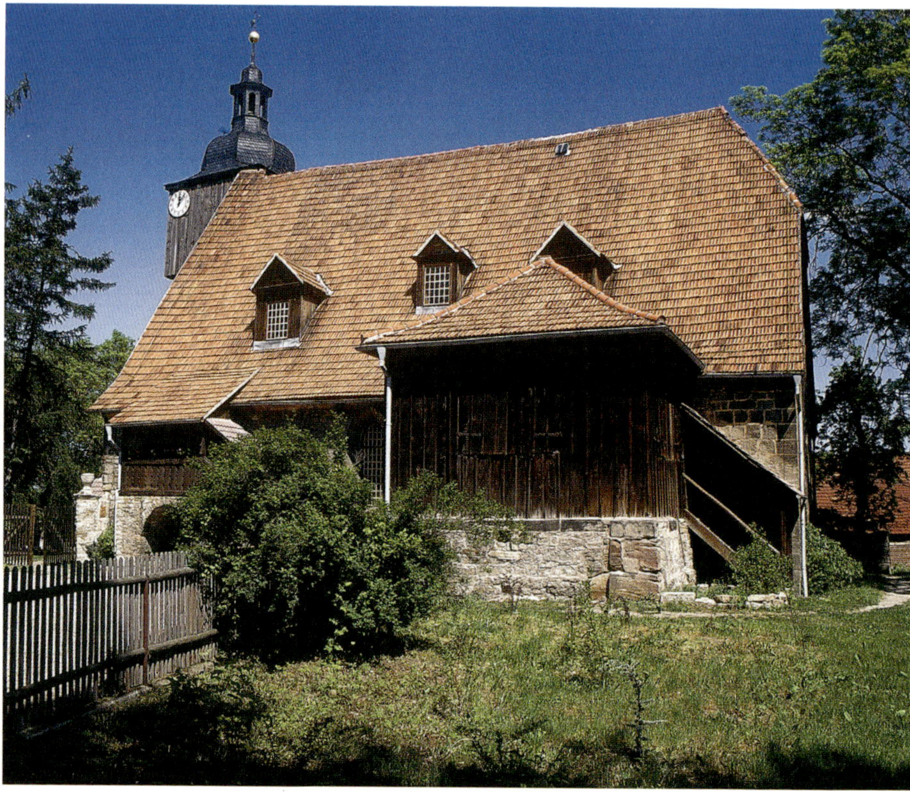

Die Dorfkirche St. Bartholomäi in Dornheim im Ilm-Kreis. Hier heiratete Johann Sebastian Bach am 17. Oktober 1707 seine Cousine Maria Barbara. Die Trauung vollzog der Ortspfarrer Lorenz Stauber, der mit der Bach-Familie seit langer Zeit freundschaftlich verbunden war. Als Stauber 1708 selbst heiratete, schrieb Bach für ihn die Trauungskantate „Der Herr denket an uns“ (BWV 196).

gel, die die Firma Steinmeyer aus Oettingen gebaut hat. Der originale Spieltisch, an dem Bach in der Neuen Kirche musiziert hat, blieb erhalten und befindet sich heute im Schlossmuseum Arnstadt. Er ist das wichtigste und wertvollste Exponat der interaktiven Dauerausstellung „Hörbarer Glaube. Bach in Arnstadt“, in der zahlreiche Dokumente zu Bachs Arnstädter Zeit und zur sozialen und musikalischen Situation jener Jahre zu sehen sind. Gleich nebenan befindet sich ebenfalls im Schlossmuseum das eingangs erwähnte Puppenmuseum „Mon plaisir“.

Auf dem Alten Friedhof, der bereits 1887 geschlossen wurde und heute als Parkanlage gestaltet ist, liegen 24 Angehörige der Bach-Familie begraben. Die ehemalige spätgotische Gottesackerkirche dient seit 1974 unter dem Namen St. Elisabeth der katholischen Gemeinde. Die Gräber sind längst eingeebnet, aber eine Gedenktafel mit den Namen der hier Bestatteten erinnert an die enge Beziehung zwischen Arnstadt und dem bedeutendsten deutschen Musikergeschlecht. Wer will, kann in Arnstadt gleich an zwei Stellen kostenlos und rund um die Uhr Bachs Musik hören, muss aber dafür selbst aktiv werden: Durch das Treten eines „Orgel-Pedals“ kann man an zwei originellen Hörstationen am Markt und an der Neideckruine Bachwerke zum Klingen bringen.

Auch nach dem Ende seiner Dienstzeit, sollte Arnstadt für Johann Sebastian Bach noch eine für seinen Lebensweg wichtige Station werden: Am 17. Oktober 1707 ließ er sich mit Maria Barbara in dem nur unweit entfernten Dörfchen Dornheim trauen. Im Kirchenbuch von Dornheim, das heute in Arnstadt aufbewahrt wird, heißt es: „ein ledige gesell und organist zu S. Blasii in Mühlhausen ist mit der tugend samen Jungfer Marien Barberen Bachin copuliret, nachdem sie zu Arnstad auff gebothen worden.“ In jener Zeit entstand auch Bachs heiteres Hochzeitsquodlibet, das aus einer lockeren Liedfolge mit Anspielungen auf die Namen von Angehörigen der Bachfamilie besteht. Ganz bewusst hat Bach hier einige Stimmen falsch geführt – zum Gaudium aller Beteiligten.

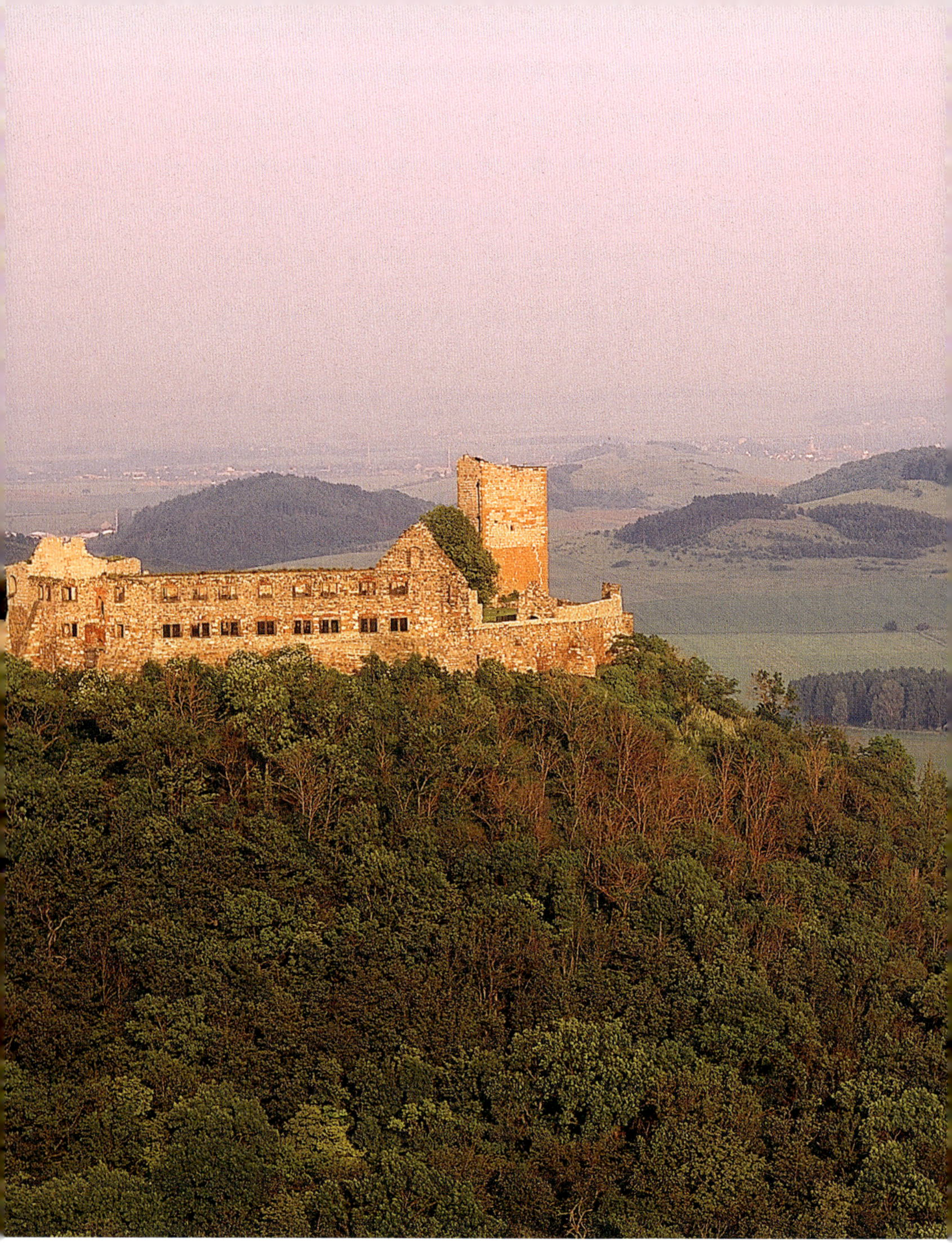

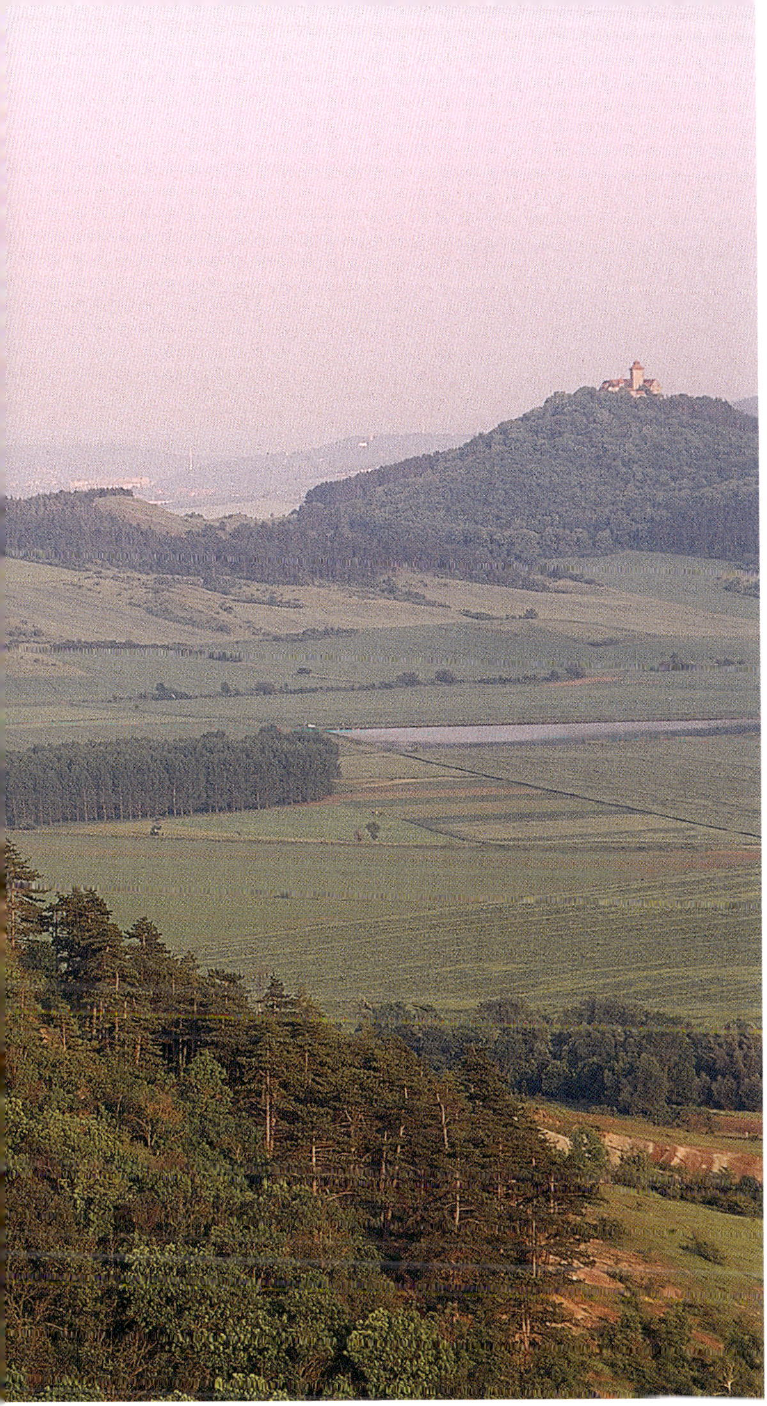

Thüringen ist eine der reizvollsten Kulturlandschaften Deutschlands. Wer von Erfurt Richtung Süden fährt, erblickt unweit von Arnstadt malerische Burgruinen, deren Geschichte bis ins 11. Jahrhundert zurückreicht. Die Burg Gleichen, auch Wanderslebener Gleiche genannt, (links im Bild) beherrschte einst die Fernhandelsstraße Via Regia. Im Dreißigjährigen Krieg (1618–1648) verfiel die stattliche Anlage. Die im Hintergrund sichtbare Veste Wachsenburg wurde Ende des 19. Jahrhunderts im historistischen Stil wiederaufgebaut und dient heute als Museum, Restaurant und Hotel.

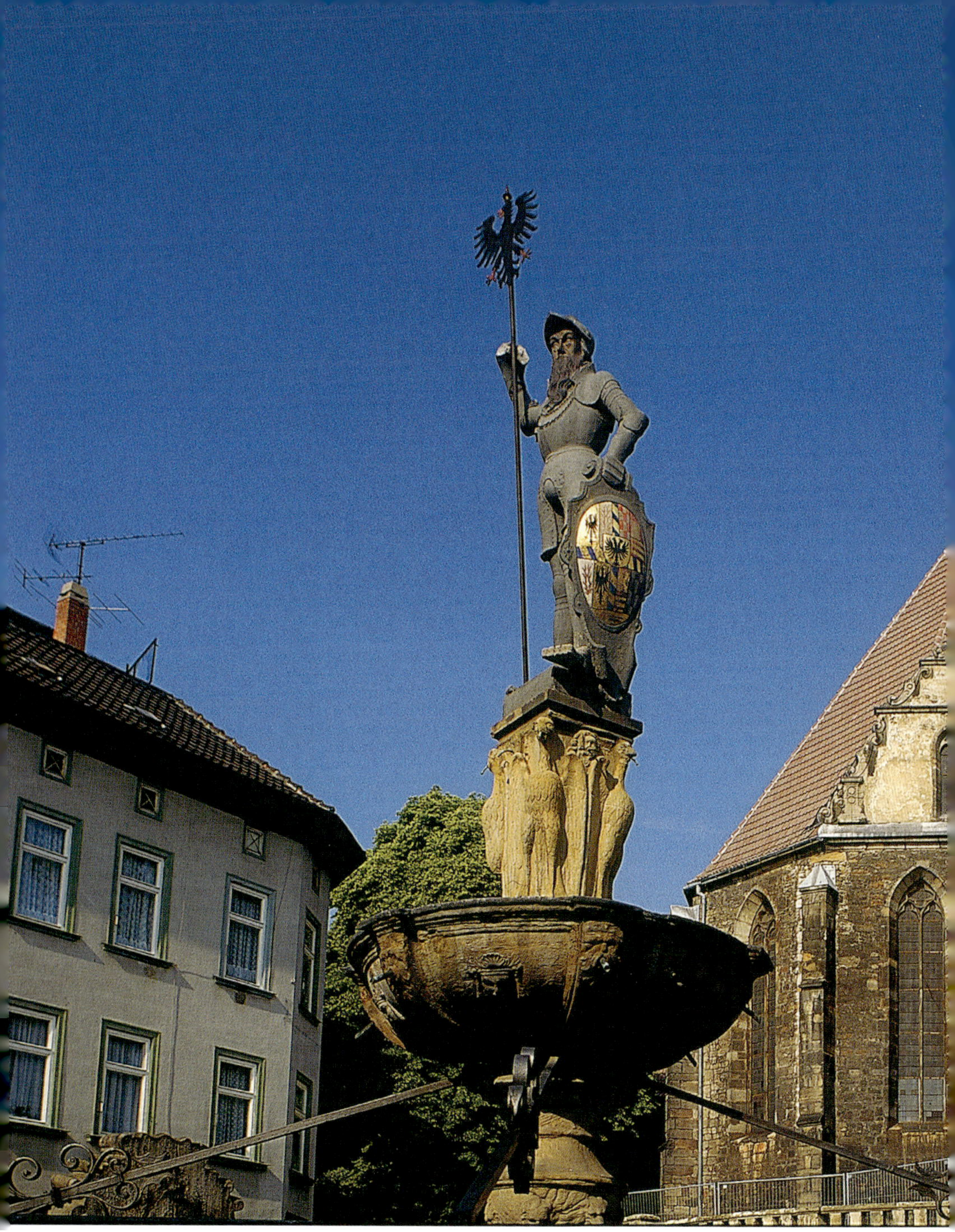

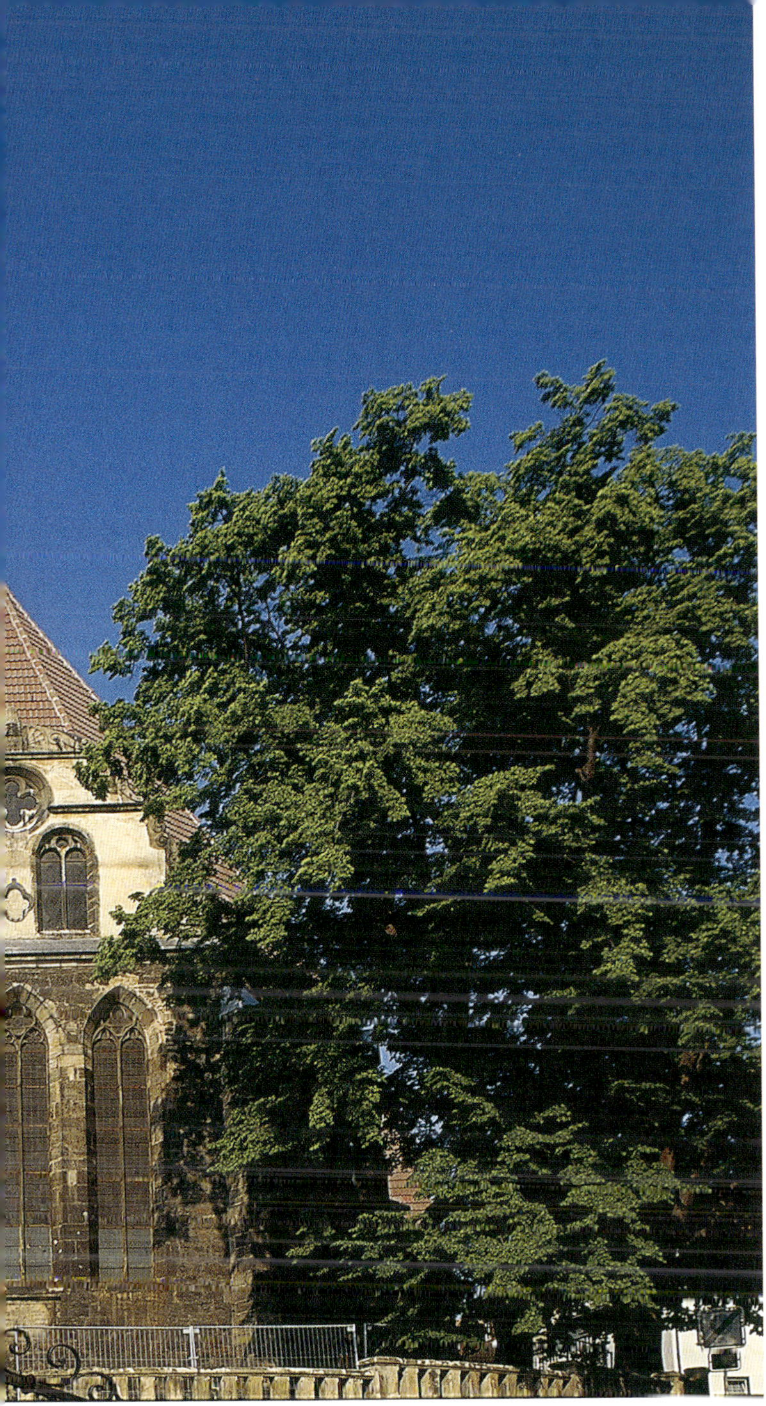

Bach war 18 Jahre alt, als er im Jahre 1703 nach Arnstadt kam. Mit Erfolg hatte er sich um das Organistenamt an der hiesigen Neuen Kirche beworben. Die Kirche, deren Ostseite noch gotische Formen zeigt, trägt seit 1935 den Namen Johann-Sebastian-Bach-Kirche. Für Bach war die kleine thüringische Residenz keine fremde Stadt, denn seit langer Zeit hatten hier „Bache" als Hof- und Stadtmusikanten, aber auch als Kantoren und Organisten gewirkt. Auf dem alten Stadtfriedhof, der heute als Parkanlage dient, erinnert eine Gedenktafel an 24 Mitglieder der Bach-Familie, die hier begraben wurden.

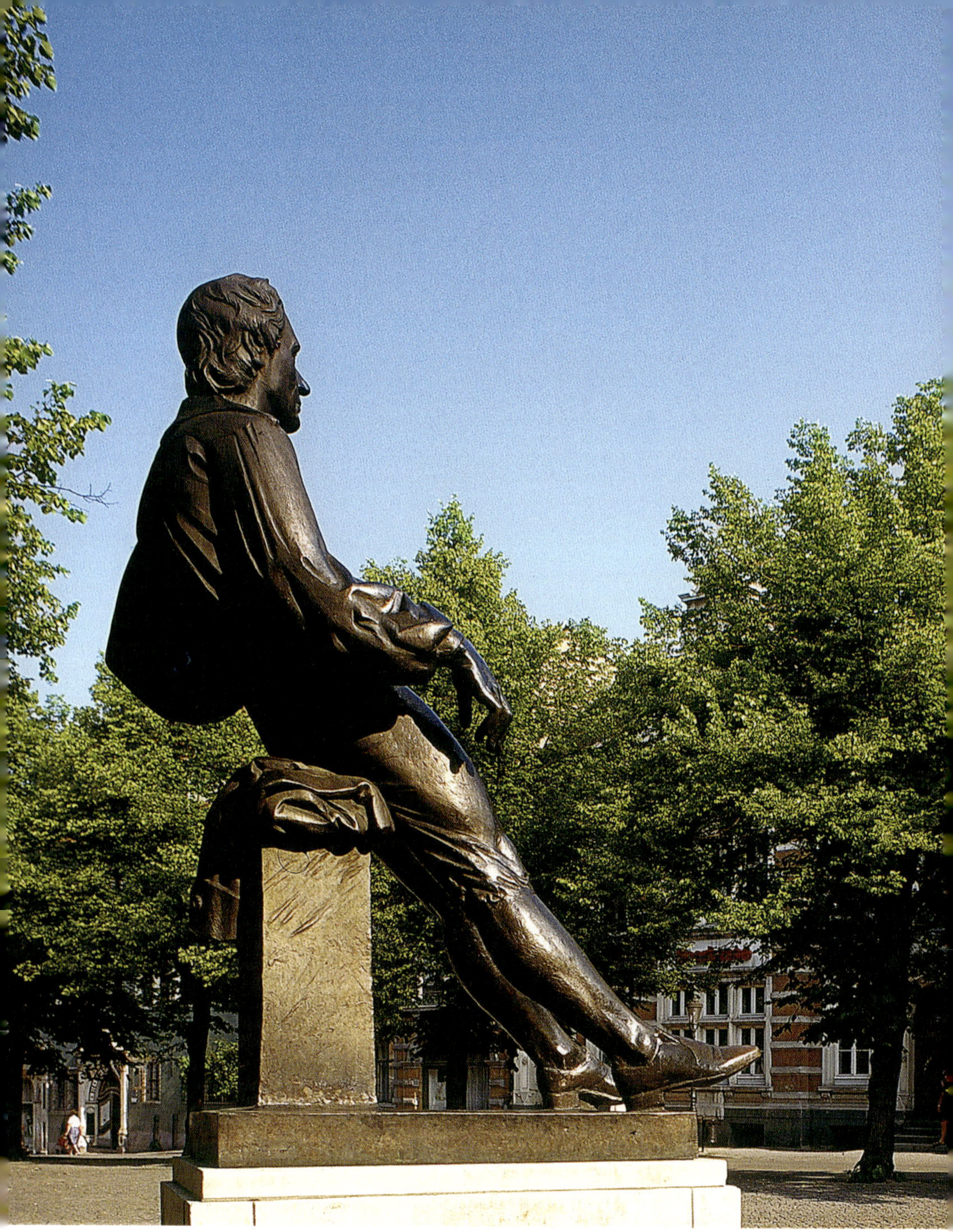

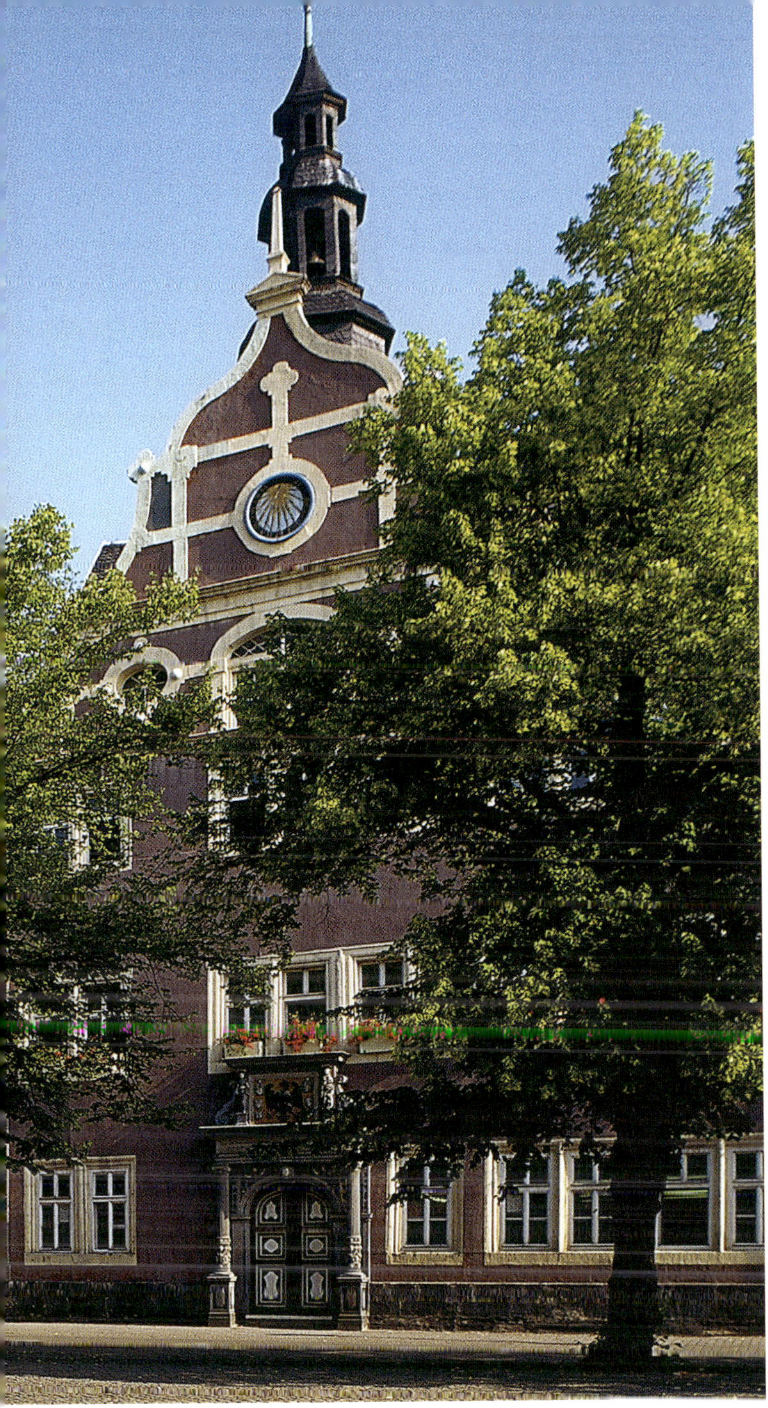

Das Bachdenkmal, das auf dem Arnstädter Markt vor dem schmucken Renaissance-Rathaus steht, dürfte das ungewöhnlichste Monument sein, das dem berühmten Komponisten jemals gewidmet wurde. Zeigt es ihn doch nicht als würdigen Kantor mit Allongeperücke und Notenblatt in der Hand, sondern als jungen Mann, der sich lässig an die Orgelbank lehnt. Und so wie ihn der Hallenser Bildhauer Bernd Göbel 1985 dargestellt hat, ist Bach in Arnstadt tatsächlich gewesen: jung, selbstbewusst und ziemlich eigenwillig.

Der Mühlhausener Meister Johann Friedrich Wender war gerade dabei, für die Stadtkirche eine neue Orgel zu erbauen, als Bach sich um die Organistenstelle in Arnstadt bewarb. Da er zu dieser Zeit bereits als Orgelbau-Experte galt, übertrug man ihm die Prüfung des Instruments. Am 13. Juli 1703 setzte er sich erstmalig auf die Arnstädter Orgelbank, um den Klang der einzelnen Register, die Spielbarkeit der Manuale und des Pedals zu begutachten. Sein Urteil war positiv, und das der Arnstädter Honoratioren, die Bachs Improvisationen gelauscht hatten, auch: Sie stellten den jungen Mann ohne weitere Prüfung als Organisten ein. Die Arnstädter Wender-Orgel wurde mehrfach umgebaut. Die letzte umfassende Restaurierung nahm die Orgelbauwerkstatt Otto Hoffmann aus Ostheim/Rhön bis 1999 vor. Dabei konnten 320 originale Pfeifen, was etwa einem Viertel des Gesamtbestandes entspricht, wiederverwendet werden.

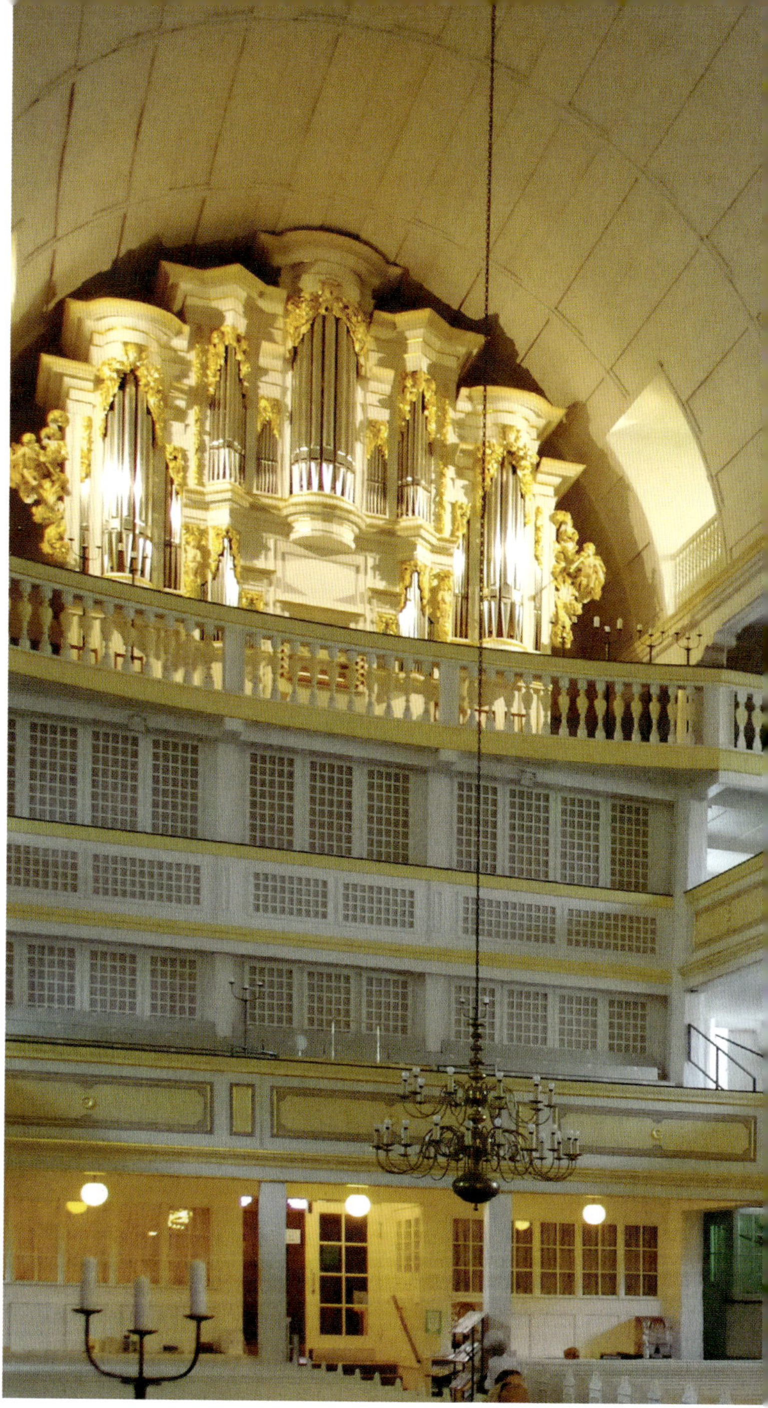

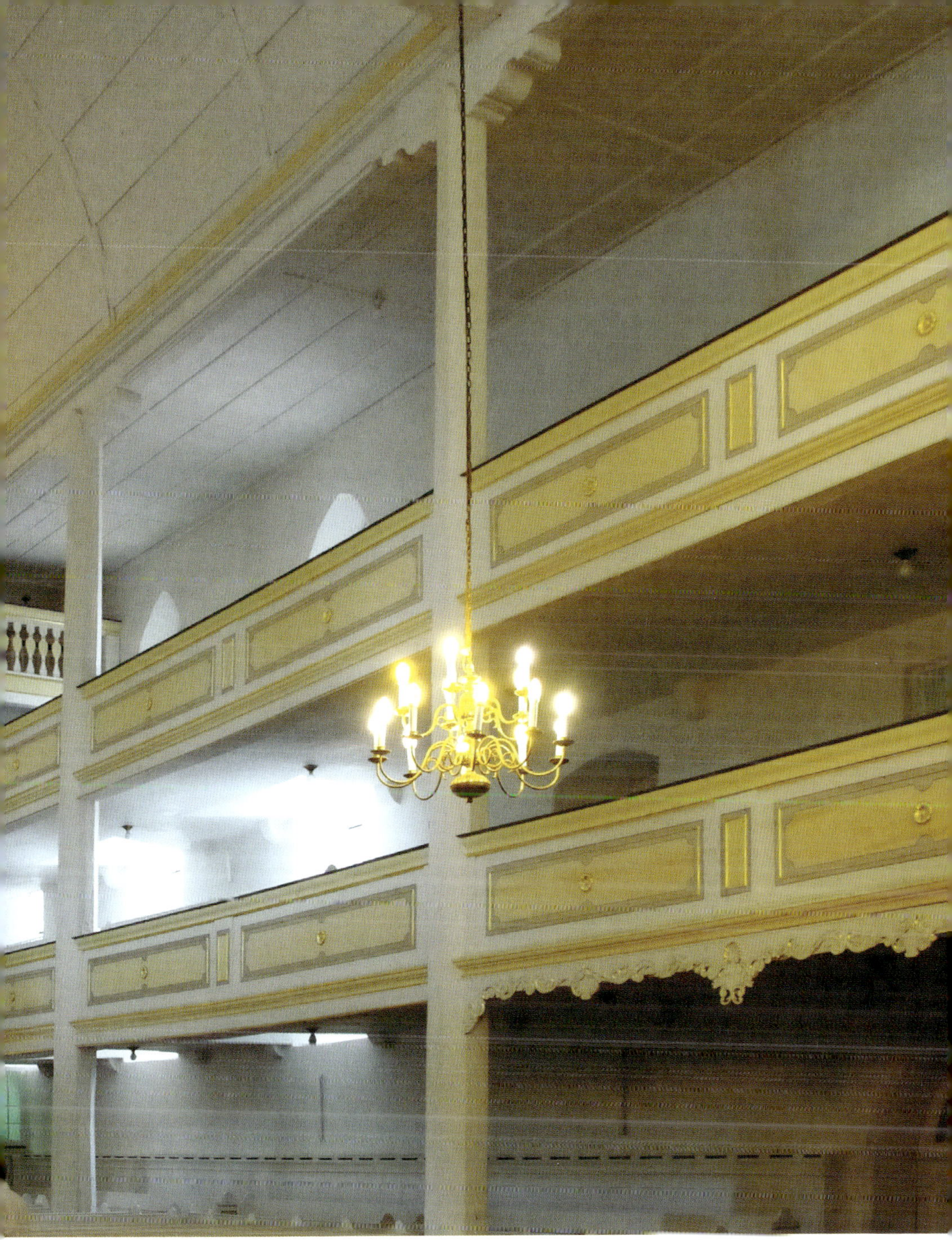

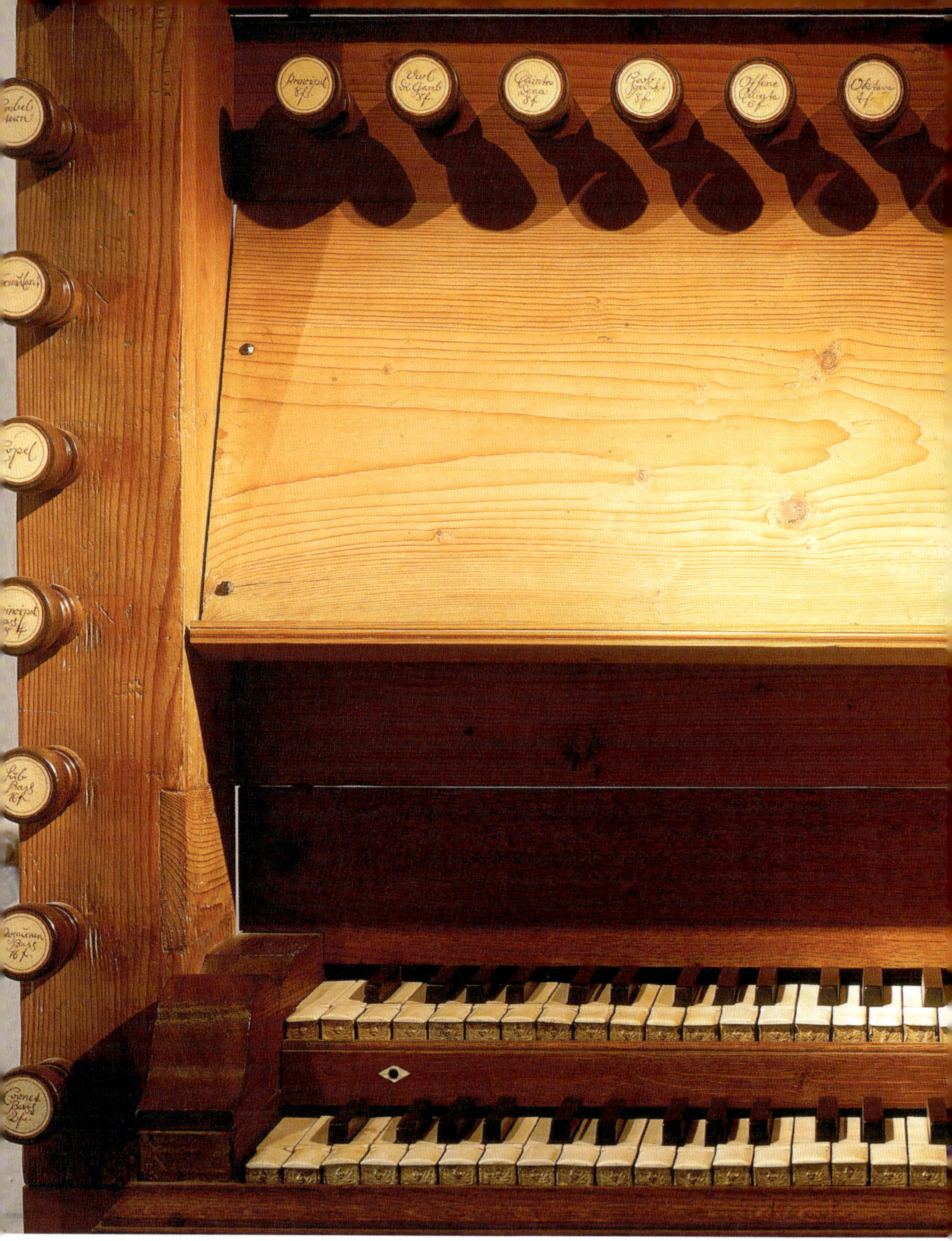
Principal 8f.
Offene Quinta 6f.
Oktava 4f.

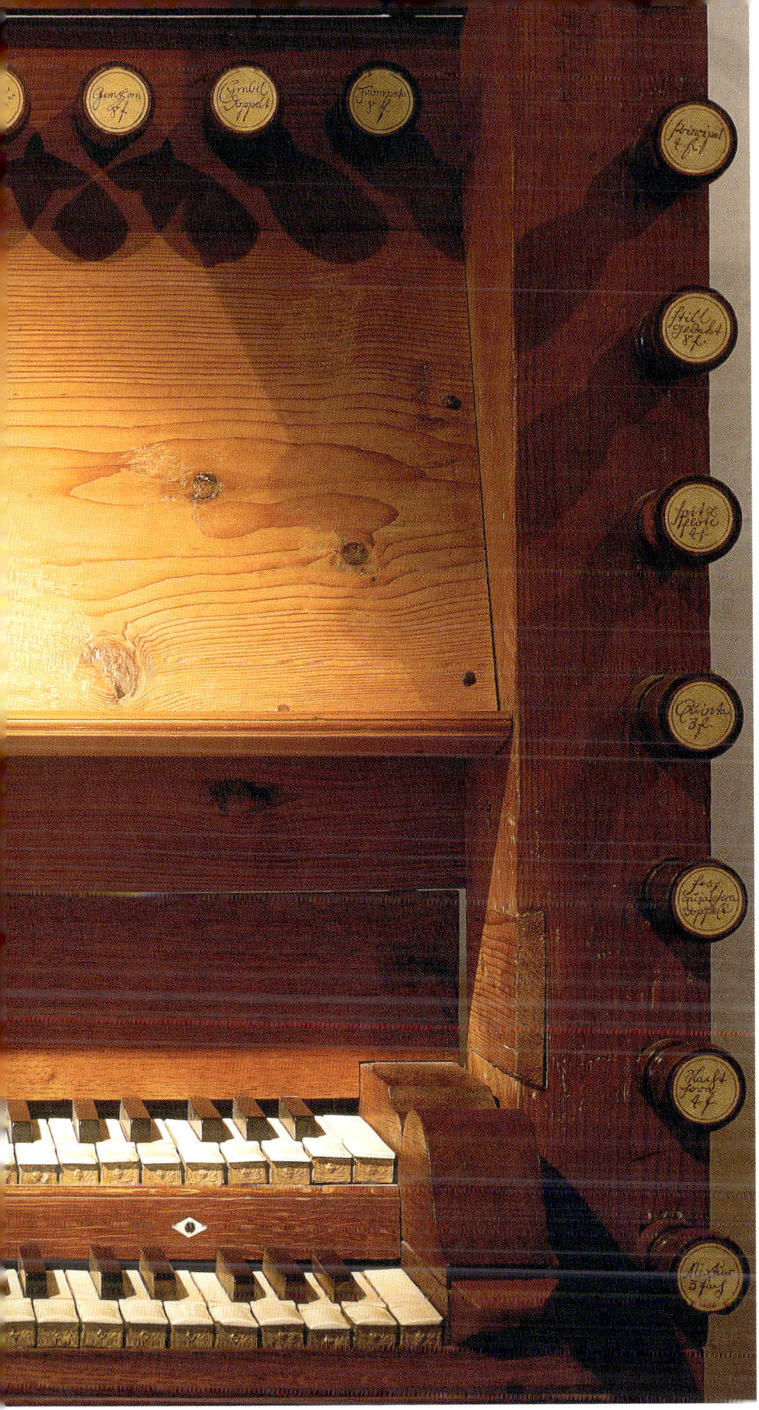

Hier hat Bach musiziert: Der originale Spieltisch der Wender-Orgel blieb erhalten, ist allerdings nicht mehr in Funktion und am Ort. Heute befindet er sich als besonders kostbares Exponat in der Bachausstellung im Arnstädter Schlossmuseum im Neuen Palais.

Vier Wochen Urlaub hatte das Arnstädter Konsistorium Bach im Herbst 1705 genehmigt, damit er eine Studienreise nach Lübeck unternehmen konnte. Doch was Bach in der Marienkirche der Hansestadt, wo der berühmte norddeutsche Orgelmeister Dietrich Buxtehude tätig war, zu hören bekam, ließ ihn die Zeit völlig vergessen. So dauerte es ganze vier Monate, bis er wieder im heimatlichen Arnstadt eintraf.

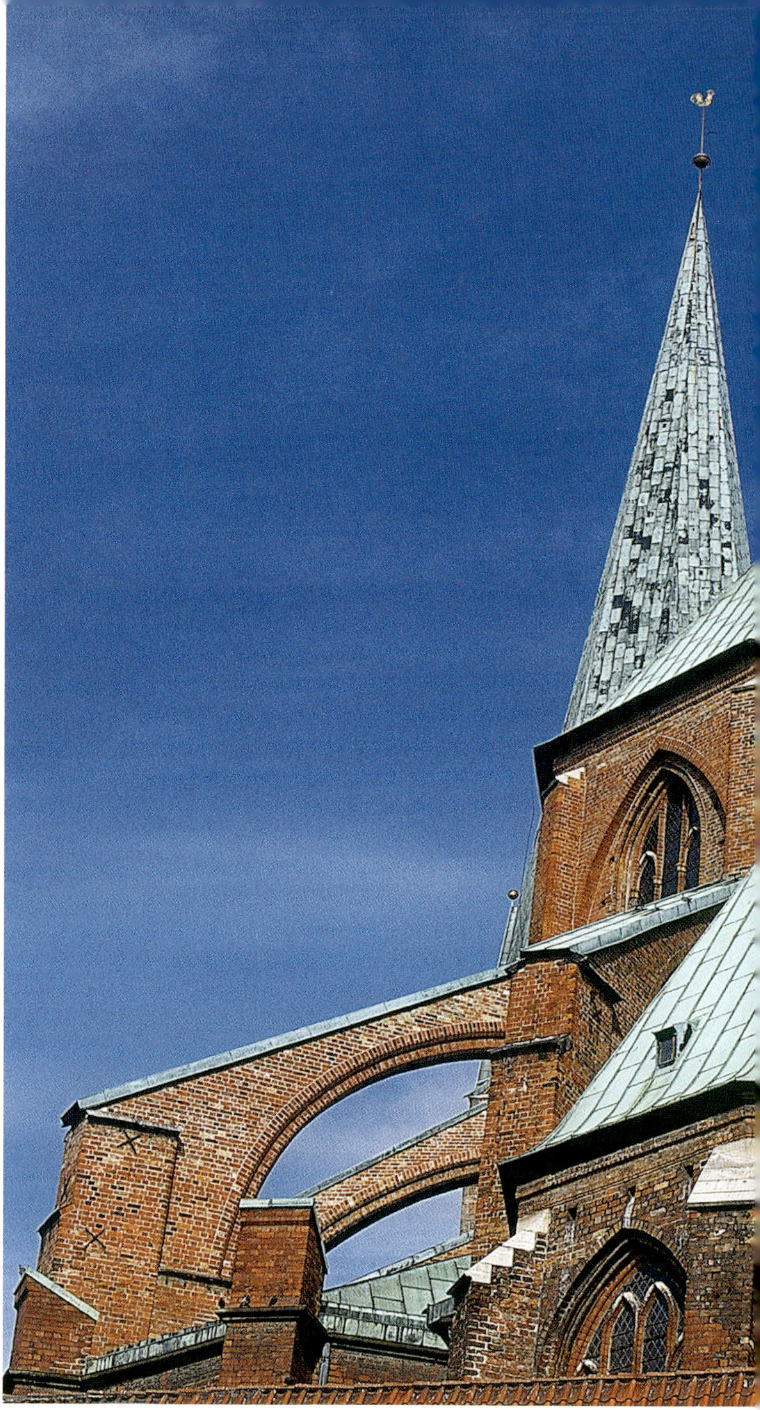

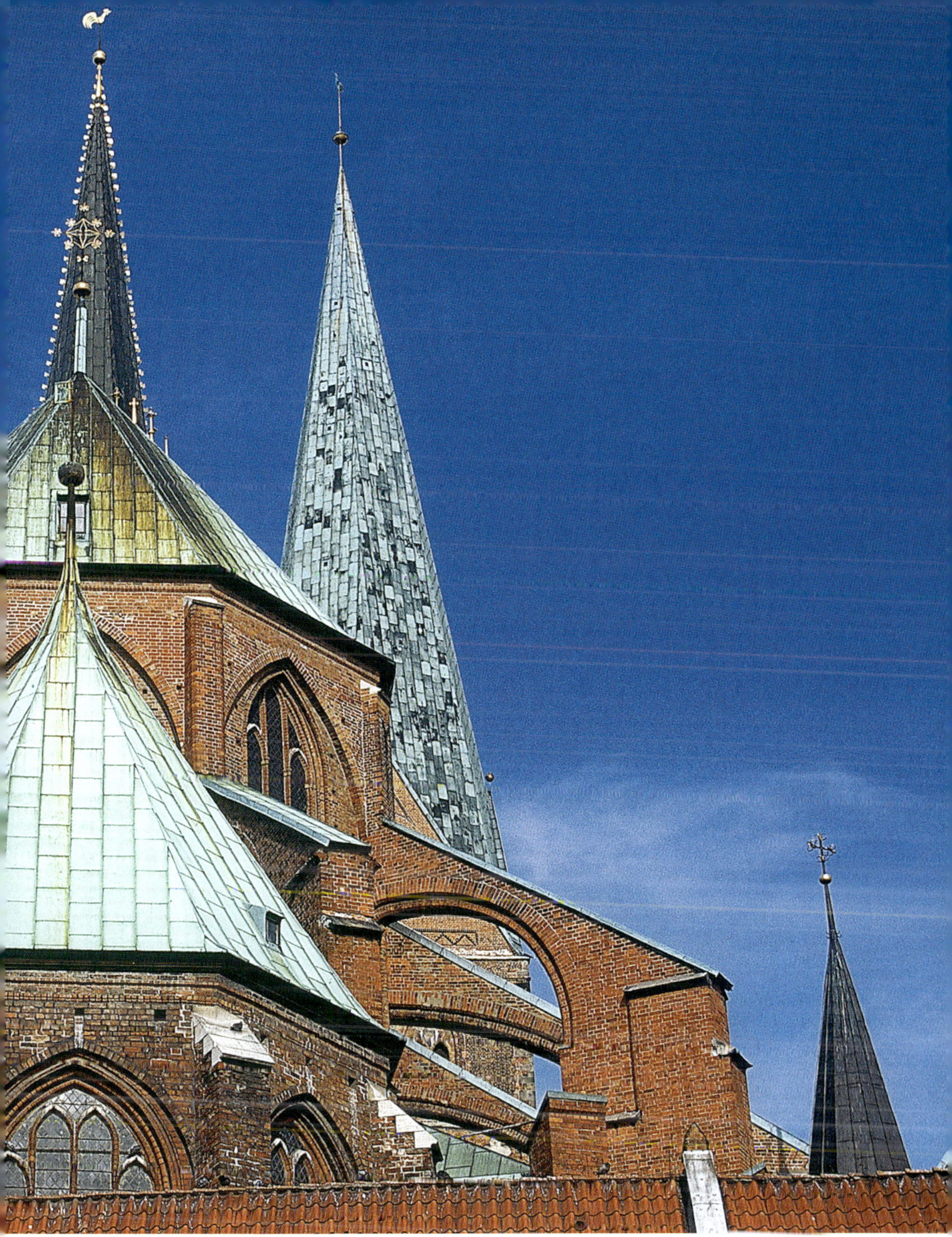

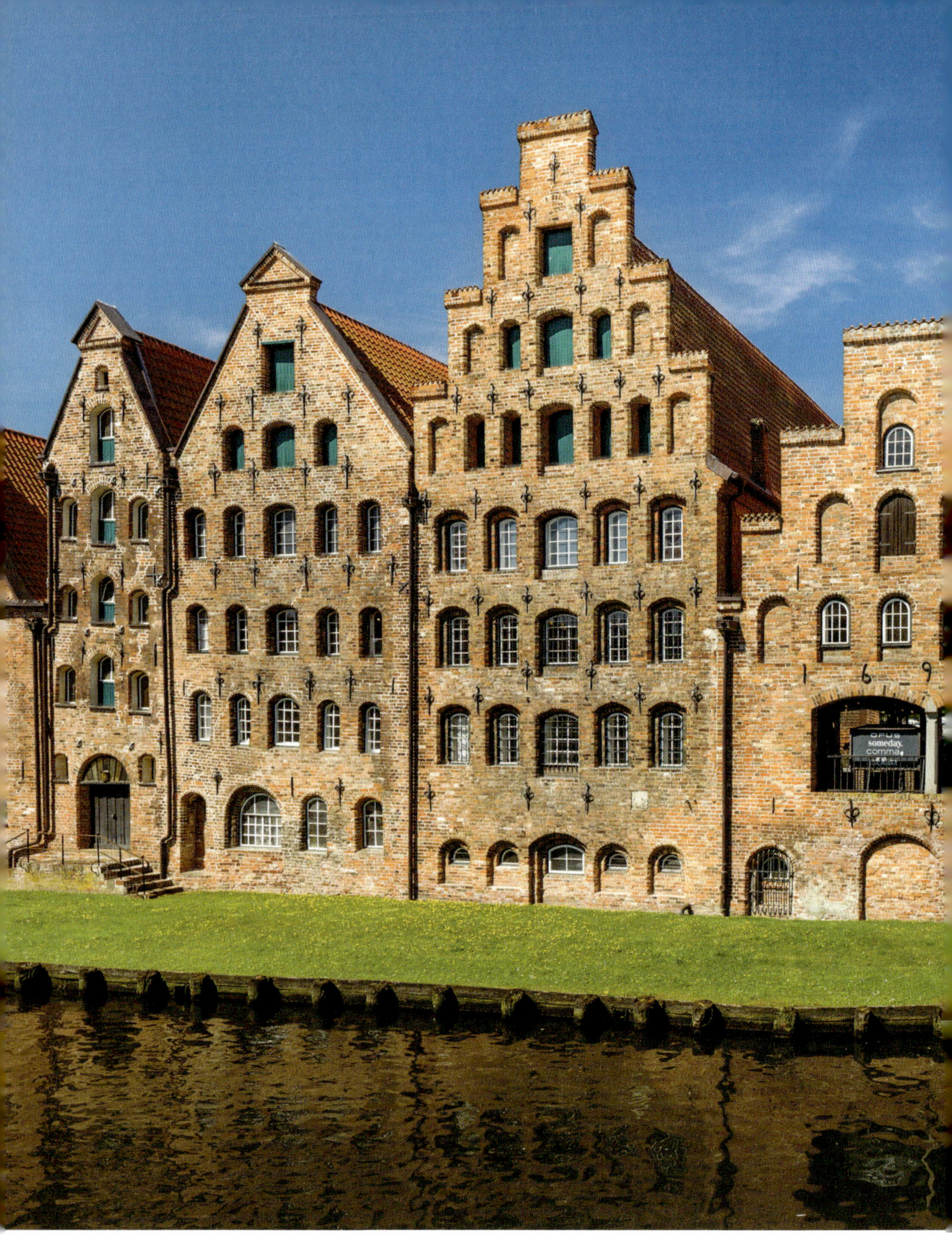
someday.
comma,

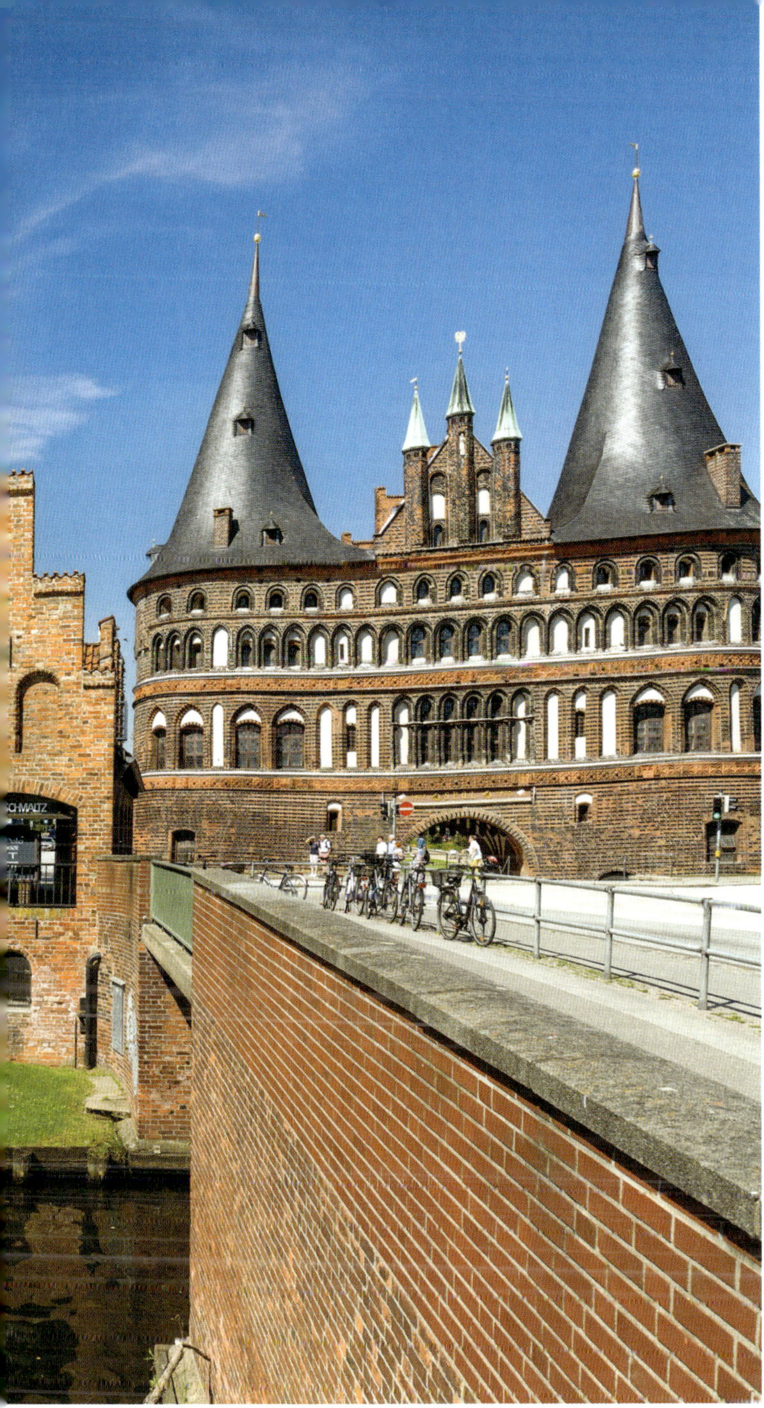

Blick über die Trave auf das Holstentor, Lübecks berühmtes Wahrzeichen. Bach hat sich in dieser Stadt mit ihren hoch aufragenden Türmen offenbar sehr wohlgefühlt. Viel hätte nicht gefehlt, und er wäre für immer hier geblieben. Der Organist Dietrich Buxtehude, der Bachs Meisterschaft schnell erkannte, hatte ihm nämlich seine Stelle, die er aus Altersgründen aufgeben wollte, angetragen. Allerdings war das Angebot mit der Bedingung verknüpft, seine Tochter zu ehelichen. Unter diesen Umständen zog es Bach dann doch vor, wenn auch mit erheblicher Verspätung, nach Arnstadt zurückzukehren.

Organist und Kapellmeister
Mühlhausen, Weimar: 1707–1717

Die zwischen dem Hainich und dem oberen Eichsfeld am Ufer der Unstrut gelegene Reichs- und Hansestadt Mühlhausen war im Mittelalter durch den Handel mit Woll- und Leinenwaren zu Reichtum gelangt, den sie durch die Mitgliedschaft in der Hanse ausbauen und verteidigen konnte. Im Frühjahr 1525 wurde die Stadt zum Zentrum des Thüringer Bauernaufstands, der mit einer blutigen Niederlage endete. Die Bauern hatten vor dem Fürstenheer kapituliert, und die Anführer – darunter der Theologe Thomas Müntzer – wurden in Mühlhausen hingerichtet. Und auch die Stadt wurde bestraft, musste hohe Straf- und Entschädigungszahlungen an die Sieger entrichten, verlor Dörfer im Umland und zeitweise auch ihre Reichsfreiheit.

Als Johann Sebastian Bach am 01. Juli 1707 sein Amt als Organist der St. Divi-Blasii-Kirche antrat, hatte Mühlhausen seine glanzvollsten Zeiten schon hinter sich. Hinzu kam noch ein aktuelles Unglück. Am 30. Mai, also nur 16 Tage vor Bachs Dienstantritt, war im Stadtzentrum ein verheerender Brand ausgebrochen, dem um ein Haar auch die Stadtkirche zum Opfer gefallen wäre. Das Feuer zerstörte beinahe 400 Wohnhäuser, viele Mühlhäuser Bür-

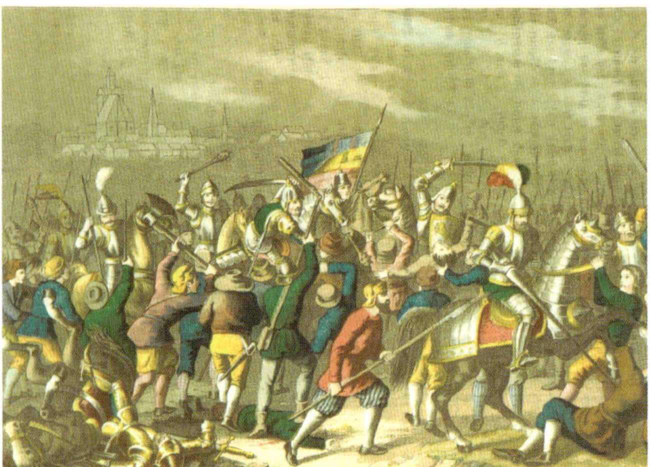

Am 25. Mai 1525 wurden die aufständischen Bauern von einem weit überlegenen Fürstenheer vernichtend geschlagen. Geführt wurden die Bauern von dem Theologen Thomas Müntzer, den die Sieger schon zwei Tage nach der Schlacht vor den Toren von Mühlhausen enthaupteten.

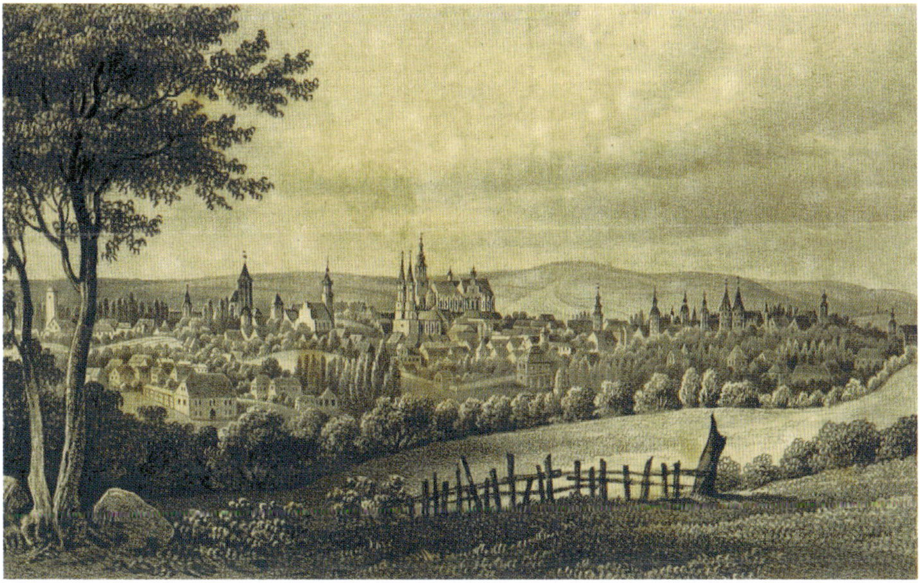

Blick auf die Reichsstadt Mühlhausen, deren Niedergang schon mit dem Ende des Bauernkriegs einsetzte. (Lithografie um 1840)

ger verloren ihr Heim, Hab und Gut. Die Mitglieder des Konsistoriums standen noch Tage danach derart unter dem Eindruck des Unglücks, dass sie sich zunächst nicht mit den Belangen des neuen Organisten befassen wollten. Sie hätten weder Feder noch Tinte, um den Anstellungsvertrag zu unterzeichnen, ließen sie Bach ausrichten.

Schließlich wurde dann doch noch alles fristgerecht geregelt, der Rat stellte Bach sogar ein Fuhrwerk zur Verfügung, das seinen gesamten Hausrat von Arnstadt nach Mühlhausen brachte, ein Weg von knapp 70 Kilometern. Da die Ratsmitglieder beim Probespiel von Bachs Könnerschaft stark beeindruckt gewesen waren, hatte der junge Organist auch bei den Verhandlungen um die Höhe seines Gehalts eine gute Position. Er erhielt pro Jahr 85 Gulden, drei Malter Korn, zwei Klafter Holz und sechs Schock Reisig. Das lag weit über seinen Arnstädter Bezügen und war auch mehr, als sein Vorgänger erhalten hatte.

Die Pflichten des Organisten in Mühlhausen unterschieden sich nicht wesentlich von denen in Arnstadt. Vor allem hatte er in allen Gottesdiensten die Orgel zu spielen. Doch die Mühlhäuser Divi-Blasii-Kirche, eine dreischiffige gotische Hallenkirche mit zwei kunstvoll gestalteten Achtecktürmen, ist ungleich größer und bedeuten-

Die Reichs- und Hansestadt Mühlhausen war sehr viel größer und bedeutender als Arnstadt. Obwohl Bach, der sein Organistenamt an der hiesigen Divi-Blasii-Kirche (Foto) im Juni 1707 antrat, nur kurze Zeit in der Stadt blieb, schuf er in Mühlhausen zahlreiche Orgelwerke sowie die berühmte Ratswechselkantate, die am 4. Februar 1708 in der gotischen Marienkirche uraufgeführt wurde.

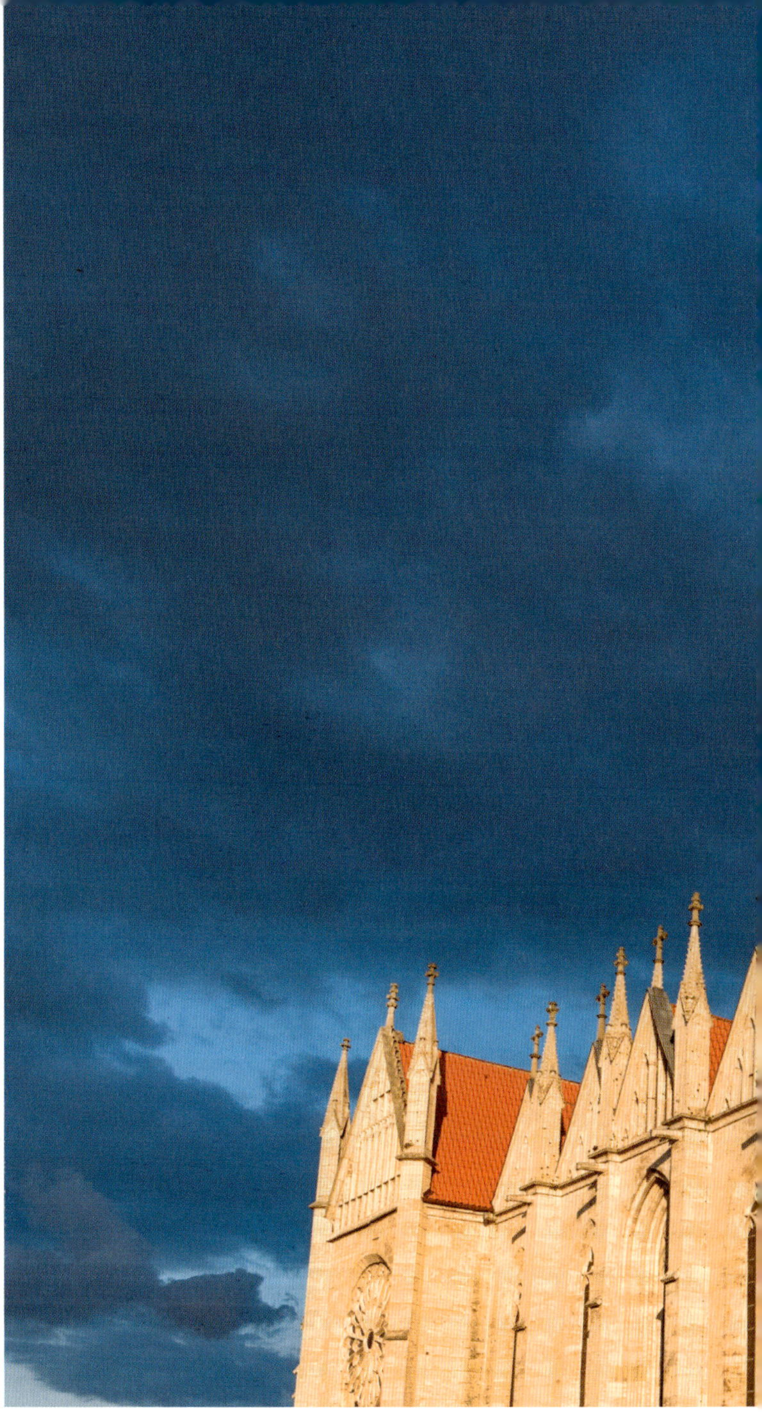

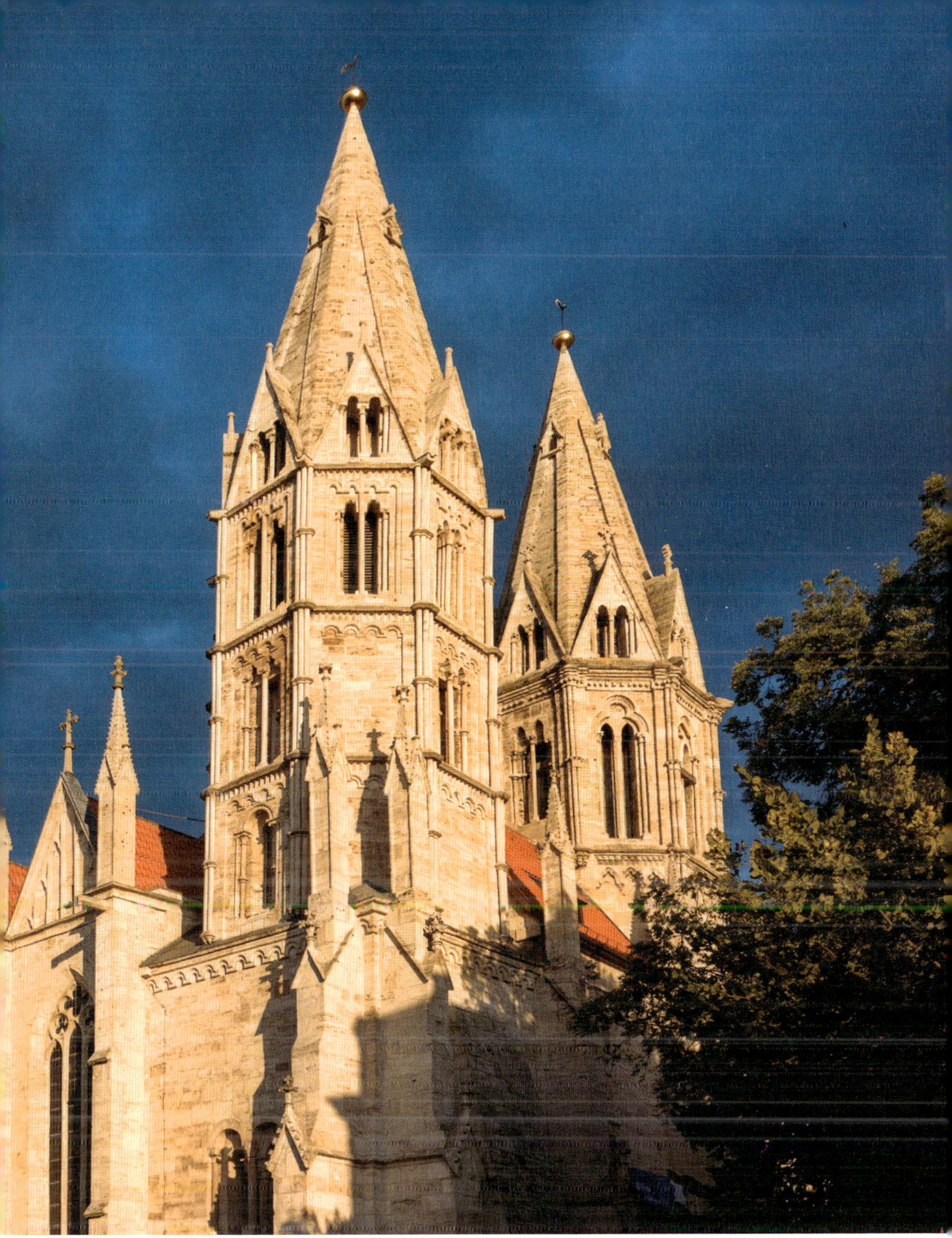

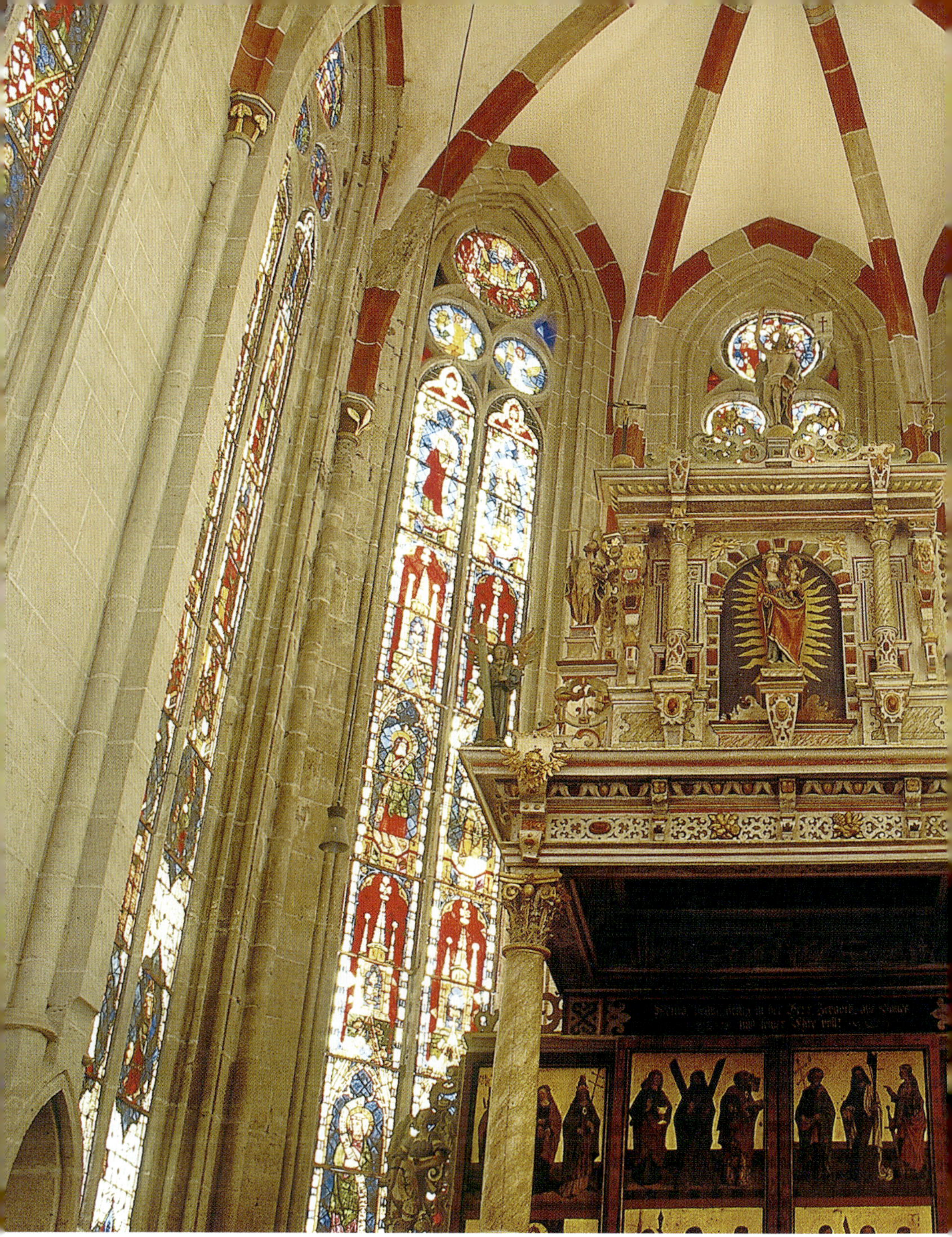

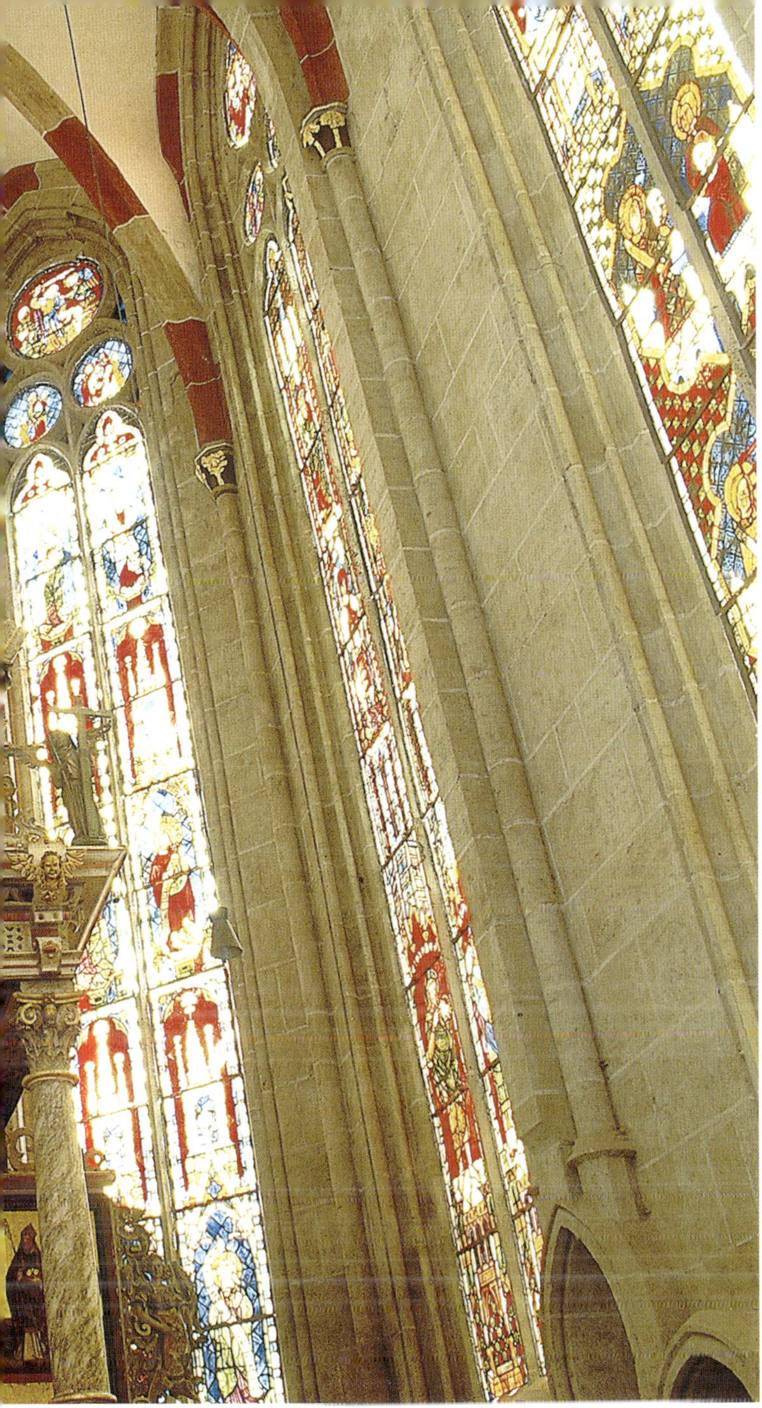

Bachs Mühlhäuser Hauptwirkungsstätte war die gotische Divi-Blasii-Kirche am Untermarkt. Zu ihrer prächtigen Ausstattung gehören reiche Glasmalereien aus dem 14. und der Altar aus dem späten 15. Jahrhundert. Dass Bach bereits im Juni 1708 sein Entlassungsgesuch einreichte, hatte theologische Gründe: Der pietistische Superintendent Johann Adolph Frohne, der an Divi-Blasii amtierte, lehnte aufwendige Kirchenmusik als „weltliche Eitelkeit“ ab – was Bach, der gerade mit seinem Kantatenschaffen begann, nicht akzeptieren wollte.

der als die Neue Kirche in Arnstadt. Bach hatte hier Großes vor, schon kurz nach Amtsantritt machte er dem Rat detaillierte Vorschläge für den Umbau und die Erweiterung der Orgel. Er regte den Einbau eines dritten Manuals und einiger neuer Register an, die „allerhandt neue inventionibus" ermöglichen und die „Music sehr delicat" machen würden. Bach konnte den Rat überzeugen, sodass Orgelbauer Johann Friedrich Wender, der schon Bachs Arnstädter Orgel gebaut hatte, einen entsprechenden Auftrag erhielt. Ein bisschen dumm lief es dann aber doch, denn die Realisierung erfolgte erst nach Bachs Weggang.

In Mühlhausen komponiert er eine Fülle von Orgelwerken, wendet sich aber auch erstmalig der Kantate zu. Eine der frühen Bach-Kantaten steht in Zusammenhang mit einem Mühlhäuser Lokalereignis: Jahr für Jahr wurde der städtische Rat zumindest teilweise neu besetzt. Aus einer Chronik geht hervor, mit welch prachtvollem Aufwand man diesen Ratswechsel in Szene setzte.

Bach erhielt den Auftrag, für den Ratswechsel des Jahres 1708 ein Vokalwerk zu schreiben. Am 4. Februar erklang die Kantate „Gott ist mein König", die auch als „Ratswechselkantate" bezeichnet wird, zum ersten Mal im Rahmen der eben geschilderten Festlichkeiten. Bach hat die Kantate aufwendig instrumentiert: Neben dem Chor und der Orgel geben Streicher, Oboen, Blockflöten, Pauken und Trompeten der Musik ein reiches Gepräge. Das Werk trägt im Bachwerkverzeichnis (BWV) die Nummer 71 und gehört zu den frühen Kantaten des Komponisten, doch mit seiner spannungsvollen Gestaltung und der empfindsamen musikalischen Lyrik weist es schon auf das große Kantatenschaffen der späteren Jahre hin. Als die neu eingesetzten Ratsherren die prächtige Marienkirche verließen, um unter dem Altan, von dessen Brüstung die steinernen Statuen Kaiser Karls IV., seiner Gattin und seines Gefolges huldvoll hinabsehen, ihren Eid zu leisten, waren sie noch immer von der Schönheit der Bachschen Kantate bewegt. Das kann man zumindest annehmen, denn kurze Zeit später ließen sie das Werk auf städtische Kosten drucken – für den jungen Bach ein außerordentlicher Erfolg.

Doch sonst hatte er in Mühlhausen eine Menge Probleme, für die er allerdings keine Schuld trug. In der

Nach dem Erfurter Dom ist die gotische Marienkirche zu Mühlhausen der zweitgrößte Kirchenbau in Thüringen. Der Hochaltar ersetzt einen gotischen Vorgänger, der bei einem Bildersturm 1525 zerstört wurde.

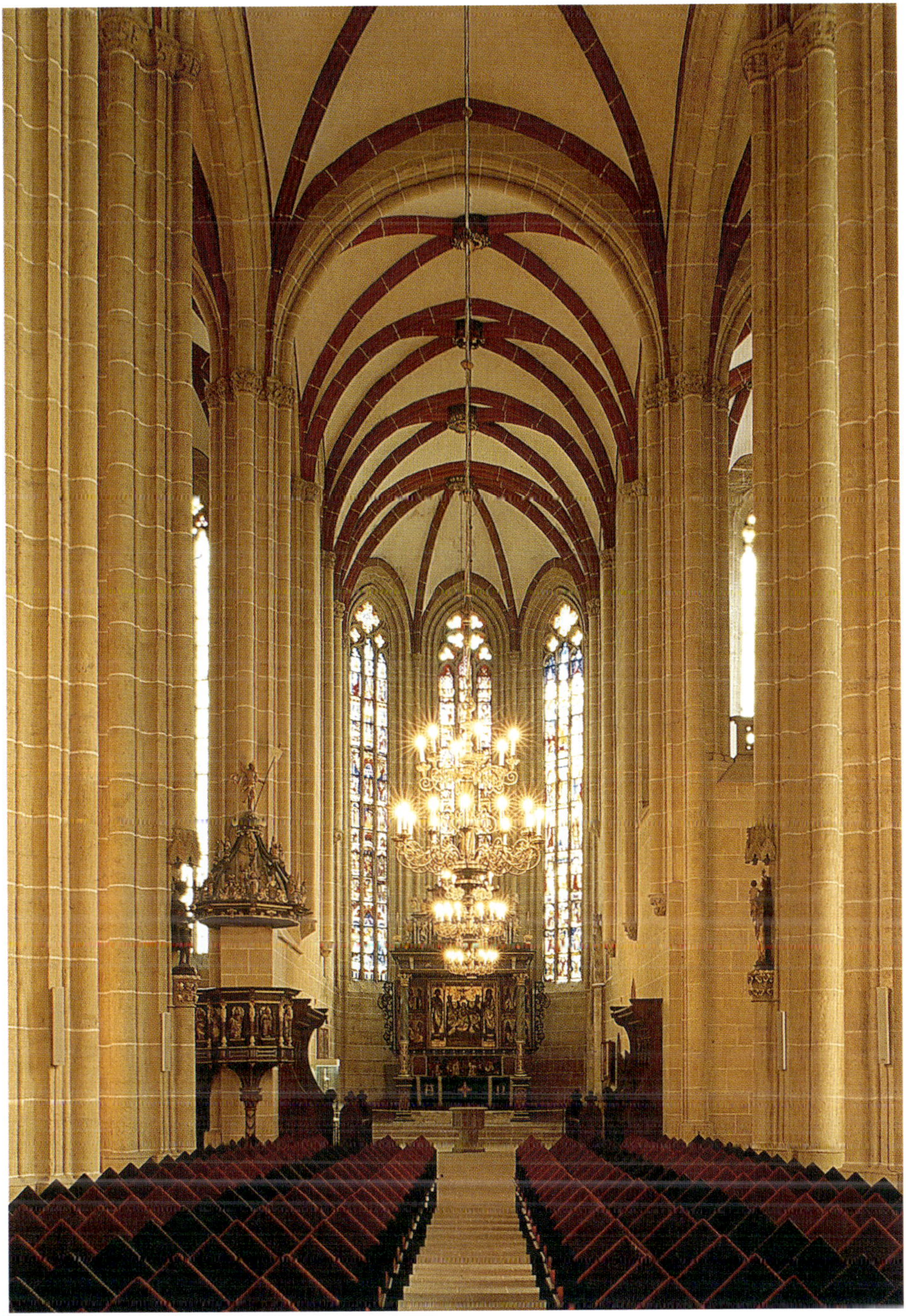

Stadt tobte nämlich zu jener Zeit ein erbitterter Streit zwischen zwei theologischen Strömungen: der Orthodoxie und dem Pietismus. An der Marienkirche amtierte der mit Bach befreundete lutherisch-orthodoxe Pastor Johann Christian Eilmar, der sich auf Luthers Wertschätzung der Musik berief und gegen aufwendige kirchenmusikalische Aufführungen nichts einzuwenden hatte. Luther hatte von der „Musica" als „einer schönen, lieblichen Gabe Gottes" geschrieben. Ganz anders sah das sein erbitterter Gegner, der pietistische Superintendent Johann Adolph Frohne. Für ihn musste Kirchenmusik schlicht und unaufwendig sein. Alles andere sei nur „weltliche Eitelkeit" und habe im Gottesdienst nichts zu suchen. Da Frohne an der Blasiuskirche wirkte, kam es zwangsläufig zum Krach zwischen ihm und Bach, der gerade an größeren kirchenmusikalischen Projekten Geschmack gefunden hatte. Da er darin seine Zukunft sah, zog er schon bald die Konsequenz und reichte am 25. Juni 1708 sein Entlassungsgesuch ein. Als Grund für seinen Abschied gab er an, dass er es nicht akzeptieren könne, dass ihm regelmäßige Kantatenaufführungen verwehrt würden. Hier ging es Bach nicht um persönliche Eitelkeit, sondern ums Prinzip: Seine musikalische und künstlerische Unabhängigkeit wollte und konnte er sich nicht beschneiden lassen, schon gar nicht von einem Superintendenten, der offenbar nichts von Musik verstand und sie auch nicht mochte. So verließ Bach die Stadt nach wenig mehr als einem Jahr wieder, diesmal in Richtung Weimar. Sein Nachfolger wurde ein Familienangehöriger, sein Eisenacher Vetter Johann Friedrich.

Die Divi-Blasii-Kirche, deren westlicher Vorplatz heute Bachs Namen trägt, blieb unzerstört erhalten. Die Orgel jedoch hat eine bewegte Geschichte. Bach, der ihren Umbau und ihre Erweiterung angeregt hatte, verfolgte die Arbeiten noch nach Aufgabe seiner Mühlhäuser Organistenstelle beratend von Weimar aus. Anfang des 19. Jahrhunderts wurde die Orgel durch ein neues Instrument ersetzt, doch 1956 bis 1959 versuchte die Potsdamer Orgelbaufirma Schuke eine Rekonstruktion der Bachschen Orgeldisposition. Der Theologe, Arzt, Entwicklungshelfer und Bachexperte Albert Schweitzer beteiligte sich sogar von seinem afrikanischen Wohn- und Wirkungsort

Lambaréné aus an den umfangreichen Planungen zum Bau des Instruments, das heute als „Bachorgel“ bezeichnet wird. 2008 wurde sie generalüberholt.

Ebenso sehenswert wie Divi-Blasii ist die Stadtkirche St. Marien. Die anstelle einer romanischen Basilika errichtete fünfschiffige gotische Hallenkirche besticht vor allem durch ihren reichen plastischen Schmuck und den wertvollen Glasfenster-Zyklus aus dem späten 14. und frühen 15. Jahrhundert. Von besonderer Schönheit ist das frühgotische Gewändeportal, in dessen Tympanon eine Kreuzigung dargestellt ist. Auch später ist Bach noch mehrfach in Mühlhausen gewesen, u. a. im Juni 1735, um die im Bau befindliche Orgel der Marienkirche zu prüfen. Bei dieser Gelegenheit empfahl er auch seinen Sohn Johann Gottfried Bernhard für die frei gewordene Organistenstelle an der Marienkirche. Der Sohn konnte beim Probespielen überzeugen, bekam die Stelle – aber auch er blieb nur für kurze Zeit.

Nicht auf den Sockel, sondern daneben hat der Hallenser Bildhauer Klaus Friedrich Messerschmidt die Bronze-Skulptur des Bachdenkmals gestellt, das 2009 direkt neben der Divi-Blasii-Kirche enthüllt wurde. Es wirkt so, als wäre der junge Organist gerade auf dem Weg zu

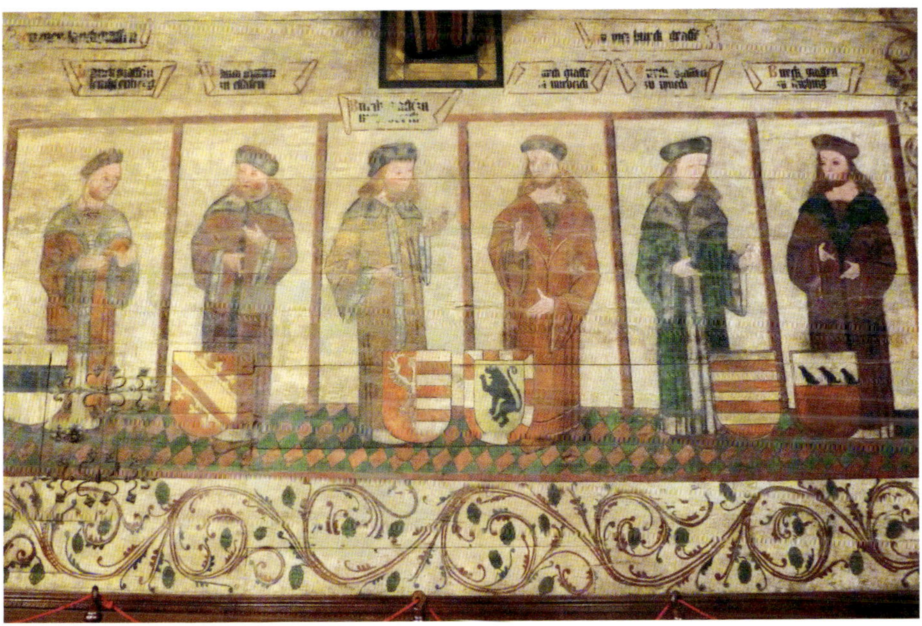

Zu den Kostbarkeiten in der Großen Ratsstube im Rathaus von Mühlhausen gehören die spätgotischen Wandmalereien an der Ostseite, die erst 1913 bei einer Renovierung entdeckt wurden.

seiner Arbeitsstätte. Heute erinnert neben den beiden großen Kirchen auch das alte Rathaus an Bachs Aufenthalt. In der mit prachtvoller gotischer Wandmalerei versehenen Ratsstube hat er wahrscheinlich seinen Anstellungsvertrag unterschrieben und ausgehändigt bekommen. Im Reichsstädtischen Archiv, das im Südflügel untergebracht ist, wird neben anderen wertvollen Dokumenten zur Stadtgeschichte auch Bachs Entlassungsgesuch und seine handgeschriebene Disposition für die neue Orgel der Divi-Blasii-Kirche aufbewahrt.

Mühlhausen hatte im ersten Jahrzehnt des 18. Jahrhunderts wenig mehr als 10.000 Einwohner, die knapp 100 Kilometer südöstlich gelegene Residenzstadt Weimar sogar deutlich weniger. Aber Weimar war seit 1547 ständige Residenz des Herzogtums Sachsen-Weimar und galt – wie der renommierte Kupferstecher und Geograf Matthäus Merian Mitte des 17. Jahrhunderts formulierte – als „eine auß den vornehmbsten Stätten in Thüringen“. Seit 1547 war sie ständige Residenz des Herzogtums Sachsen-Weimar. Wie dominierend der Hof in der von Handwerk, Handel und Landwirtschaft geprägten Stadt war, zeigt sich daran, dass die Hofbeamten Anfang des 18. Jahrhunderts ein Viertel der Stadtbevölkerung stellten. Herzog Wilhelm Ernst von Sachsen-Weimar, der zu Bachs Zeiten regierte, war jedoch kein Verschwender. Als Anhänger der lutherischen Orthodoxie legte er Wert auf Anstand, Zucht und die Bewahrung der überkommenen Ordnung. Er war zugleich ein Freund der Künste, förderte die Wissenschaften und begann bereits jenes geistige Klima zu formen, das ab Ende des 18. Jahrhunderts durch das Wirken von Johann Wolfgang von Goethe, Friedrich Schiller, Johann Gottfried Herder und Christoph Martin Wieland zur Blütezeit Weimars führen sollte.

Bachs beruflicher Start in Weimar im Jahre 1708 verlief glänzend. Er kannte Stadt und Hofkapelle schon durch seine kurze Weimarer Tätigkeit, mit der er die Zeit bis zur Fertigstellung der Arnstädter Orgel überbrückt hatte. Doch nun befand er sich in einer wesentlich günstigeren Position. Und das betraf auch die Bezahlung: Mit einem Jahresgehalt, das schon bald stattliche 252 Gulden erreichte, gehörte er zweifellos zu den Besserverdienenden. Die Steigerung ist erstaunlich: Hatte er

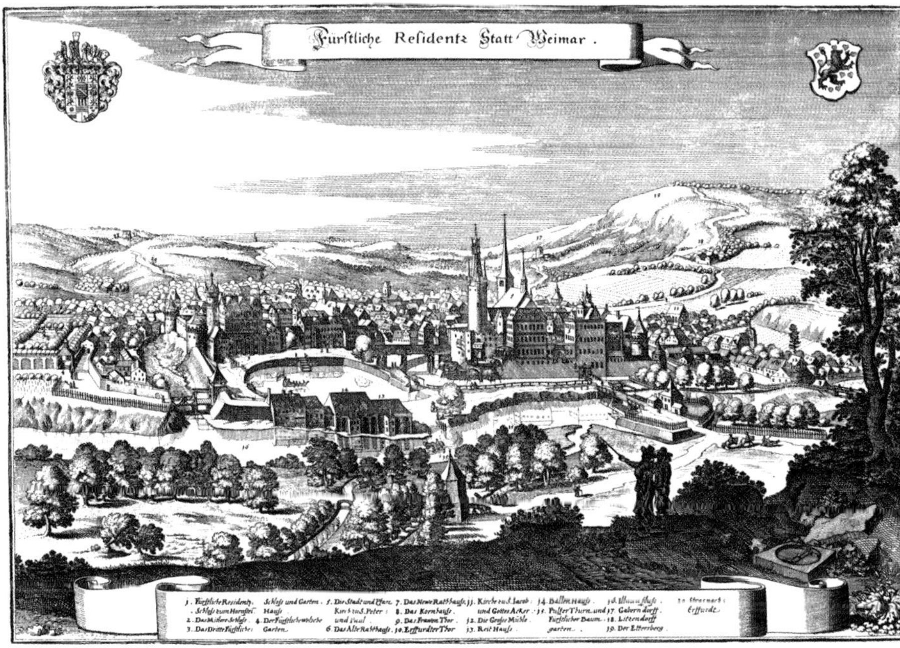

Als Matthäus Merian d. J. um 1650 diese Ansicht von Weimar schuf, war die thüringische Stadt noch eine kleine und wenig bedeutende Residenz.

doch in Arnstadt mit 50 Gulden begonnen und in Mühlhausen 85 Gulden erhalten. Nebeneinnahmen dürften auch hinzugekommen sein, denn längst wurde er auch als Orgelsachverständiger, Interpret und Komponist geschätzt.

In Weimar unterstand Bach erstmalig nicht der Stadt und der Kirchenbehörde, sondern einem regierenden Fürsten. Er scheint ein solches Arbeitsverhältnis geschätzt zu haben, da es ihm relative Freiheit in der künstlerischen Arbeit gestattete und er sich mit Herzog Wilhelm Ernst zunächst auch gut verstand. Bach war nun Hoforganist, wirkte aber außerdem als „Cammermusicus" in der Hofkapelle mit. In diesem kleinen Orchester, zu dem neben einigen Sängern ein gutes Dutzend Instrumentalisten gehorten, dürfte Bach Cembalo und Geige gespielt haben. Vor allem hatte er aber den Organistendienst in der Schlosskapelle zu versehen. Nachdem er 1714 zum „Concert-Meister" ernannt wurde, kam eine weitere Verpflichtung hinzu: Von nun an hatte er jeden Monat eine geistliche Kantate zu schreiben und in der Schlosskapelle aufzuführen.

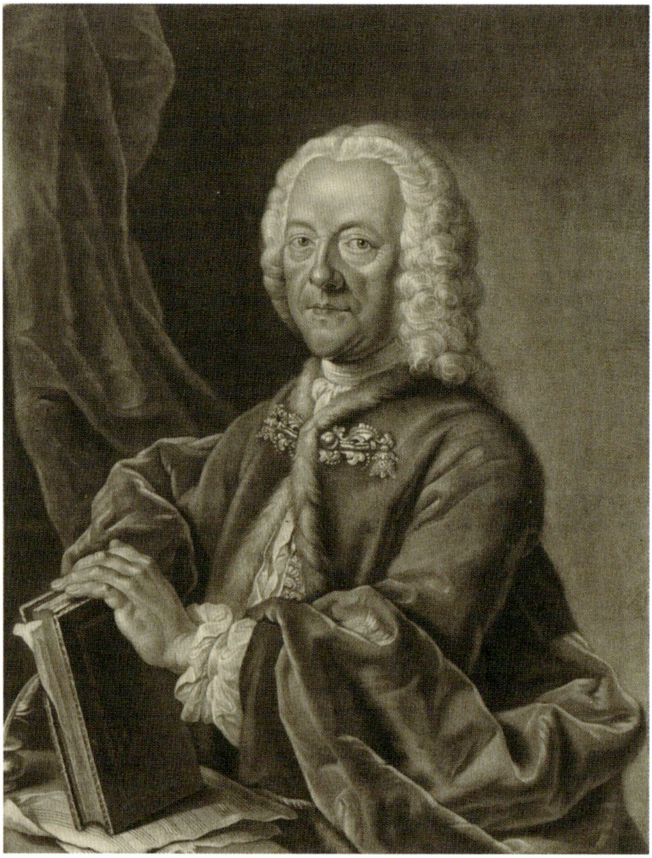

In Weimar lernte Bach seinen berühmten Kollegen Georg Philipp Telemann (1681–1767) kennen. Bald verband die beiden Komponisten eine enge Freundschaft. Dieses Telemann-Porträt schuf der Kupferstecher Georg Lichtensteger um 1745.

Bachs Kantatenschaffen nahm während dieser Zeit eine neue Entwicklung. In Weimar lebte damals der Dichter Salomo Franck, dessen Kantatentexte sich – ähnlich wie die des Hamburger Pastors Erdmann Neumeister – nicht mehr nur auf Choralverse und Bibelworte beschränkten. Sie enthielten auch durch die italienische Oper beeinflusste „madrigalische" Dichtungen. Bach reizte diese neue Form sehr, und er verband italienische, französische und deutsche Einflüsse zu seinem eigenen, selbständigen Kantatenstil, der schon bald unverwechselbar wurde. Fast 30 sakrale Kantaten und die „Jagdkantate" sind in der Weimarer Zeit entstanden. Den größten Raum nahmen allerdings Orgelkompositionen ein, u. a. die berühmte c-Moll-Passacaglia, zahlreiche Choralbearbeitungen, Präludien, Toccaten und Fugen. Bachs Ruhm als Organist war schon damals sprichwörtlich. So berichtet ein Zeitgenosse im Jahre 1714: „Seine Füße flogen über die Pedale, als ob sie Schwingen hätten; donnergleich brausten die mächtigen Klänge durch die Kirche."

In Weimar begegnete Bach auch Georg Philipp Telemann, der seit 1709 in Eisenach als Hofkapellmeister tätig war. Schon bald verband die beiden Musiker eine fruchtbare Freundschaft. Telemann war im Jahre 1714 Taufpate von Bachs Sohn Carl Philipp Emanuel, der nach Telemanns Tod 1767 dessen Nachfolger als Hamburger Musikdirektor wurde.

So hoffnungsvoll die Zeit in Weimar begonnen hatte, so enttäuschend sollte sie für Johann Sebastian Bach enden. Auslöser war zunächst ein Zwist innerhalb der Fürstenfamilie. Prinz Ernst August, der Neffe von Herzog Wilhelm Ernst, drängte immer stärker nach der Macht im Land und wollte zumindest mitregieren. Wilhelm Ernst war darüber derartig verärgert, dass er seinen Hofmusikern bei Strafe von 10 Talern untersagte, im Schloss des Neffen zu musizieren. Bach hielt sich nicht an dieses Verbot – und fiel prompt in Ungnade. Als der Leiter der Hofkapelle Johann Samuel Drese am 1. Dezember 1716 starb, bot der Herzog nicht etwa Bach, sondern Telemann die Nachfolge an. Als Telemann abwinkte, überging der Herzog seinen Hoforganisten und Konzertmeister erneut, um das Amt dem nur mäßig begabten Sohn des verstorbenen Drese zu übertragen.

Bach war über diese Entscheidung enttäuscht und verbittert, weshalb er Weimar nun so schnell wie möglich den Rücken kehren wollte. Das erste lukrative Angebot kam aus Köthen, von dem dortigen Fürsten Leopold von Anhalt-Köthen, der Bach nicht nur ein gutes Gehalt, sondern auch die Ernennung zum „Hochfürstlich Anhalt-Cöthenschen Capellmeister" in Aussicht stellte. Eine glänzende Perspektive für den in Weimar gedemütigten Bach, der das verlockende Angebot annahm. Formal war das nicht in Ordnung, denn er hätte zuvor sein Entlassungsgesuch einreichen müssen. Da er das versäumt hatte, wurde es prompt abgelehnt. Doch Bach beharrte auf seinem Abschied, was Ernst Wilhelm als Unbotmäßigkeit empfand. So landet er auf Geheiß seines Dienstherrn vom 6. November „wegen seiner halßstarrigen Bezeugung und zu erzwingender Dimission" hinter

Gittern. Seine „Knasterfahrung" erwarb Johann Sebastian in der Weimarer Landrichterstube im Torhaus des Schlosses, wo er aber nur 27 Tage verbringen musste. Da ihm dort Notenpapier zur Verfügung stand, konnte er die Haft sinnvoll nutzen und am „Wohltemperierten Klavier" und am „Orgelbüchlein" arbeiten. Wer weiß, wie lange er noch eingesessen hätte, wenn sich nicht Fürst Leopold von Anhalt-Köthen, sein künftiger Arbeitgeber, für ihn eingesetzt hätte. Schließlich musste der verärgerte Herzog den gleichfalls verärgerten Bach ziehen lassen, das Verhältnis zwischen den beiden war ohnehin zerrüttet. Im Abstand von mehr als drei Jahrhunderten stimmt es ein wenig versöhnlich, dass Forscher des Bach-Archivs nach dem verheerenden Brand der Weimarer Herzogin Anna Amalia Bibliothek im Jahr 2004 eine bislang unbekannte Bach-Komposition entdeckten, die ausgerechnet dem Herzog gewidmet ist. Bei dem Dokument, das kurz vor der Brandkatastrophe in die Restaurierungswerkstatt gebracht worden war und daher nicht vernichtet wurde, handelt es sich um eine Geburtstagsarie für Wilhelm Ernst.

Obwohl Weimar heute mit seinen zahlreichen Goethe- und Schillerstätten vor allem im Zeichen der deutschen Klassik steht, sind auch einige der Orte erhalten geblieben, die mit Johann Sebastian Bach in Verbindung stehen. Das Rote Schloss, ein schlichtes Renaissancegebäude an der Ostseite des Marktplatzes, diente der fürstlichen Familie sowie einigen Hofangestellten als Wohnsitz. Auch Bach wohnte bei seinem ersten Weimar-Aufenthalt 1702/03 dort. Hier fanden auch zahlreiche Konzerte der Hofkapelle statt. Das stark veränderte Gebäude dient heute als Forschungsbibliothek und Studienzentrum der Anna Amalia Bibliothek. Bachs wichtigste Wirkungsstätte, die als „Himmelsburg" bezeichnete Schlosskirche, fiel 1774 leider einem Brand zum Opfer.

Erhalten blieb die Stadtkirche St. Peter und Paul, an der Johann Gottfried Herder seit 1776 als Generalsuperintendent tätig war und die deshalb heute als Herderkirche bezeichnet wird. Hier, wo Bachs Freund und Verwandter Johann Gottfried Walther als Organist gewirkt hat, wurden sechs von Bachs 20 Kindern getauft. Eine Gedenktafel im Kirchenraum erinnert daran. Zur

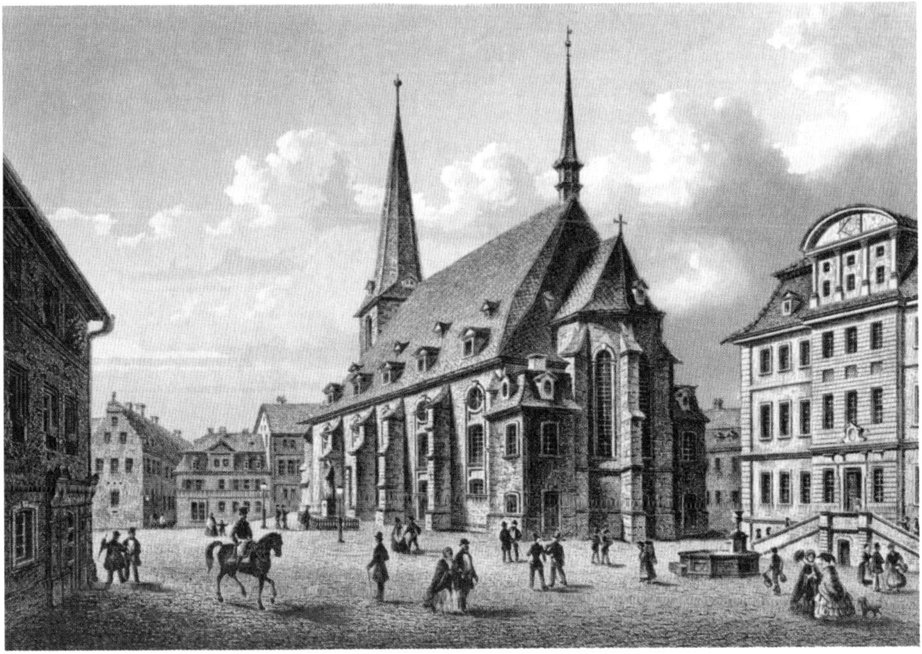

Die Weimarer Stadtkirche St. Peter und Paul auf einer Darstellung um 1840. Im Volksmund wird sie Herderkirche genannt, nach dem Theologen und Philosophen Johann Gottfried Herder, der hier bis zu seinem Tod 1803 als Generalsuperintendent tätig war.

wertvollen Ausstattung der Herderkirche gehört auch das große, 1553 von Lucas Cranach d. J. geschaffene Altartriptychon, eines der bedeutendsten protestantischen Altarwerke.

Der Erlebnisort „Bach in Weimar" informiert mit einer großen Wandgrafik, einem Screen sowie Texttafeln über den teils turbulenten Aufenthalt des Komponisten in der Residenzstadt. Die Ausstellung befindet sich in der Bastille des Stadtschlosses, also ziemlich genau dort, wo der Komponist seine Haftzeit verbracht hatte. Gewohnt hat Bach zwischen 1708 und 1717 mit seiner Frau Maria Barbara und den immer zahlreicheren Kindern im Haus am Markt 16. Hier kamen 1710 Wilhelm Friedemann und 1714 Carl Philipp Emanuel zur Welt. Das im Zweiten Weltkrieg stark beschädigte Gebäude, in dem sich das Hotel „Zum Erbprinzen" sowie die „Bachstube" befanden, verfiel in der späten DDR-Zeit und wurde 1989/90 abgerissen. Erhalten blieb nur eine Mauer, an der eine Tafel an die Geschichte des Gebäudes und seinen berühmten Bewohner erinnert.

Obwohl Weimar mit seinen zahlreichen Goethe- und Schillerstätten heute vor allem im Zeichen der deutschen Klassik steht, ist diese Stadt auch eng mit Johann Sebastian Bachs Leben verbunden. Von 1708 bis 1717 wirkte Bach hier als Hoforganist und „Cammermusicus" in der Hofkapelle. Unsere Abbildung zeigt einen Blick in den Altarraum der Stadtkirche St. Peter und Paul, die später nach ihrem prominentesten Prediger „Herderkirche" genannt wurde. Hier, vor dem berühmten Altargemälde Lucas Cranachs d. J., wurden sechs von Bachs Kindern getauft.

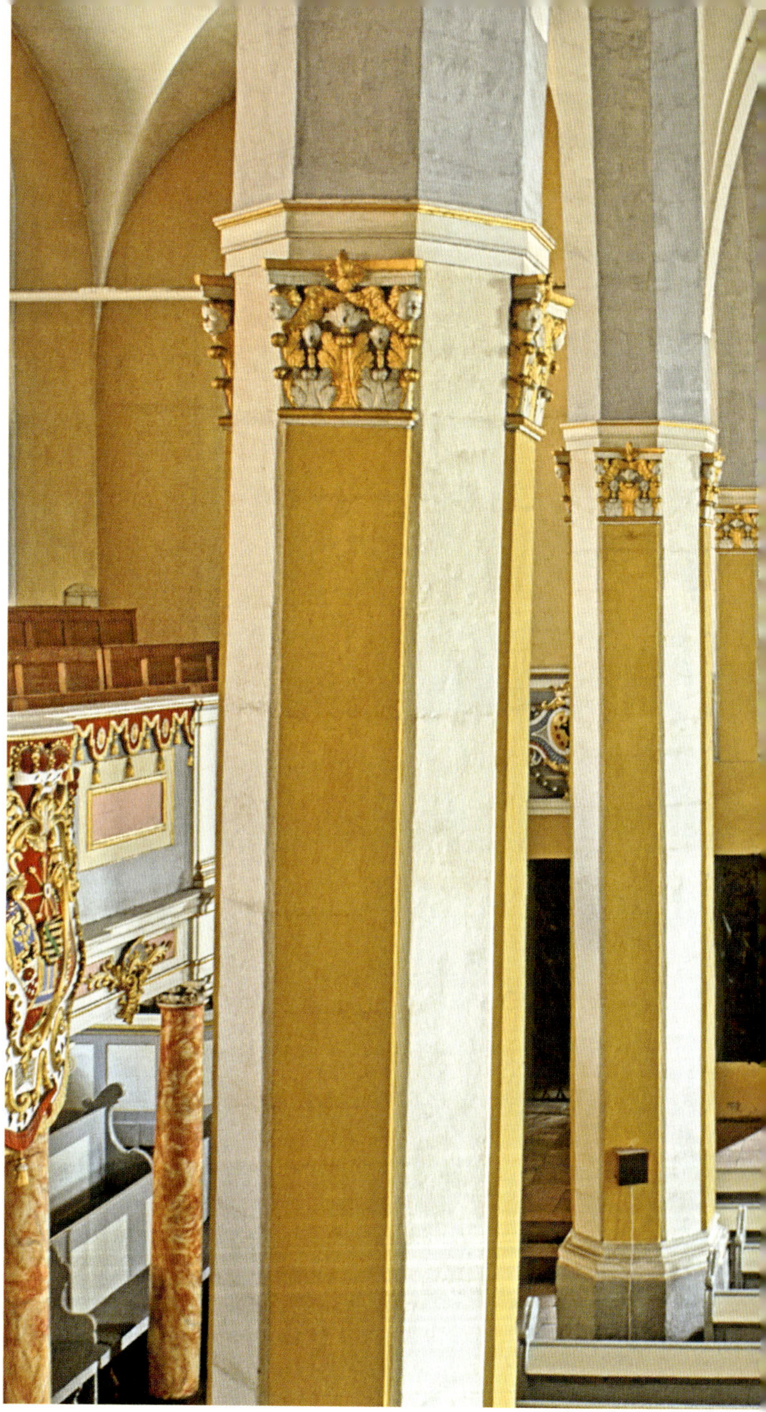

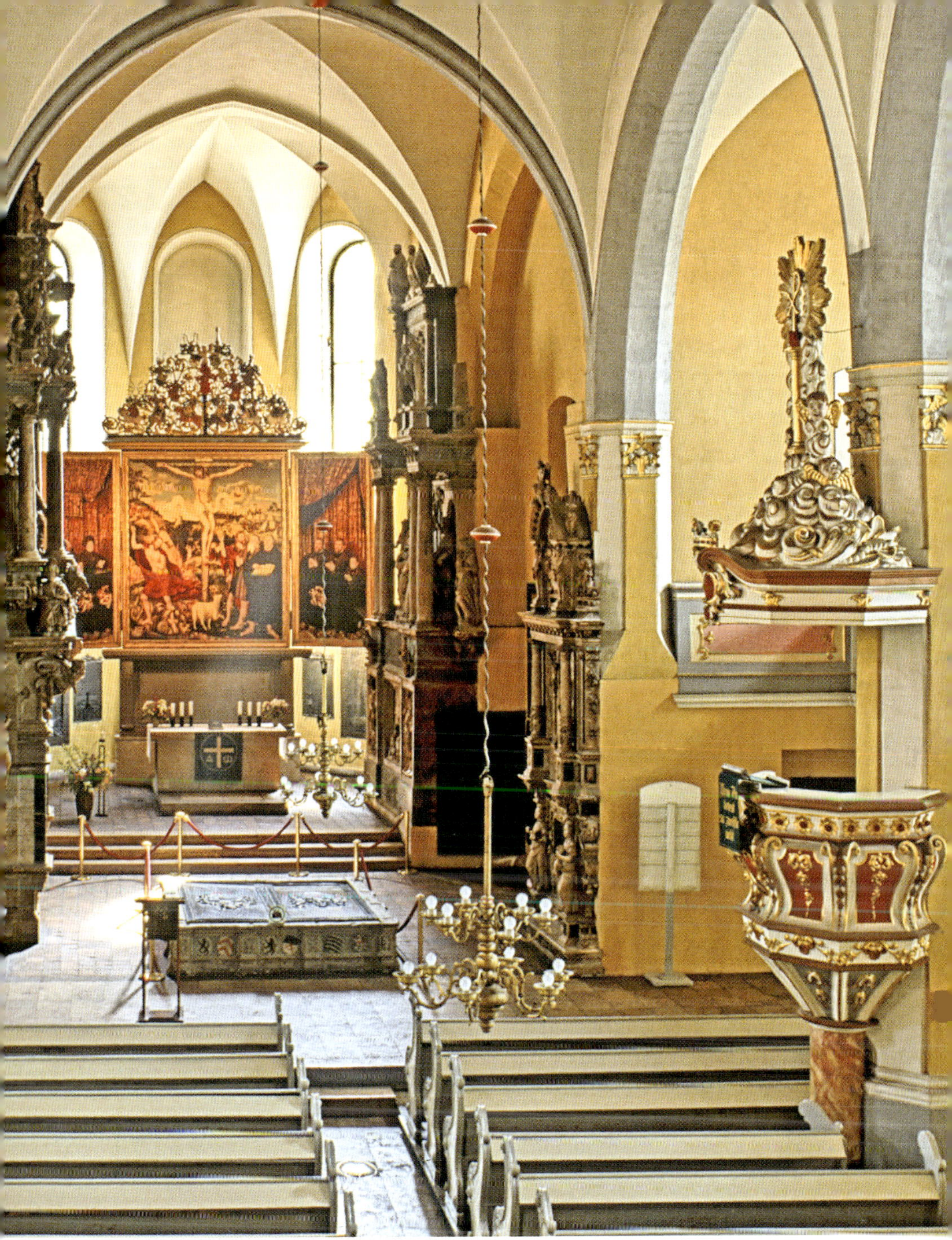

Musik bei Hofe
Köthen: 1717–1723

Als Bach im Jahre 1717 nach Köthen kam, war das Städtchen Residenz eines kleinen Fürstentums. Formal zwar selbständig, stand Anhalt-Cöthen dennoch ganz im Schatten des mächtigen preußischen Nachbarn. In Ermangelung von politischem Spielraum hatten die hiesigen Fürsten ihr Interesse längst anderen, vor allem geistigen und künstlerischen Dingen zugewandt. Schon Anfang des 17. Jahrhunderts war das intellektuelle Klima in Köthen viel lebendiger als in vergleichbaren deutschen Duodez-Fürstentümern. Fürst Ludwig hatte im Jahre 1617 die „Fruchtbringende Gesellschaft" mitbegründet, einen literarischen Zirkel mit humanistischer Prägung, dem u. a. die Dichter Martin Opitz, Friedrich von Logau und Andreas Gryphius angehörten.

Bach betrat in Köthen also durchaus kein kulturelles Niemandsland. Im Gegenteil, seine Zukunftsaussichten waren vielversprechend: Neben dem Titel eines „Hochfürstlich Anhalt-Cöthenschen-Capellmeisters", der die in Weimar erlittene Schmach ausglich, hatte Bach wiederum eine enorme Gehaltserhöhung durchgesetzt. Er erhielt nun 400 Taler und damit 148 Taler mehr als in der ohnehin schon recht gut bezahlten Weimarer Stellung. Selbst der Hofmarschall bezog in Köthen kein höheres Gehalt. Doch was zählten diese Dinge schon, angesichts der Tatsache, dass er nun im Dienste des noch jungen Fürsten Leopold I. stand, eines Manns, der ihm nicht nur freundschaftlich verbunden war, sondern so viel von Musik verstand, dass er die Kunst seines Kapellmeisters auch gebührend würdigen konnte. Bach bezeichnete seinen neuen Arbeitgeber anerkennend als einen „die Musik sowohl liebenden als auch kennenden Fürsten". Als Knabe an der Berliner Ritterakademie erzogen, hatte Leopold später ausgedehnte Reisen zu den europäischen Kunstzentren unternommen. Er war in England, Holland, vor allem aber in Rom, Florenz und Venedig gewesen, wo er die italienische Oper kennen- und schätzen gelernt hatte. Er wird bedauert haben, dass seine Mittel für eine eigene Hofoper nicht ausreichten.

Mit Leopold I. von Anhalt-Köthen (1694–1728) war Bach nicht nur freundschaftlich verbunden, sondern er bezeichnete ihn auch als einen „die Musik sowohl liebenden als auch kennenden Fürsten". Dieses lebensgroße Porträt, das den Fürsten mit Brustharnisch und einem mit Hermelinschwänzen besetzten, roten Samtumhang zeigt, schuf der Maler Johann Christian Müller im Jahr 1724.

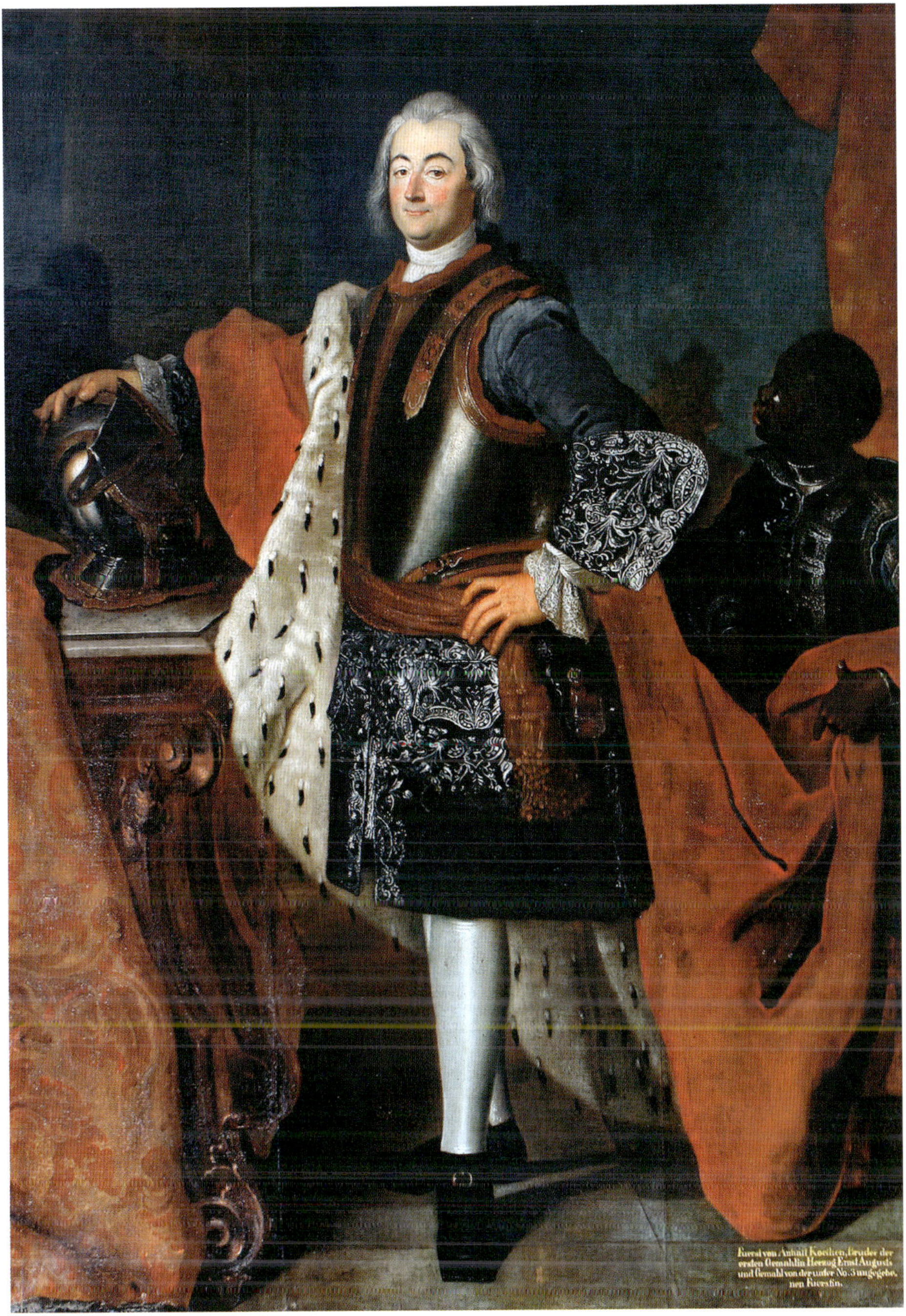
Fuerst von Anhalt Koethen, Bruder der
ersten Gemahlin Herzog Ernst Augusts
und Gemahl von der unter No. 3 angegebe-
nen Fuerstin.

Für Bachs kirchenmusikalisches Schaffen erwies sich die konfessionelle Lage im Herzogtum Anhalt-Köthen allerdings als ungünstig, denn 1596 war dort die reformierte Lehre eingeführt worden. Obwohl am Hof auch Lutheraner lebten, gaben die Calvinisten seither den Ton an. Für Bach bedeutete das den zeitweiligen Wegfall eines wichtigen Tätigkeitsfelds, denn aufwendige Kirchenmusik wurde nach Calvins Lehre strikt abgelehnt. Also waren keine geistlichen Kantaten und kaum Orgelmusik, dafür aber viele weltliche Instrumental- und Orchesterwerke zu komponieren. Er leitete nun die erst drei Jahre zuvor gegründete Hofkapelle, die für die Tafel- und Festmusik zuständig war. Das Repertoire dieses „Collegium musicum" umfasste vor allem zeitgenössische italienische und französische Meister, bald aber auch Kompositionen seines neuen Kapellmeisters. Das Ensemble bestand aus etwa 18 Musikern, der Fürst selbst wirkte häufig als Cembalist, Gambist oder Sänger mit.

Auch privat war der Start in Köthen für Bach und seine Familie zunächst glücklich. Doch bald erlitt er einen schweren Schicksalsschlag. Während er Anfang 1720 seinen Dienstherren zu einem Kuraufenthalt ins böhmische Karlsbad begleitete, starb völlig überraschend seine Ehefrau Maria Barbara im Alter von 35 Jahren. Sie war Mutter von sieben Kindern, zu denen die musikhistorisch herausragenden Söhne Wilhelm Friedemann und Carl Philipp Emanuel zählten. Da sie am 7. Mai 1720 in Köthen beerdigt wurde, wird sie wohl am Vortag gestorben sein. Für die Familie war der Tod der Mutter eine Tragödie, doch Bach ahnte davon nichts. Erst als er Wochen später wieder in Köthen eintraf und sein Haus betrat, erfuhr er vom Tod seiner geliebten Frau. Seit 2004 erinnert im Köthener Friedenspark ein Gedenkstein mit Texttafel an Johann Sebastian Bachs erste Ehefrau.

Bach blieb mehr als ein Jahr allein, heiratete aber am 3. Dezember 1721 Anna Magdalena, eine Tochter des Weißenfelsischen Hoftrompeters Johann Caspar Wilcken. Er hatte sie bei der Arbeit kennengelernt, da sie am Köthener Hof als Sängerin angestellt war und zunächst auch weiterhin verpflichtet blieb. Es wurde eine glückliche Ehe, denn Anna Magdalena war den vielen angeheirateten und den bald folgenden eigenen Kindern nicht

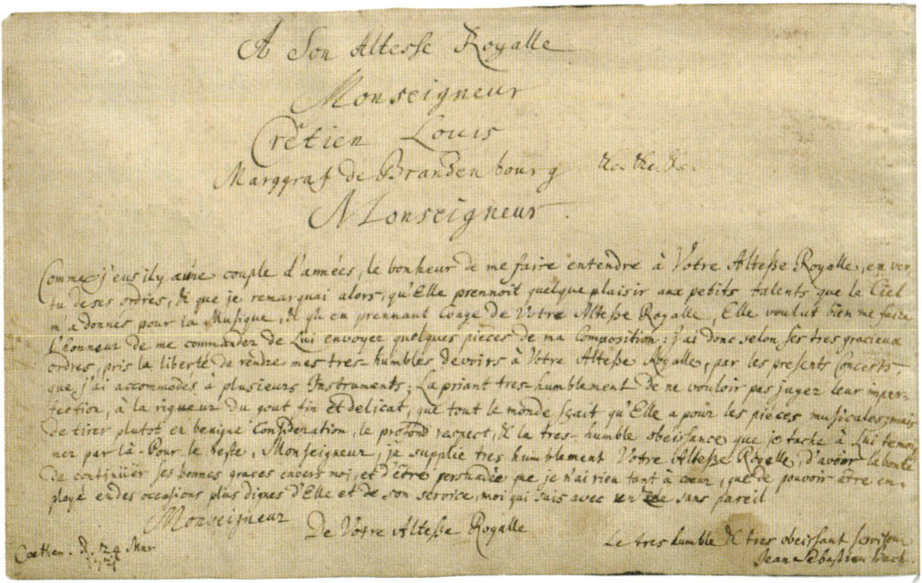

A Son Altesse Royalle
Monseigneur
Crêtien Louis
Marggraf de Brandenbourg &c. &c. &c.
Monseigneur.

Comme j'eus il y a une couple d'années, le bonheur de me faire entendre à Votre Altesse Royalle, en vertu de ses ordres, & que je remarquai alors, qu'Elle prennoit quelque plaisir aux petits talents que le Ciel m'a donnés pour la Musique, & qu'en prennant Congé de Votre Altesse Royalle, Elle voulut bien me faire l'honneur de me commander de Lui envoyer quelques pieces de ma Composition: j'ai donc selon ses tres gracieux ordres, pris la liberté de rendre mes tres-humbles devoirs à Votre Altesse Royalle, par les presents Concerts, que j'ai accommodés à plusieurs Instruments; La priant tres-humblement de ne vouloir pas juger leur imperfection, à la rigueur du gout fin et delicat, que tout le monde sçait qu'Elle a pour les pieces musicales; mais de tirer plutot en benigne Consideration, le profond respect, & la tres-humble obeissance que je tache à Lui temoigner par là. Pour le reste, Monseigneur, je supplie tres humblement Votre Altesse Royalle, d'avoir la bonté de continuer ses bonnes graces envers moi, et d'être persuadée que je n'ai rien tant à cœur, que de pouvoir être employé en des occasions plus dignes d'Elle et de son service, moi qui suis avec un zele sans pareil

Monseigneur
De Votre Altesse Royalle
Le tres humble & tres obeissant serviteur
Jean Sebastien Bach.

Coethen. d. 24 Mar 1721.

Mit diesen in der Hofsprache Französisch abgefassten Zeilen widmete Johann Sebastian Bach 1721 die später als *Brandenburgische Konzerte* bezeichneten Kompositionen dem musikliebenden Markgrafen Christian Ludwig von Brandenburg-Schwedt.

nur eine gute Mutter, sondern ihrem Mann auch eine fachlich-musikalische Partnerin. Sie musizierte mit ihm und kopierte häufig auch seine Noten. Bach widmete ihr das „Clavierbüchlein vor Anna Magdalena Bachin“, eine Klavierschule mit Stücken von unterschiedlichem Schwierigkeitsgrad. Bachs Köthener Schaffen war vor allem der Orchestermusik gewidmet. Er schrieb u. a. seine beiden Violinkonzerte (in a-Moll und E-Dur sowie das berühmte Doppelkonzert in d-Moll). Auch die ersten beiden Orchestersuiten sind wohl in Köthen entstanden. Den glanzvollen Höhepunkt bildeten die Sechs Brandenburgischen Konzerte. Die Bezeichnung „Brandenburgische Konzerte“, die erst später gebräuchlich geworden ist, bezieht sich auf den Adressaten dieser Werke, den Markgrafen Christian Ludwig von Brandenburg-Schwedt, den Bach in Berlin kennengelernt hatte. Bach stellte sechs Konzerte aus seinem umfangreichen Repertoire aus den Jahren 1716–1721 zusammen und widmete sie dem musikliebenden Brandenburger. Es sind keine streng dem italienischen concerto-grosso-Muster unterworfenen Werke, sondern vielmehr – wie das autographe Titelblatt vom 24. März 1721 aussagt – „Six Concerts Avec plusieurs Instruments“ (Sechs Konzerte mit mehreren Instrumenten). Dabei handelt es sich um höchst heterogene Gebilde, deren beson-

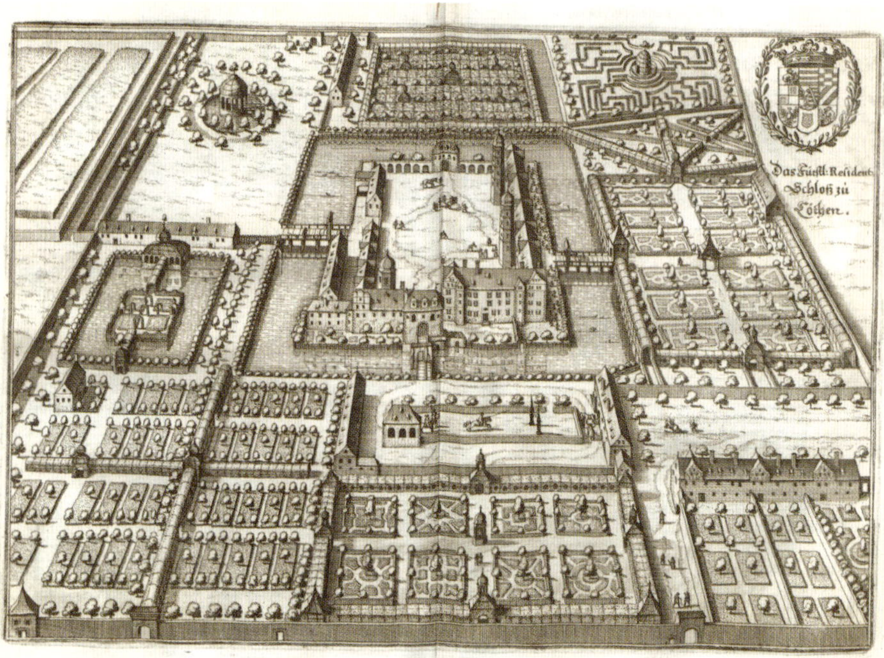

derer Reiz sich aus der wechselnden Dominanz der unterschiedlichen Instrumente ergibt: Im ersten Konzert sind es Hörner, Oboen und Violine; im zweiten Oboe, Trompete und Violine. Im dritten Konzert gibt es dagegen überhaupt keine Trennung zwischen Solo und Tutti. Musikhistoriker meinen, dass sich an diesem Kompositionsprinzip sowohl Traditionen der Stadtpfeifermusik als auch des Orgelschaffens mit seinen vielfältigen Registraturmöglichkeiten ausgewirkt haben. Hat der Markgraf diesen Konzertzyklus in Berlin aufführen lassen? Belegt ist das nicht, und es ist auch eher zweifelhaft, da die Hofkapelle des Markgrafen nur aus sechs Musikern bestand und mit dem Werk vermutlich überfordert gewesen wäre. Bachs Köthener Orchester spielte jedenfalls in einer anderen Liga.

Wie eng das Amt des Hofkapellmeisters an Person und Familie des Fürsten gebunden war, zeigen die Umstände, die Bach schließlich dazu bewegten, Köthen wieder zu verlassen. Im Dezember 1721 hatte Fürst Leopold die Prinzessin Henriette von Anhalt-Bernburg geheiratet. Schon bald nach dieser Eheschließung verschlechterte sich das musische Klima am Köthener Hof, denn der

Wie mit dem Lineal gezogen wirkt die Stadtanlage der anhaltinischen Residenz Köthen aus der Zeit um 1700. In der Mitte erhebt sich das Schloss, Bachs wichtigste Wirkungsstätte während seiner Köthener Jahre.

Fürst interessierte sich nun vor allem für seine junge Frau und nur noch am Rande für Musik. Da die neue Fürstin unmusikalisch – oder wie sich Bach in einem berühmt gewordenen Brief an seinen Jugendfreund Georg Erdmann beklagte – eine „amusa“ war, schien es ihm Ende 1721 angebracht, sich um eine neue Stelle zu bemühen. Doch es dauerte noch ein paar Monate, bis sich die Dinge konkreter abzeichneten.

In Köthen blieb Johann Sebastian Bach bis zum 15. Mai 1723. Doch auch später, als er schon in Leipzig als Thomaskantor wirkte, kam er wiederholt in die kleine Residenzstadt zurück, denn die Freundschaft mit Fürst Leopold bestand weiterhin fort. Als Leopold im Jahre 1728 starb, schrieb Bach für ihn die Leichenmusik „Klagt Kinder, klagt es aller Welt“. Am 23. März 1729 leitete er persönlich die Uraufführung dieses Werkes in der Köthener Jakobskirche, an der vermutlich auch seine Frau und sein Sohn Friedemann mitwirkten. Später sollte er Teile davon für die Matthäuspassion umschreiben.

Noch heute prägt die Jakobskirche, eine spätgotische Hallenkirche, die sich an der Westseite des Marktplatzes erhebt, das Köthener Stadtbild. Allerdings stammt ihre eindrucksvolle 75 Meter hohe, mit einer Brücke ver-

Der Thron- oder Spiegelsaal im Ludwigsbau des Köthener Schlosses. So hat Bach diesen ursprünglich barocken Saal nicht erlebt, da er 1822 von Gottfried Brandhauer im klassizistischen Stil umgestaltet wurde. In den Jahren 2011 bis 2018 wurde der Spiegelsaal komplett restauriert.

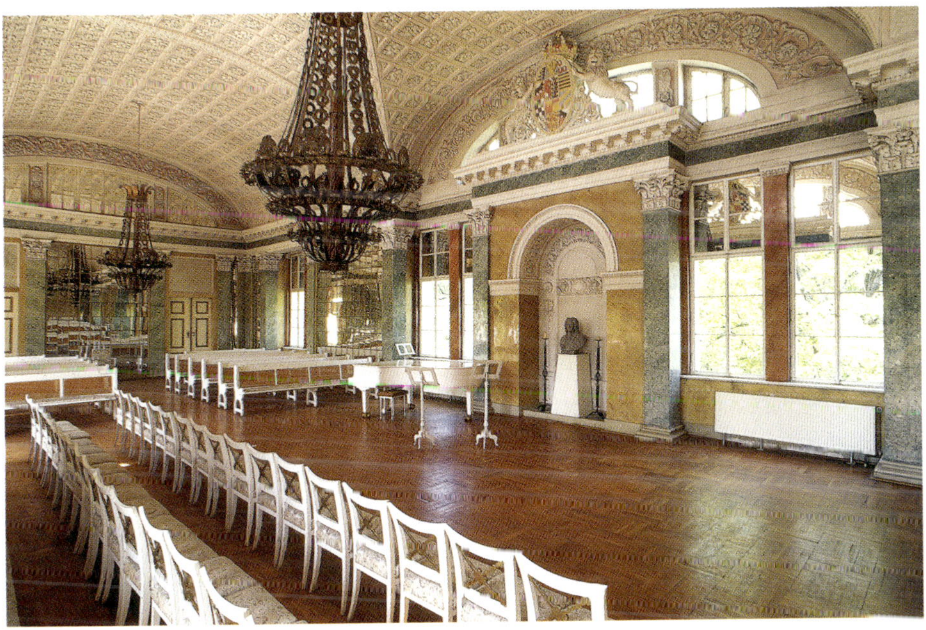

bundene Doppelturmfront erst aus dem späten 19. Jahrhundert. Anstelle des zuvor eingestürzten Turms wurde sie 1895 bis 1897 von dem Architekten Bernhard Sehring errichtet. Auch das Innere dieser Kirche wurde im 19. Jahrhundert mehrfach verändert, sodass er die Kirche, in der er vermutlich mit Anna Magdalena getraut worden ist, heute kaum wiedererkennen würde. Auch die Gruftanlage mit der fast vollständigen Grablege des Fürstengeschlechts von Anhalt-Köthen über zweieinhalb Jahrhunderte wurde 1866 bis 1868 neugestaltet. In der Fürstengruft im östlichen Teil der dreischiffigen Kirche befindet sich auch der Prunksarg von Bachs Köthener Arbeitgeber, dem Fürsten Leopold.

Während in der Jakobskirche die reformierte Lehre gepredigt wurde, gehörte die Ende des 17. Jahrhunderts erbaute ursprünglich barocke Agnuskirche den Lutheranern. Bach, der nicht nur formal lutherisch war, sondern sich der Lehre seines thüringischen Landsmannes auch besonders verbunden fühlte, hatte hier Kirchenstühle gemietet und ist – wenn wohl auch nicht sehr regelmäßig – zum Abendmahl gegangen. Der Kelch, aus dem Bach das Abendmahl empfangen hat, blieb bis heute erhalten. Dass er trotzdem nicht in diesem Gotteshaus, sondern in der Jacobskirche oder in der Schlosskapelle getraut worden ist, dürfte seiner engen Beziehung zum reformierten Herrscherhaus zuzuschreiben sein.

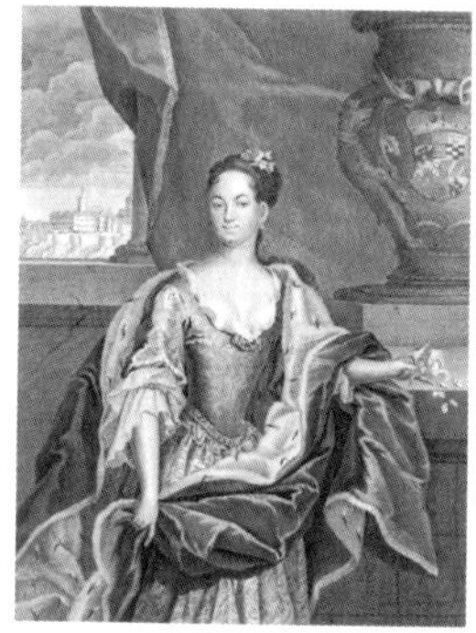

Am 11. Dezember 1721 heiratete Fürst Leopold von Anhalt-Köthen Friederike Henriette von Anhalt-Bernburg, die hier auf einem zeitgenössischen Kupferstich zu sehen ist. Bach musste bald feststellen, dass sie sich nicht für Musik interessierte. In einem Brief bezeichnete er die junge Frau als „amusa". Sie starb bereits am 4. April 1723 mit nur 21 Jahren, kurz bevor Bach Köthen Richtung Leipzig verließ.

Von der Agnuskirche gelangt man auf der Stiftstraße zum Schlossplatz. Das Schloss, das auf eine mittelalterliche Burganlage zurückgeht, wurde als Dreiflügelanlage in Renaissanceformen errichtet. Den Südflügel bildet der sogenannte Ludwigsbau aus der Wende vom 16. zum 17. Jahrhundert. Am östlichen Treppenturm befindet sich eine bronzene Gedenktafel mit einem Bachportrait und der Inschrift „Joh. Seb. Bach schuf hier in den Jahren 1717–1723 unvergängliche Kunstwerke. Sei stolz auf ihn, Vaterland, aber sei auch seiner wert". Bachs wichtigste Köthener Wirkungsstätte, der Thronsaal im Obergeschoss, dient zwar noch immer Konzertveranstaltungen, doch er ist gegenüber Bachs Zeiten stark verändert. Anfang des 19. Jahrhunderts wurde der barocke Raum in einen glanzvollen klassizistischen Spiegelsaal umgestaltet: kostbar und schön, aber eben ganz anders als Bach ihn gekannt hat.

Nach der umfassenden Restaurierung zwischen 2011 bis 2018 erstrahlt er in neuem Glanz. Die Schlosskapelle im Erdgeschoss, die ebenfalls mehrfach umgebaut wurde, hat seit 1991 ihr festliches barockes Gepräge zurückgewonnen. Für Veranstaltungen stehen außerdem in einer 2008 in der Ruine der Reithalle errichteten Mehrzweckhalle der Johann-Sebastian-Bach-Saal (450 Plätze), der Anna-Magdalena-Bach-Saal (160 Plätze), der Maria-Barbara-Bach-Saal (60 Plätze) sowie der Wilhelm-Friedemann-Bach-Saal (120 Plätze) zur Verfügung.

Für die alle zwei Jahre im Herbst im Rahmen der Köthener Bachfesttage stattfindenden Konzerte und darüber hinaus stehen also zahlreiche Räume zur Verfügung. Natürlich hat auch Köthen ein Bachdenkmal. Es wurde von dem Berliner Bildhauer Heinrich Pohlmann geschaffen und 1885 – zu Bachs 200. Geburtstag – enthüllt. Die Kalksteinbüste, die auf einem ungefähr zwei Meter hohen Sandsteinpostament ruht, befindet sich auf dem heutigen Bachplatz, der an die Wallstraße grenzt. Dieser Standort war gewählt worden, weil man hier eine Wohnung Bachs vermutete. Inzwischen hat die Köthener Bachgesellschaft mit Unterstützung der Stadt, des Landes und der EU eine Studie durchgeführt und die Standorte der Häuser, in denen Bach von 1717 bis 1723 gewohnt hat, „mit an Sicherheit grenzender Wahrscheinlichkeit gefunden". Demnach befinden sie sich an der Schalaunischen Straße 44 und an der Wallstraße 25/26, also in der Nähe des Bachdenkmals. Während das erste Haus 1969 einem Kaufhaus weichen musste, blieb das Gebäude an der Wallstraße erhalten und ist heute Teil des Pflegeheims St. Elisabeth. Möglicherweise soll es künftig als Gedenkstätte für Besucher zugänglich gemacht werden.

Eine Bachgedenkstätte gibt es im Ludwigbau des Schlosses. In thematisch klar gegliederten Ausstellungsteilen wird über Köthens soziale und konfessionelle Situation zu Beginn des 18. Jahrhunderts, über Bachs Familie und Lebensumstände und über die hier entstandenen Kompositionen informiert. Eine wertvolle Sammlung barocker Musikinstrumente sowie ein Öl-Portrait von Fürst Leopold runden die Sammlung der sehenswerten Gedenkstätte ab.

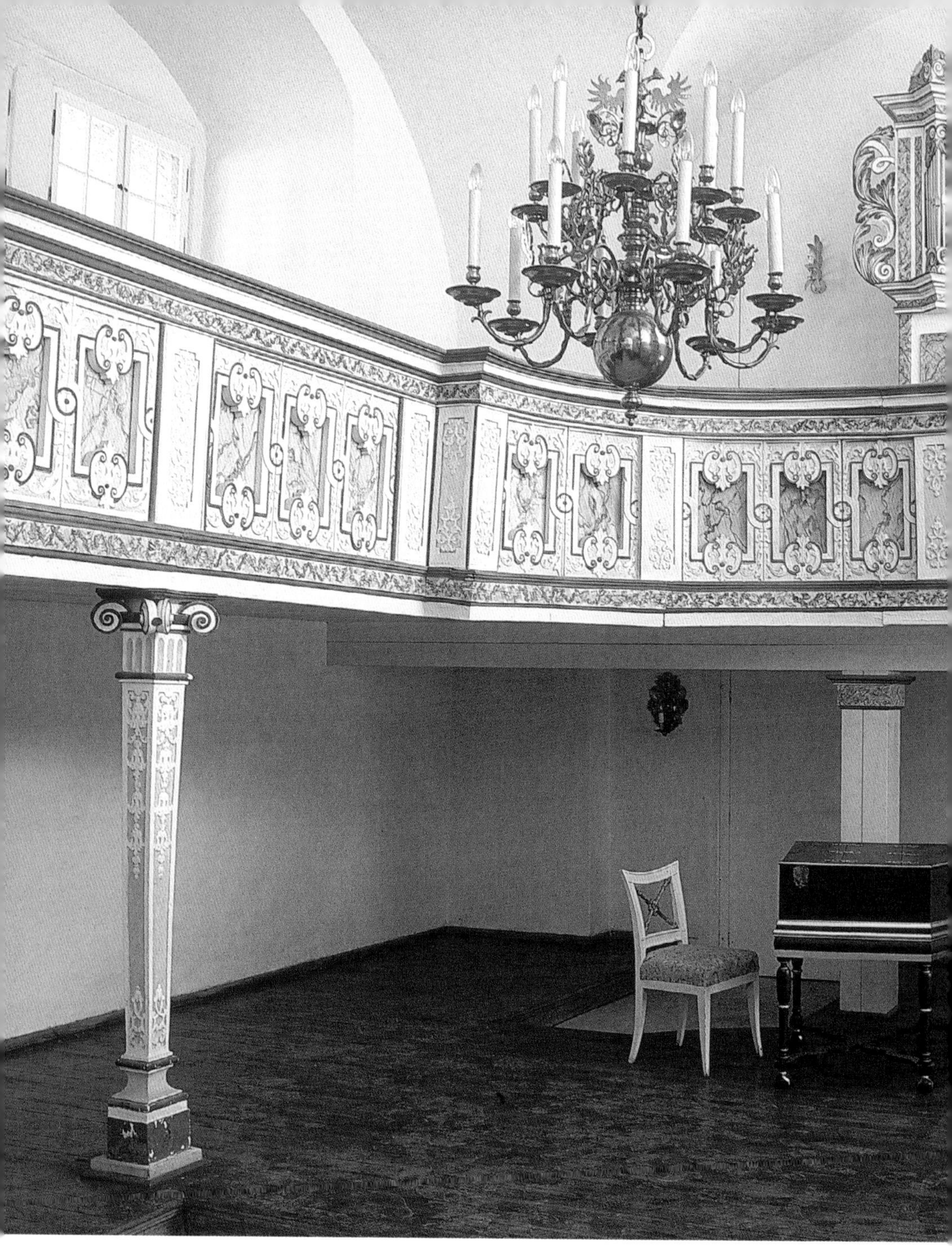

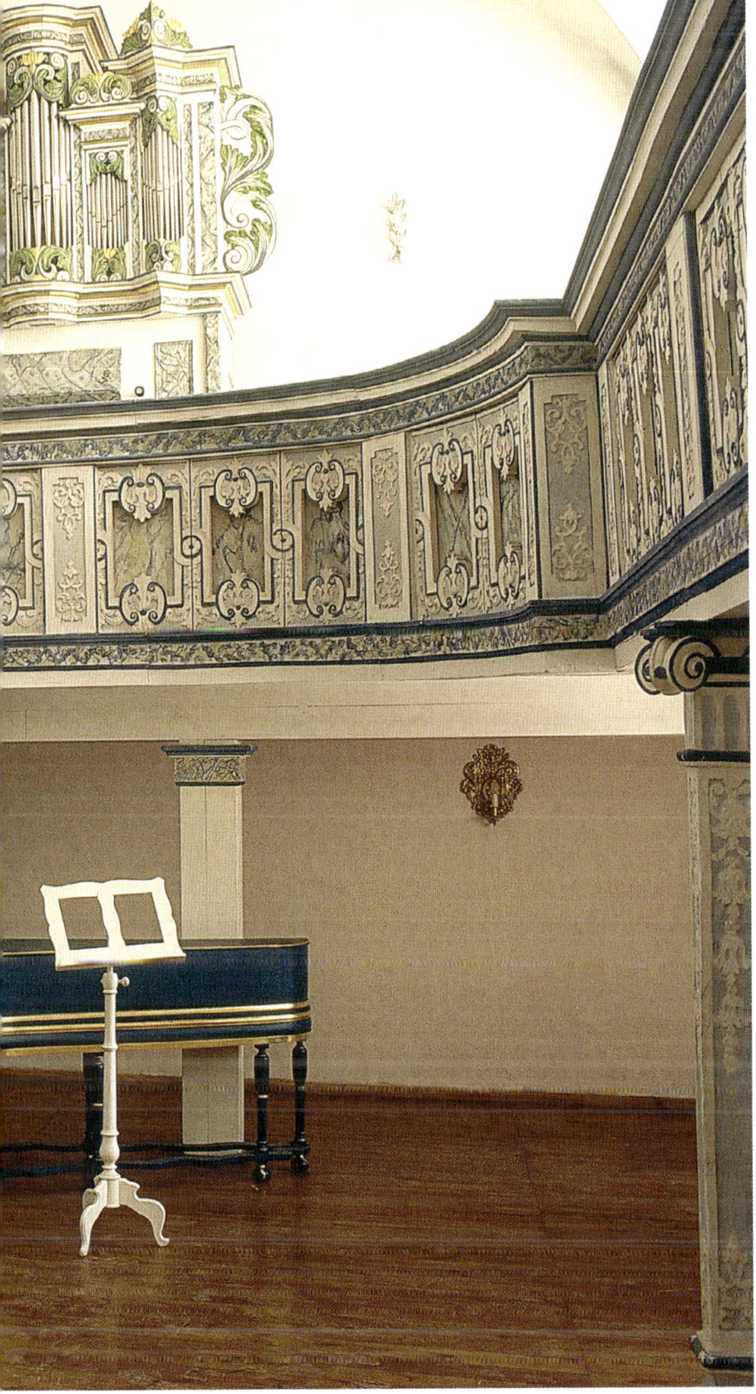

Die Schlosskapelle im Erdgeschoss des Ludwigsbaus ist eine der wichtigsten Bachstätten in Köthen. Im November 1718 wurde Bachs Sohn Leopold August hier getauft, der aber bereits ein knappes Jahr später starb. Allerdings erfuhr der Raum im Lauf der Zeit umfangreiche Veränderungen. Erst 1991 erhielt er wieder sein festliches barockes Gepräge zurück. Die frühere Schlosskapelle dient heute vor allem als Konzertsaal für Kammermusikveranstaltungen, wird aber auch für Eheschließungen genutzt.

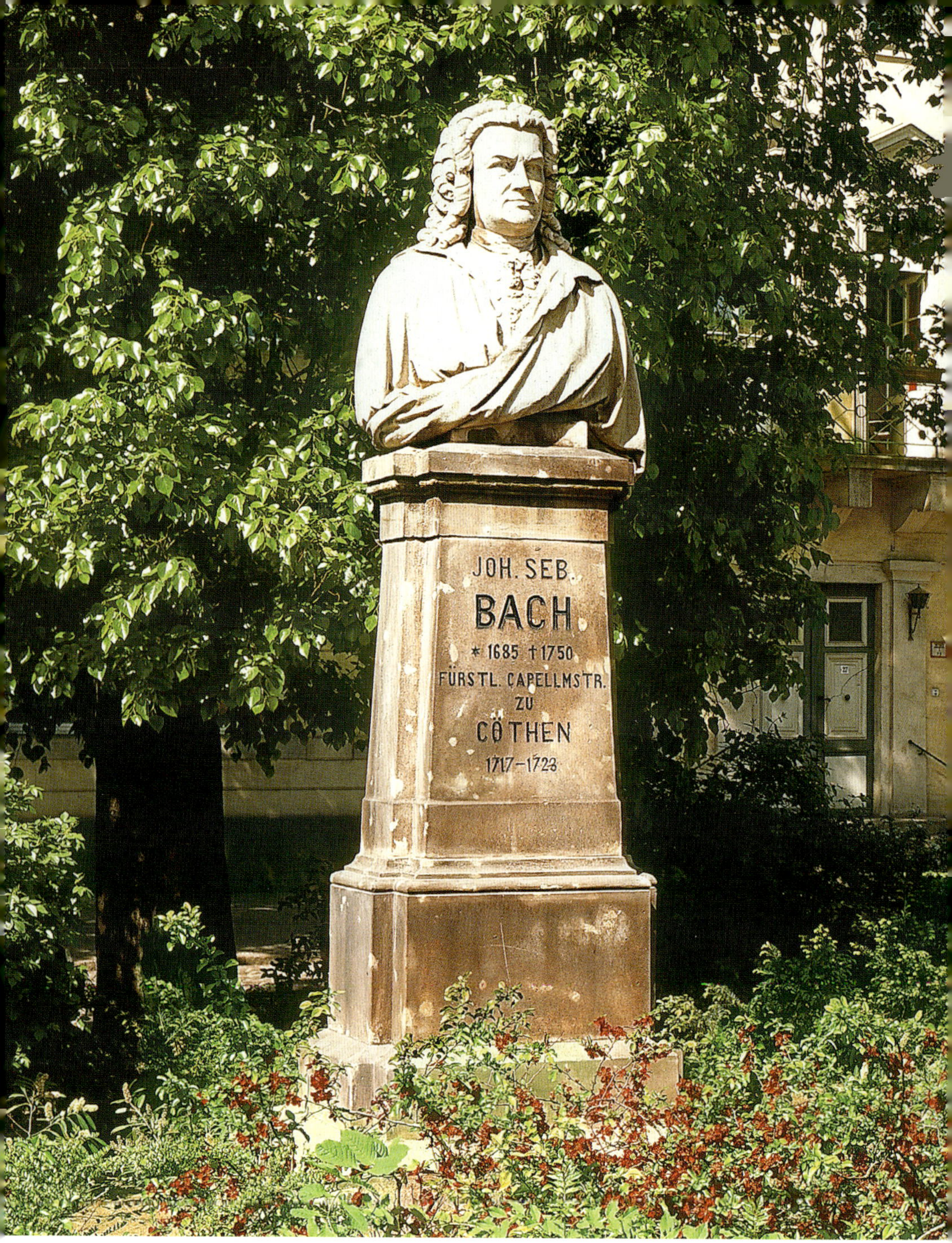
JOH. SEB.
BACH
* 1685 † 1750
FÜRSTL. CAPELLMSTR.
ZU
CÖTHEN
1717–1723

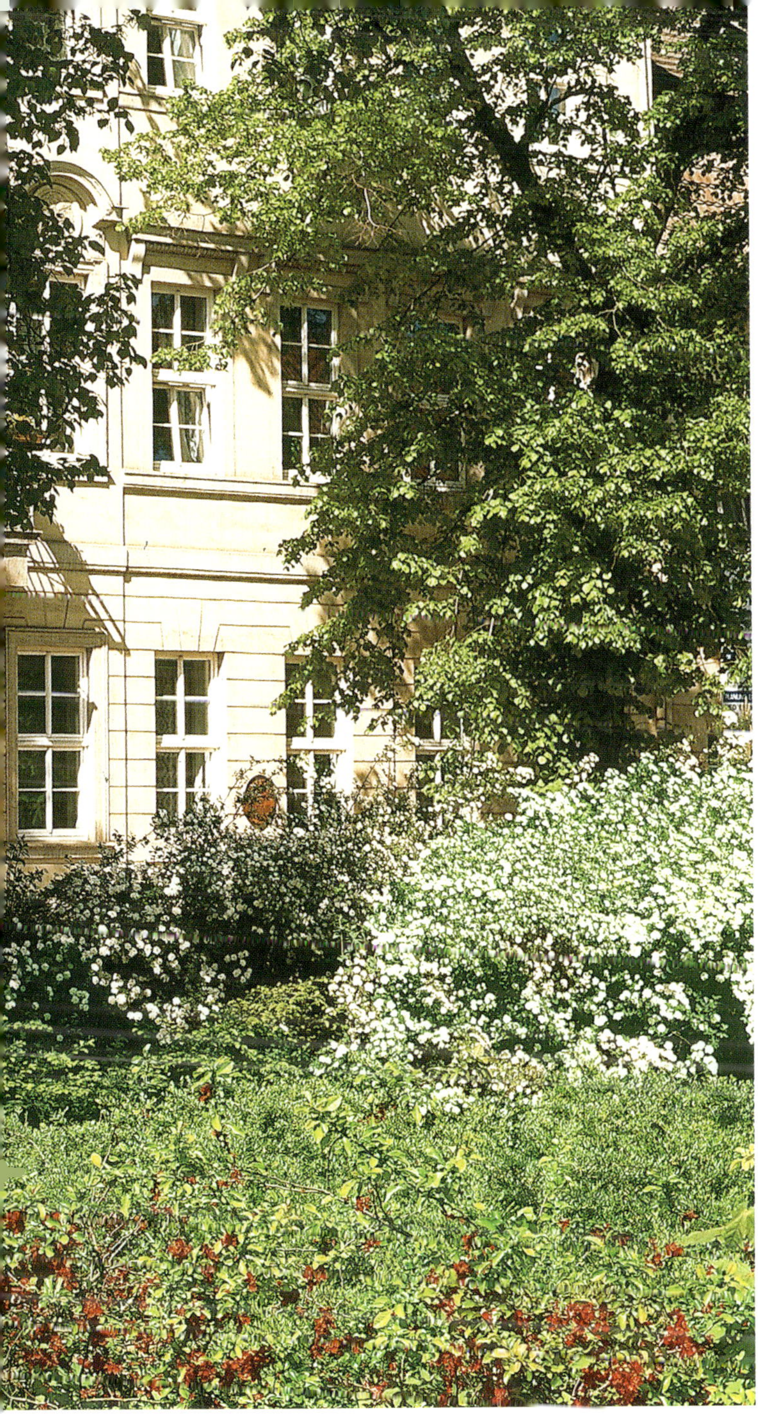

Da Bach in Köthen keine kirchenmusikalischen Aufgaben wahrzunehmen hatte, standen in dieser Zeit vor allem Instrumental- und Orchesterwerke im Vordergrund seines Schaffens. Er komponierte hier u.a. seine beiden Violinkonzerte, die ersten beiden Orchestersuiten und die berühmten Sechs Brandenburgischen Konzerte. Das Köthener Bachdenkmal, das der Berliner Bildhauer Heinrich Pohlmann schuf, wurde im Jahre 1885, zum 200. Geburtstag des Komponisten, feierlich enthüllt. Das aus Sandsteinsockel und Marmorbüste bestehende Denkmal steht auf dem heutigen Bachplatz unweit der Wallstraße.

Eine Zukunft in der Hansestadt? *Hamburg: 1720*

Mag sein, dass Bach sich schon nach dem unerwarteten Tod seiner Frau Maria Barbara 1720 aus dem vertrauten Umfeld lösen wollte, wo er sich zudem mit einer Verkleinerung der Hofkapelle konfrontiert sah. Jedenfalls begab er sich im November 1720 erneut nach Hamburg, diesmal sicher nicht mehr zu Fuß wie in seiner Lüneburger Zeit, sondern per Kutsche. Eigentliches Ziel war die Hauptkirche St. Jacobi, an der die Organistenstelle neu besetzt werden sollte. Sie hatte 1693 eine neue große Orgel des bedeutendsten norddeutschen Meisters Arp Schnitger bekommen; ein prächtiges Instrument mit vier Manualen und sechzig Registern, dessen große klangliche Möglichkeiten Bach faszinierten. Diese Orgel, die während des Zweiten Weltkriegs glücklicherweise ausgelagert war, ist nach umfassender Restaurierung im Frühjahr 1993 mit einem feierlichen Konzert wiedereingeweiht worden und gehört heute unbestritten zu den wertvollsten und klangschönsten historischen Orgeln in Nordeuropa.

Bach war nicht der einzige Bewerber um die begehrte Stelle, aber ganz sicher der begabteste. Zu den drei Kantoren, die als Gutachter über die Eignung der Kandidaten zu entscheiden hatten, war auch der inzwischen 77 Jahre alte Johann Adam Reincken – jener Organist, der den jungen Bach schon 1701 so stark beeindruckt hatte. Leider erwies sich die Terminlage als schwierig, da Bach wohl vorzeitig nach Köthen zurückkehren musste. So kam es nicht zu dem regulären Probespiel. Doch es gab eine Alternative: Statt auf der – zu dieser Zeit allerdings renovierungsbedürftigen Schnitger-Orgel in St. Jacobi vorzuspielen –, konnte Bach ein zweistündiges Konzert an der von ihm besonders geschätzten Orgel in der Hauptkirche St. Katharinen geben. Fast eine halbe Stunde lang zeigte er hier seine ganze Improvisationskunst über den bei Probespielen üblicherweise vorgelegten Choral „An Wasserflüssen Babylon". Reincken war tief ergriffen von Bachs Meisterschaft. „Ich dachte, diese Kunst wäre gestorben; ich sehe aber, dass sie in ihnen noch lebet", sagte

Dieses historische Foto zeigt die große Orgel der Hamburger Hauptkirche St. Katharinen vor der Zerstörung im Jahr 1943. 1720 spielte Bach bei einem Hamburg-Besuch dieses Instrument, dessen Klangreichtum er besonders schätzte.

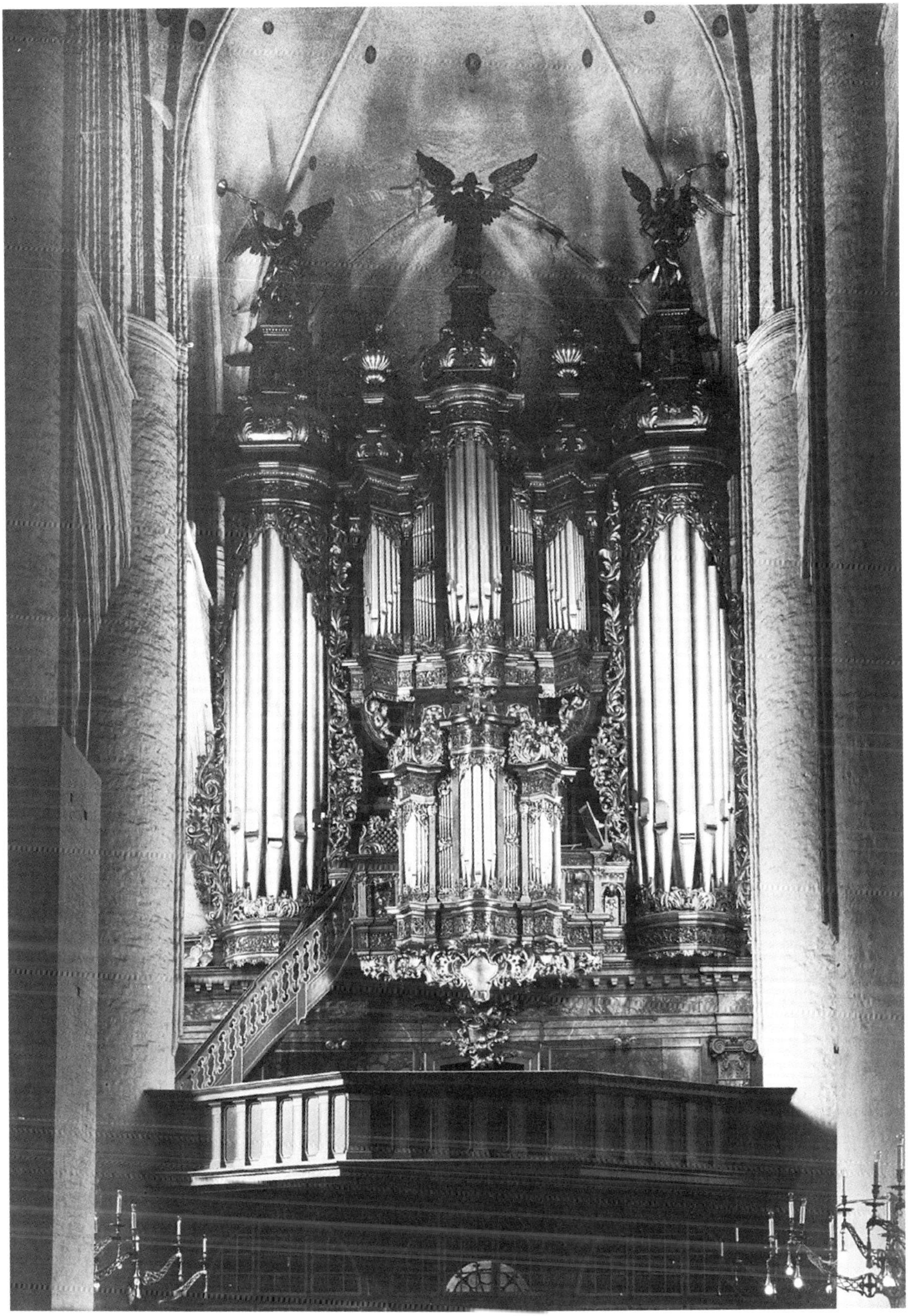

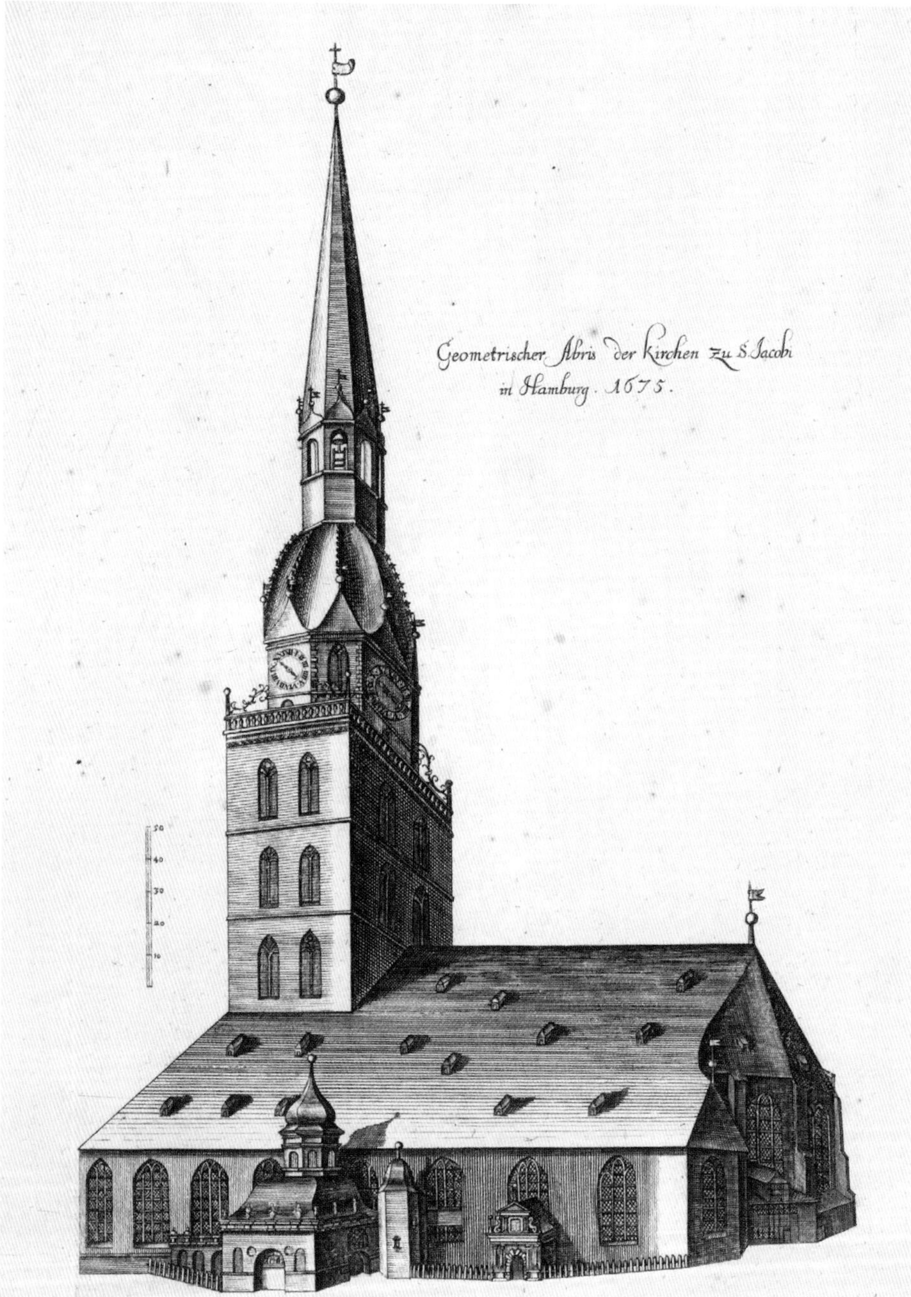
Geometrischer Abris der kirchen zu S. Iacobi
in Hamburg. 1675.
Henrich Volckmeir delineavit.
Hier. von Hensbergen sculpsit.

Bachs Anlaufpunkt in Hamburg war im November 1720 die Hauptkirche St. Jacobi, die hier auf einem Kupferstich von 1675 zu sehen ist.

Reincken, als er dem Kandidaten anschließend die Hand drückte. Eigentlich hätte die Bewerbung also ein Selbstgänger sein müssen, doch leider stand sie unter keinem guten Stern. Ganz gesichert ist es nicht, aber die überlieferte Geschichte geht folgendermaßen: Um die Stelle zu bekommen, sollte Bach 4000 Mark Courant in die Kirchenkasse zahlen. Das entspricht dem heutigen Gegenwert von ungefähr 20.000 Euro. Nein, von Käuflichkeit könne natürlich keine Rede sein, so etwas wäre mit dem Organistenamt, das ja mit dem Gottesdienst verbunden ist, auch in keiner Weise vereinbar, meinten die Herren vom Konsistorium. Gegen einen „freiwilligen" Beitrag zum Wohle der Kirche wäre aber natürlich nichts einzuwenden. Wie auch immer die Hamburger Kirchenbürokraten die Sache bemäntelten, Bach lehnte eine solche Zahlung ab – und den Zuschlag bekam prompt ein zahlungswilliger Mitbewerber. Erdmann Neumeister, Hauptpastor an St. Jacobi, war angesichts der schnöden Geldforderung so außer sich, dass er von der Kanzel herab schimpfte: „Wenn auch einer von den Bethlehemitischen Engeln vom Himmel käme, der göttlich spielt, und wollte Organist zu St. Jacobi werden, hätte aber kein Geld, so mögte er nur wieder davon fliegen."

Ohne Geld kein Job? Doch ganz so eindeutig scheinen die Dinge dann doch nicht gewesen zu sein. Zumindest spielten in dieser Angelegenheit noch andere Aspekte eine Rolle, die lange Zeit nicht zur Sprache kamen. Der Hamburger Musikwissenschaftler Philipp Tonner hat 2003 in einer interessanten Studie dazu festgestellt: „Während seines Aufenthalts in Hamburg musste Bach erkennen, dass sich die attraktive Stellung des Organisten auf Grund eines fundamentalen strukturellen Wandels des Hamburger Musiklebens seit der Jahrhundertwende entscheidend verändert hatte und dass städtische Kirchenmusik letztlich nicht mehr funktionsfähig war." Im Zuge der Aufklärung war schon seit der Vesperordnung von 1699 der Anteil der Musik in den Gottesdiensten immer weiter reduziert worden. Die Organisten wurden nun dazu angehalten, die Choräle zu begleiten, sie aber nicht mehr mit Improvisationen kunstvoll zu variieren. Solistisches Können war also in Hamburg kaum mehr gefragt. „Unter diesen Umständen", so die Schlussfolgerung von

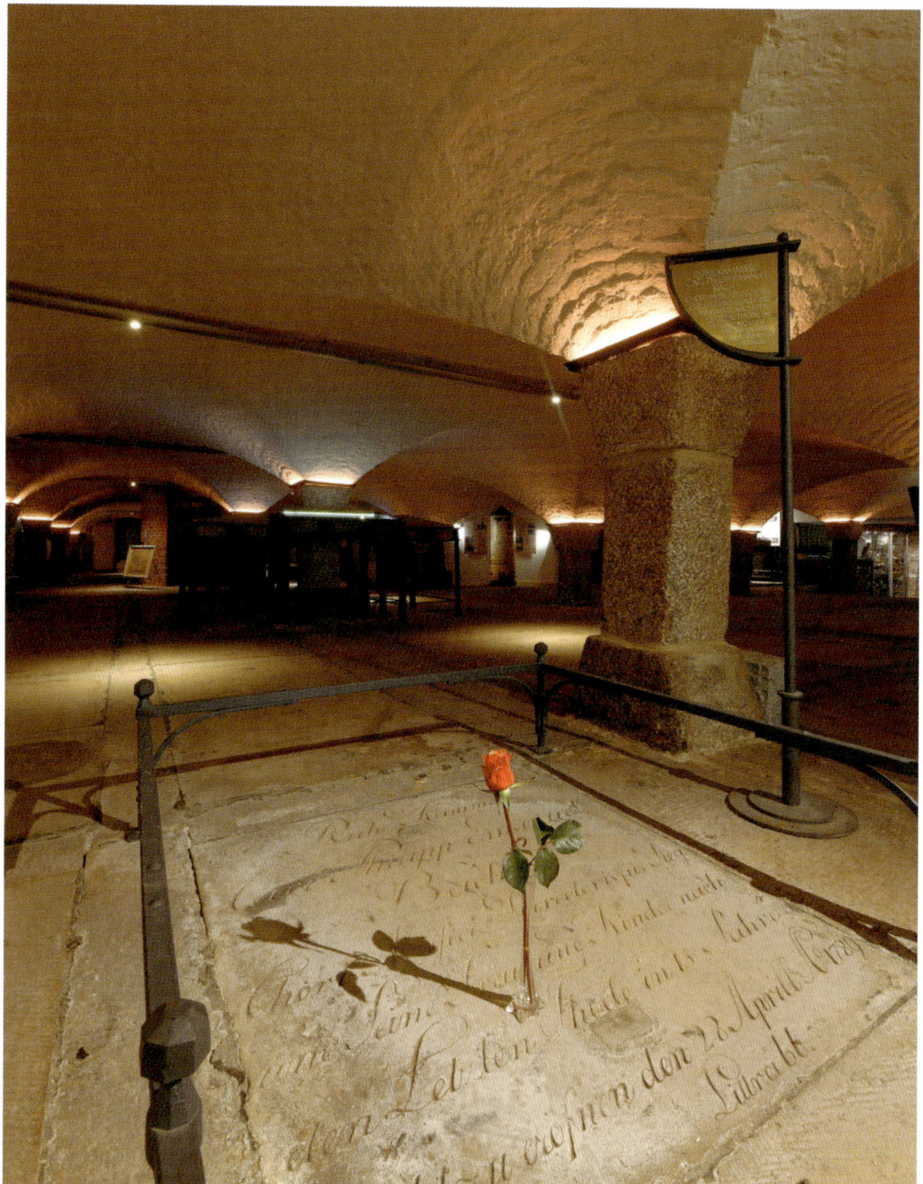

Philipp Tonner, „bedeutete das Organistenamt an St. Jacobi für Bach sogar eine berufliche Verschlechterung." Hinzu kam, dass die Schnitger-Orgel in St. Jacobi nicht in gutem Zustand war und die für Bachs harmonisch komplexe Kompositionsweise ungünstige alte mitteltönige Stimmung hatte. Mit anderen Worten: Er war wohl am Ende selbst nicht mehr sonderlich an der Stelle interessiert.

Dass Hamburg 48 Jahre später doch noch zur „Bach-Stadt" wurde, lag nicht an dem damals längst verstorbenen Johann Sebastian, sondern an dessen berühmtestem Sohn Carl Philipp Emanuel, der 1768 sein Amt als städtischer Musikdirektor und Kantor am Johanneum antrat. CPE Bach wurde 1788 im Gruftgewölbe der Hauptkirche St. Michaelis, dem Michel, beigesetzt, wo sein Grab heute eine vielbesuchte Erinnerungsstätte ist. Im nahegelegenen Komponistenquartier an der Peterstraße erinnert das Carl Philipp Emanuel Bach Museum an den für die Hamburger Musikgeschichte so wichtigen Komponisten.

In der der Krypta der Hamburger Hauptkirche St. Michaelis befindet sich das Grab von Carl Philipp Emanuel Bach. 1768 hatte Johann Sebastians zweitältester Sohn als Nachfolger von Georg Philipp Telemann sein Amt als städtischer Musikdirektor angetreten. Zu seinen vielfältigen Aufgaben gehörte auch die Musikpflege an den fünf Hamburger Hauptkirchen. Er komponierte zahlreiche kirchenmusikalische Werke, etwa zu den Festen im Kirchenjahr, aber auch anlässlich der Einführung neuer Pastoren. Innerhalb des Komponistenquartiers an der Peterstraße in der Hamburger Neustadt ist Carl Philipp Emanuel Bach ein sehenswertes kleines Museum gewidmet worden.

Glücklicherweise waren wichtige Teile der berühmten Arp-Schnitger-Orgel der Hauptkirche St. Jacobi vor Beginn des Bombenkriegs ausgelagert und damit vor der Zerstörung bewahrt worden. Nach einer umfassenden Rekonstruktion und Restaurierung erstrahlt dieses kostbare Instrument seit 1993 in altem Glanz und Klang.

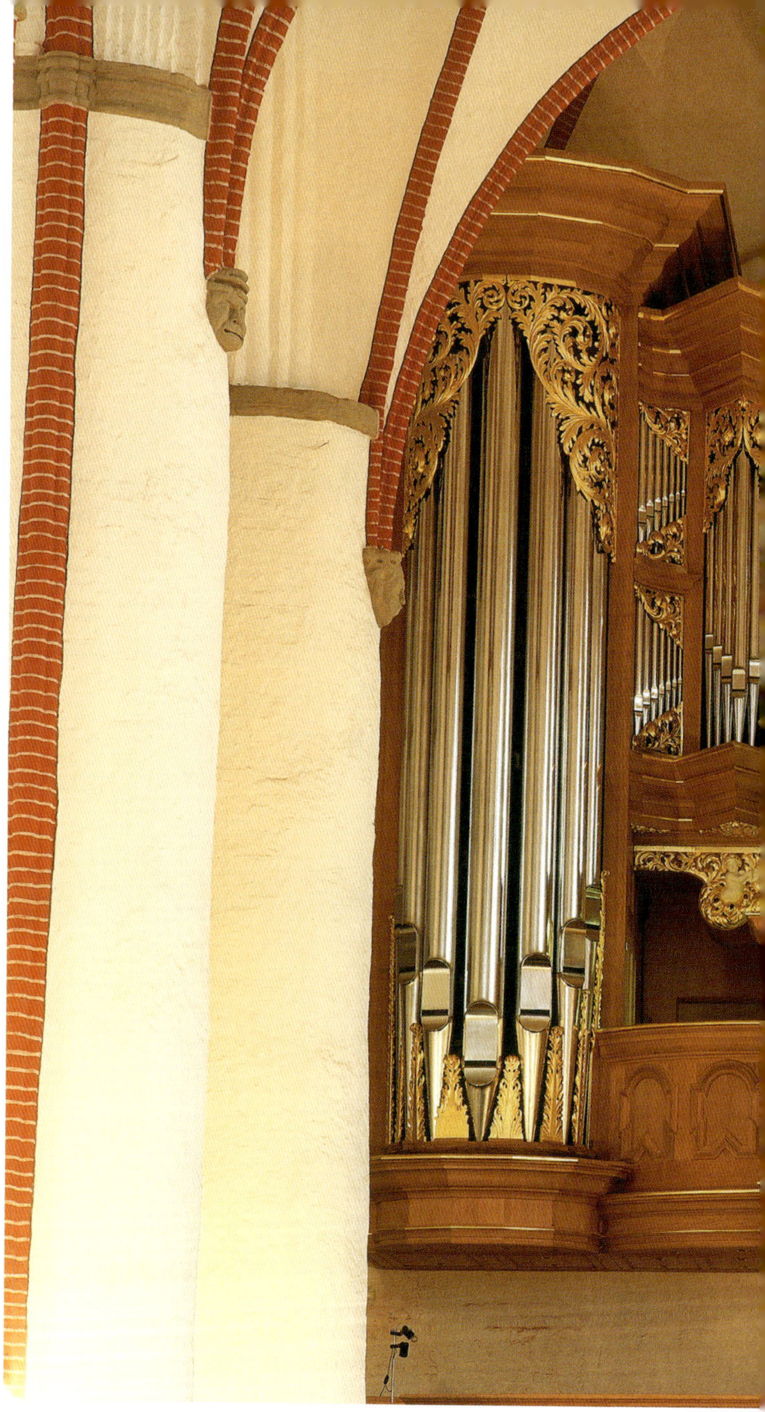

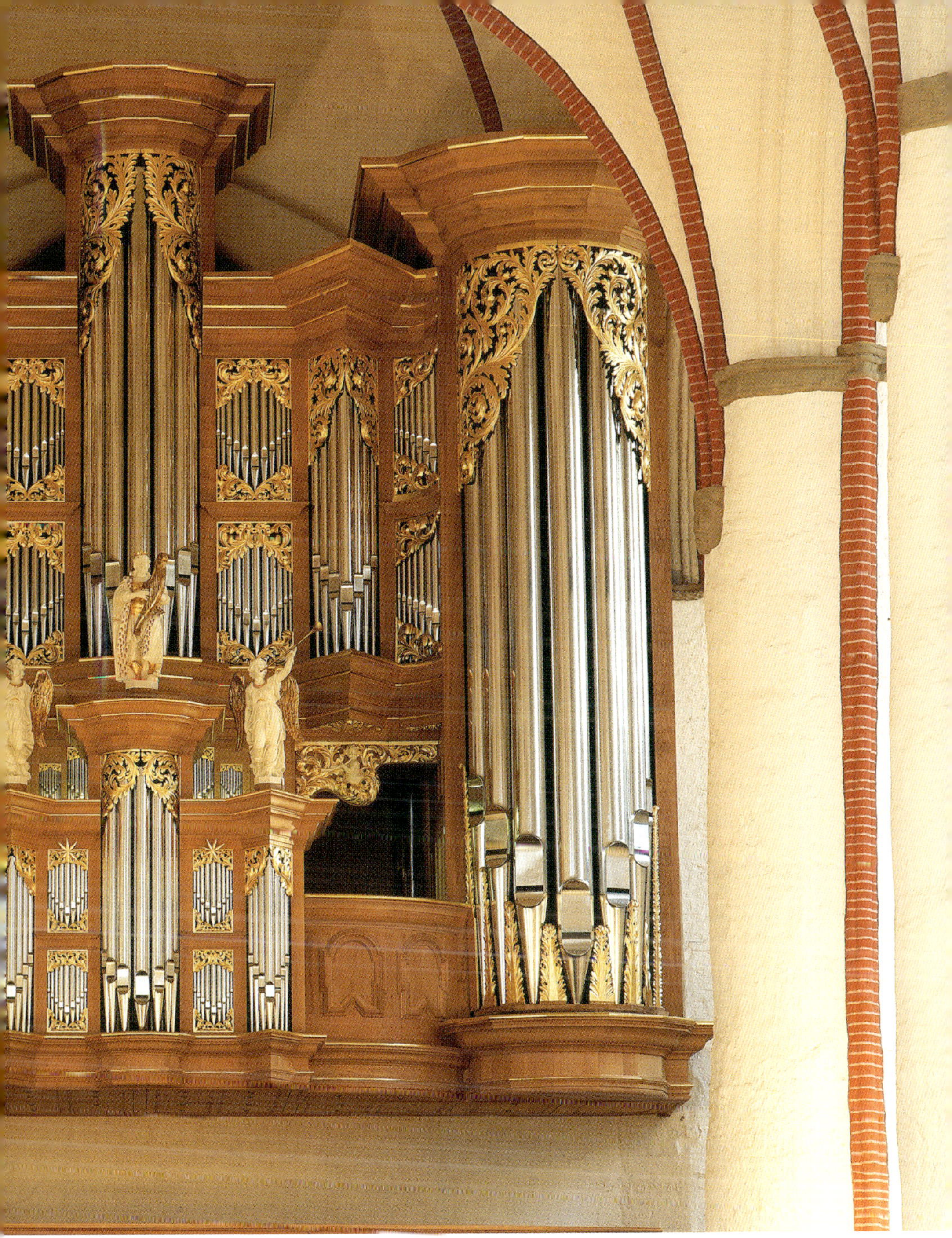

Der Thomaskantor
Leipzig, Dresden, Potsdam: 1723–1750

Anfang des 18. Jahrhunderts erlebte Leipzig eine wirtschaftliche und kulturelle Blütezeit. Schneller als anderswo waren hier die Wunden des Dreißigjährigen Kriegs (1618–1648) vernarbt. Die rührigen Kaufleute wussten den Standortvorteil ihrer am Schnittpunkt einer ostwestlich und einer nordsüdlich verlaufenden Handelsstraße gelegenen Heimatstadt geschickt zu nutzen und machten Leipzig zum wichtigsten Umschlagplatz in Mitteleuropa. Wie lebhaft, bunt und international es hier während der Messetage zuging, schilderte der Leipziger Prediger Johann Christian Müller 1739 folgendermaßen:

„Obgleich die Stadt an sich nicht groß, waren doch die Gassen breit und nach der Schnur. Alle waren mit Fracht- und Marktwagen, die ankamen und abluden, mit Karossen und mit Menschen von beiderlei Geschlecht, von allerlei Nationen und Stand angefüllt. Die artigen sächsischen Frauenzimmer, die Leipziger galanten Herren, vermischt mit allerlei Ausländern, Ungarn, Siebenbürgen, Juden, Türken, Griechen, Arabern, Armeniern, Chinesen, Persianern, Mohren, Russen, Holländern, Engelländern usw., in ihren verschiedenen, seltsamen und zum Teil seidenen, bunten, langen, auch geblümten Kleidern, wobei der Bund und die Dolche in dem Gurt mit Edelsteinen besetzt waren, mit ihren langen Bärten, mit bloßer, von der Sonne braungebrannter Brust setzen das Auge in Erstaunen (...).“

In Leipzig wurden jedoch nicht nur Luxuswaren, exotische Gewürze, Pelze und alle nur denkbaren Manufakturerzeugnisse gehandelt, sondern auch Bücher. Dank des Konfessionswechsels, den der sächsische Kurfürst August der Starke im Jahre 1697 vollzogen hatte, um König des katholischen Polens werden zu können, herrschte in Sachsen ein gewisses Maß an konfessioneller und geistiger Toleranz, was sich als hervorragende Voraussetzung für ein florierendes Buchgeschäft erweisen sollte. Bereits Anfang des 18. Jahrhunderts hatte die sächsische Messestadt den Frankfurter Buchhandelsplatz weit überflügelt: Während im Jahr 1700 am Main gerade 88 Titel verlegt wurden, errang sich Leipzig mit 276 Titeln den Ruf als literarische Hochburg Deutschlands.

Für Johann Sebastian Bach, der selbst über eine umfangreiche Bibliothek verfügte, bot Leipzig gewiss mehr geistige Anregungen als alle seine früheren Wirkungsstätten zusammen. In den Augen der Leipziger Honoratioren war der Hofkapellmeister aus der Provinz durchaus nicht die erste Wahl. Dass er die Stelle als Thomaskantor, um die er sich von Köthen aus bemüht hatte, doch antreten konnte, verdankte er u. a. seinem Kollegen Georg Philipp Telemann. Dieser hatte bereits von 1701 bis 1704 als Organist an der Thomaskirche in Leipzig gewirkt. Obwohl er als Hamburger Stadtmusikdirektor erst knapp zwei Jahre im Amt war, hatte er sich um die nach dem Tode von Johann Kuhnau (1660–1722) vakant gewordene Stelle des Thomaskantors beworben. In letzter Minute zog er jedoch sein Angebot zurück und empfahl stattdessen

Zu Bachs Zeiten war Leipzig nicht nur eine wichtige Handels- und Messestadt, sondern auch ein Musikzentrum. Davon zeugt das Deckblatt der 1736 erschienenen Liedsammlung „Singende Muse an der Pleiße“, auf dem im Hintergrund die Thomaskirche zu erkennen ist.

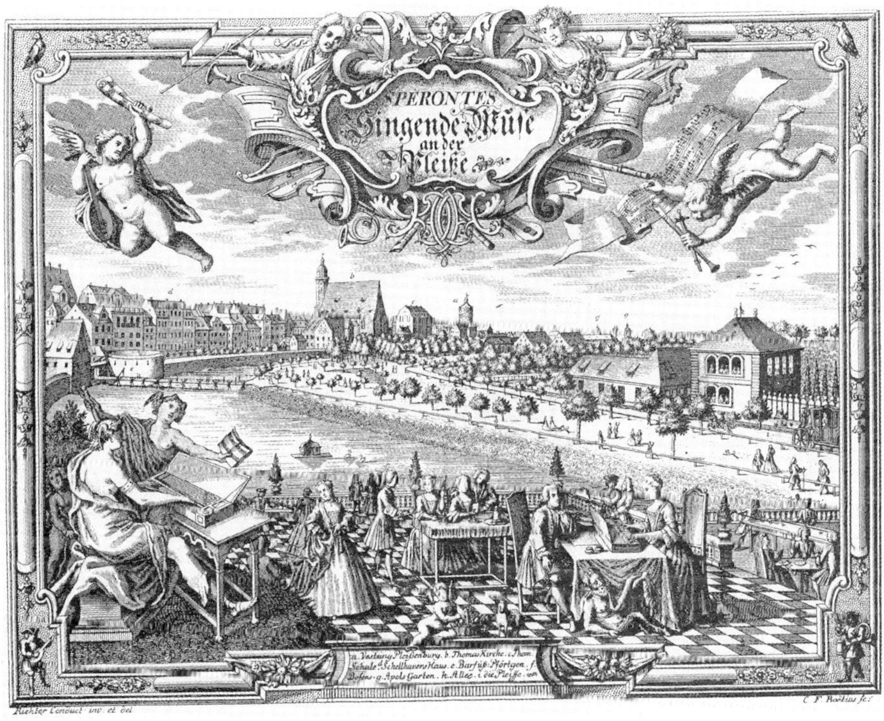

dem Rat der Stadt Johann Sebastian Bach als geeigneten Anwärter.

Nachdem mit Johann Friedrich Fasch der letzte Mitbewerber abgewinkt hatte, konnte Bach endlich am 5. Mai 1723 den Vertrag des Thomaskantors unterschreiben, in dem – vom „hochweisen Rat der Stadt Leipzig" in 14 Punkten minuziös aufgelistet – seine Dienstaufgaben festgelegt sind. In Paragraph 2 erklärte sich Bach dazu bereit, „die Musik in den beiden Hauptkirchen dieser Stadt nach meinem besten Vermögen in gutes Aufnehmen zu bringen". Allzu hoch waren die Erwartungen des Rates offensichtlich nicht, wie eine Äußerung des Appelations-Raths Plaz vom 9. April 1723 zu Bachs Einstellung nahelegt: „Da man die besten nicht bekommen könne, müsse man mittlere nehmen", gab der Herr zu Protokoll, dem nicht aufgegangen war, dass die Stadtväter gerade eine der glücklichsten Entscheidungen in der Leipziger Kulturgeschichte getroffen hatten.

Im Mai 1723 vermerkte eine Leipziger Zeitung: „Am vergangenen Sonnabend (22. 5.) zu Mittage kamen 4. Wagen mit Haus-Rath beladen von Cöthen allhier an, so dem gewesenen dasigen Fürstl. Capell-Meister, als nach Leipzig vocirten Cantori Figurali, zugehörten. Um 2 Uhr kam er selbst nebst seiner Familie auf 2. Kutschen an." Die Kutschen fuhren zum Thomaskirchhof und hielten direkt an der Stadtmauer vor dem Gebäude der Thomasschule, in dem die Bachfamilie die Kantorenwohnung bezog. Durch die Pforte gelangte man schnell zur Pleiße und in die reizvoll gelegene westliche Vorstadt, die Bach von seiner „Componierstube" im Obergeschoss aus gut überblicken konnte. Leichten Herzens hatte Bach den Wechsel nicht vollzogen, denn – so schreibt er später in einem Brief – anfänglich wollte es ihm „gar nicht anständig seyn, aus einem Capellmeister ein Kantor zu werden". Dass er auf diverse fürstliche Kapellmeistertitel mehr Wert legte als auf den Kantor, den er bei Unterschriftsleistungen häufig zuletzt angab, hat nichts mit einer etwaigen Distanz zu den kirchenmusikalischen Aufgaben zu tun. Vielmehr wollte Bach mit der damit verbundenen Autorität seinen Handlungsspielraum gegenüber den städtischen und kirchlichen Arbeitgebern vergrößern. Außerdem fühlte er sich wohl ein wenig geschmeichelt durch diese wohlklingenden Titel. Bachs Amt als „Director Chori Musices Lipsiensis u. Cantor zu S. Thomae“ war in eine komplizierte Hierarchie eingebunden. Seine vorgesetzte Behörde war der Rat der Stadt, gleichzeitig unterstand er aber auch dem Konsistorium, also der Kirchenbehörde. Sein direkter Chef war der Direktor der Thomasschule, der jedoch – wie auch der Rat und das Konsistorium – dem Dresdner Hof bzw. dessen Leipziger Gouverneur unterstand. Nach dem Rektor und dem Konrektor nahm der Kantor den dritten Rang im Lehrkörper der Thomasschule ein. Das bedeutete u. a., dass er auch Lehraufträge – nämlich die Erteilung von Religions- und Lateinunterricht – wahrzunehmen hatte. Obwohl Bach keine akademische Hochschulausbildung vorweisen konnte, sollte ihm dies als Absolvent der renommierten Lüneburger Lateinschule und als theologisch Interessiertem kaum fachliche Schwierigkeiten bereiten.

Doch Pädagogik – das hatte sich schon in Arnstadt gezeigt – war seine Sache nicht. So delegierte er den Lehrauftrag an einen Untergebenen, den er dafür bezahlte. Mit großem Engagement widmete sich Bach stattdessen seinen eigentlichen Aufgaben, nämlich der Kir-

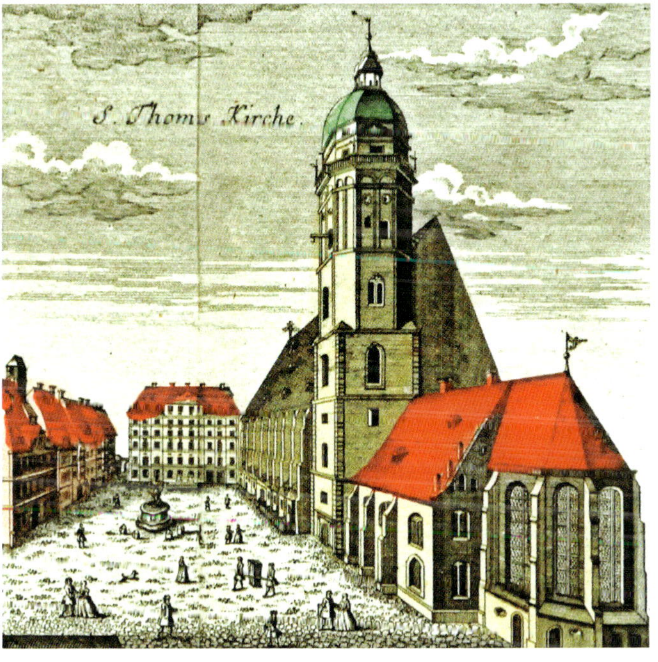

Als Hauptwirkungsstätte von Johann Sebastian Bach und Heimat des Thomanerchores ist die Leipziger Thomaskirche, hier auf einer Darstellung aus dem 18. Jahrhundert, weltberühmt. Oft wird Bach einfach nur als der *Thomaskantor* bezeichnet.

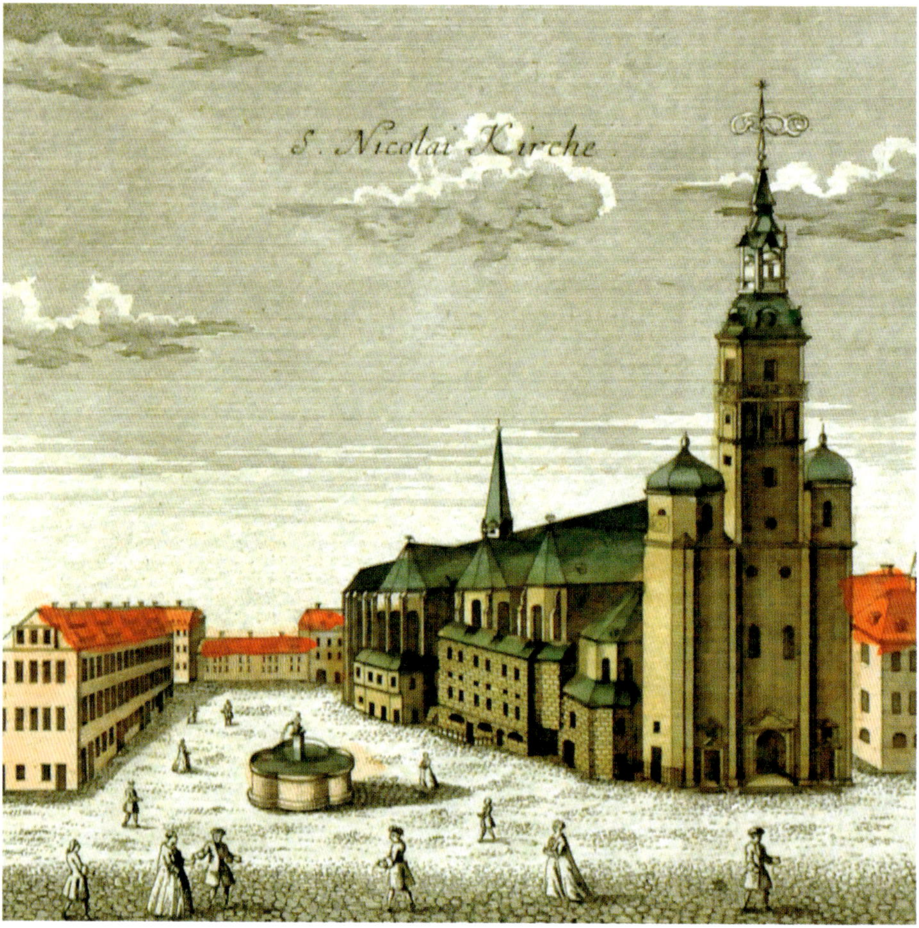

chenmusik in den beiden Leipziger Hauptkirchen St. Thomas und St. Nikolai.

Hier führte er nun im Wechsel Motetten, Kantaten und Oratorien auf. Dabei konnte er zwar auch auf Werke von Zeitgenossen zurückgreifen, doch er komponierte vor allem eigene Werke für diesen Zweck. Kein Wunder also, dass in Bachs ersten Leipziger Jahren das Kantatenschaffen im Vordergrund stand: 1724 erklang zum ersten Mal die Johannespassion, 1729 die Matthäuspassion und 1731 die nur fragmentarisch erhaltene Markuspassion; 1734 folgte das Weihnachtsoratorium. Außer diesen Werken komponierte Bach zahlreiche Kantaten, die an den einzelnen Sonntagen des Kirchenjahrs ihren festen Platz innerhalb der liturgischen Ordnung des Got-

Die Nikolaikirche und der Nikolaikirchhof im Jahr 1749. Bach war für die Musikpflege sowohl in St. Thomas als auch in St. Nikolai zuständig. Die Nikolaikirche gewann im Herbst 1989 als einer der wichtigsten Schauplätze der Friedlichen Revolution der DDR weltweite Bekanntheit.

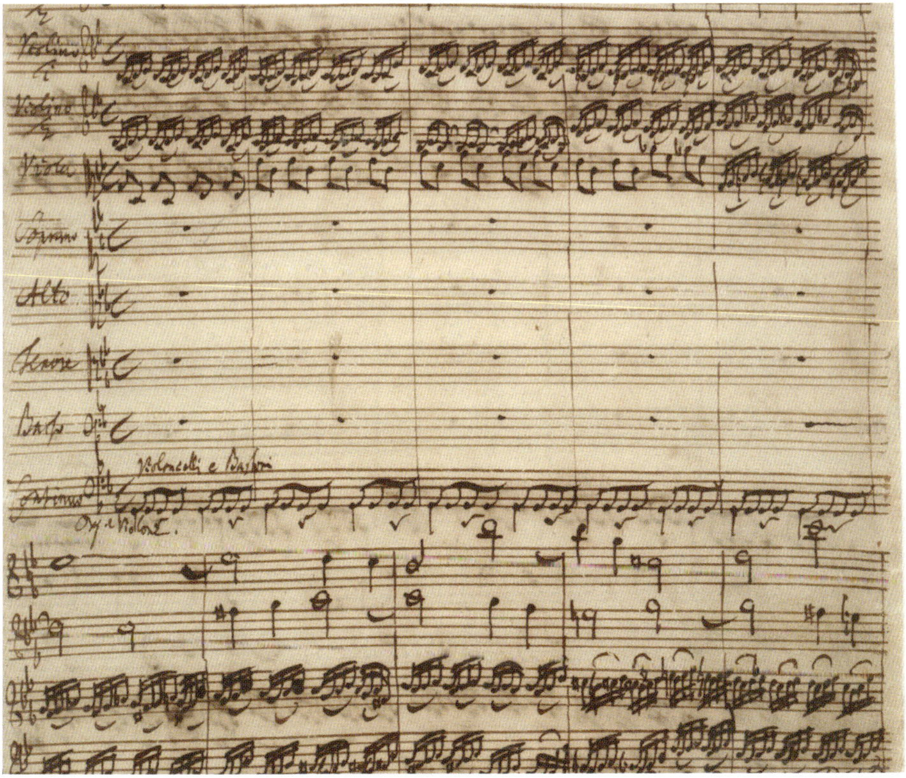

Johann Sebastian Bachs eigenhändige Partitur seiner Passionsmusik nach dem Evangelisten Johannes, die 1724 zum ersten Mal erklang und die in seinen Leipziger Jahren erschaffen wurde.

tesdienstes haben. Dabei bediente er sich auch des sogenannten Parodieverfahrens, das heißt, er benutzte Teile – Arien, Rezitative oder Chöre –, die er zuvor für weltliche Kantaten komponiert hatte, erneut indem er ihnen einen geistlichen Text unterlegte und sie uminstrumentierte.

So hatte er etwa die berühmte Alt-Arie „Bereite dich Zion" aus dem Weihnachtsoratorium ursprünglich für die weltliche Kantate „Herkules am Scheidewege" geschrieben und ihr einen völlig anderen Charakter verliehen. Diese musikalische Zweitverwertung war damals eine ganz übliche Praxis, zu der Bach auch in Anbetracht der Fülle seiner Kompositionsaufträge gar keine Alternative hatte. „Dramma per musica" überschrieb Bach zahlreiche seiner Kantaten. Mit ihrer spannungsvollen Gestaltung, den dynamischen Chören, die von Rezitativen und emotionsreichen Arien abgelöst werden, wirken viele Bach-Kantaten – vor allem in den Passionen – ausgesprochen dramatisch, ja beinahe opernähnlich. Dabei hatte sich Bach in seinem Anstellungsvertrag ausdrücklich dazu verpflichtet, dass seine Musik nicht „opernhaft" sein dürfe. Trotz einiger Kritik ließ sich der Thomaskantor nicht davon abhalten; er hielt es mit dem Hamburger Pastor Erdmann Neumeister, der schon im Jahre 1704 die Kantate direkt mit der Oper verglichen hatte.

Neben seiner kirchenmusikalischen Arbeit schrieb er – allerdings gegen zusätzliche Honorierung – Kantaten für Jubiläen von Universitätsangehörigen und alle möglichen anderen weltlichen Anlässe. Für seine sakralen Kantaten und Oratorien benutzte er zunächst die Lutherbibel als Textgrundlage. Die Choräle entnahm er vielfach den damals gebräuchlichen Dresdner und Leipziger Gesangbüchern, während er sich weitere Texte – u.a. für die Arien – von zeitgenössischen Dichtern schreiben ließ.

Neben dem Hamburger Theologen Erdmann Neumeister waren dies nun vor allem Leipziger Poeten, unter ihnen in erster Linie der Hobby-Dichter Christian Friedrich Henrici, dem man leider keine überdurchschnittliche poetische Begabung bescheinigen kann. Henrici, der im Hauptberuf zunächst als „Oberpostsekretär" und später als „Kreis-, Land- und Stadt-Tranksteuereinnehmer" tätig war, veröffentlichte unter dem Pseudonym „Picander" allerlei Gelegenheitsgedichte und schrieb die Texte für die meisten Bach-Kantaten, u. a. auch für die Matthäuspassion.

Neben St. Thomas und St. Nikolai war Bach auch für die – allerdings sehr viel bescheidenere – Kirchenmusik in der Neuen Kirche und der Peterskirche zuständig. Kraft seines Amts fühlte er sich auch zur musikalischen Leitung der akademischen Feiern und Gottesdienste in der Universitätskirche St. Pauli berechtigt. Da diese Aufgabe inzwischen von dem Universitätsorganisten Johann Gottlieb Görner wahrgenommen wurde, versuchte Bach sich sein Recht mit mehreren Eingaben zu erstreiten. Das blieb nicht der einzige Streitfall in Bachs langer Leipziger Dienstzeit. Das Verhältnis zu den Rektoren der Thomasschule war sehr unterschiedlich. Während er mit Johann Heinrich Ernesti (bis 1729) trotz mancher Konflikte einigermaßen gut auskam und Johann Matthias Gesner (1730 bis 1734) sogar außerordentlich schätzte, zog der Amtsantritt Johann August Ernesti d.J., der 22 Jahre jünger als Bach war, im Jahr 1734 eine Menge Konflikte nach sich.

Ausgangspunkt waren fundamentale Meinungsverschiedenheiten im Hinblick auf die Stellung der Musik innerhalb der schulischen Ausbildung. Bach räumte der Musik natürlich einen hohen Stellenwert ein und konnte sich dabei auch auf Luther berufen, der der Musik nach der Theologie den „nächsten Locum und höchste Ehre“ zugesprochen hatte. Für den Theologie- und Philosophieprofessor Johann August Ernesti war Musik dagegen nur eine Beigabe zum Gottesdienst. Wenn er die Thomasschüler beim Üben oder Musizieren antraf, fragte er sie spöttisch, ob sie etwa Bierfiedler werden wollten. Über diese Geringschätzung war Bach erzürnt, und eifersüchtig wachte er nun darüber, dass seine wirklichen – und vermeintlichen – Rechte nicht beschnitten würden. Das führte zu einer Menge unerquicklicher Streitereien, die sich jahrelang hinzogen.

Um im ständigen Streit mit dem Leipziger Rat eine bessere Position zu erlangen, suchte Bach mehrfach Schützenhilfe bei seinem Landesherrn in Dresden. So bemühte er sich bei Friedrich August II., der 1733 seinem Vater, August dem Starken, auf den Thron gefolgt war, um den Titel eines „Compositeur bey Sero HoffKapelle Ihrer Königlichen Majestät in Pohlen und Churfürstlichen Durchlaucht zu Sachsen etc.“. Bach war im Umgang mit Fürsten geübt, er beherrschte die Hofetikette, und seine Briefe an den sächsischen Kurfürsten waren in der zeitüblich gestelzten Unterwürfigkeit formuliert. In seiner Korrespondenz mit dem Leipziger Rat befleißigte er sich eines weit weniger devoten Tons und ließ sogar recht schroffe Töne einfließen.

Doch wäre es falsch, Bach deshalb als übertrieben autoritätsgläubig anzusehen. Er war vielmehr ein guter Taktiker, der seinen Wert einzuschätzen vermochte und das Machtgefälle zwischen Dresden und Leipzig geschickt auszunutzen verstand. 1733 hatte er das *Kyrie* und das *Gloria* der h-Moll-Messe dem sächsischen Landesherrn gewidmet und den nach Dresden geschickten Noten seinem Titelgesuch als Hofkomponist beigelegt. Es bedurfte allerdings eines weiteren Gesuchs, bis der Kurfürst Bach den ersehnten Titel verlieh.

Auch später – im Streit um den von Thomasschulrektor Ernesti gegen Bachs Willen abgesetzten Chorpräfekten – wandte sich der Thomaskantor an seinen Landesherrn. August sollte endlich die leidige Angelegenheit als Chefsache in die Hand nehmen – und in Bachs Sinne beenden. Um seinen Kurfürsten entsprechend zu motivieren, widmete Bach ihm sogar eine Geburtstags-Kantate, deren Text an schmeichelnder Deutlichkeit nichts zu wünschen übrig ließ: „August lebe, lebe König." Letztlich hatte jedoch Ernesti als Bachs Vorgesetzter in der Schulhierarchie die besseren Karten, auch wenn das zulasten der musikalischen Qualität ging und den Thomaskantor tief verletzte.

Doch Bach fuhr nicht nur aus taktischen Gründen mehrfach nach Dresden, das zu den glanzvollsten Barockresidenzen Europas zählte. Nicht allein Architektur, Bildende Künste und Kunsthandwerk, sondern auch die Musik trugen zum Glanz der Stadt an der Elbe bei. Im Jahr 1548 wurde die Dresdner Hofkapelle – die heutige Sächsische Staatskapelle – gegründet. 1617 trat Heinrich Schütz dort sein Amt als Hofkapellmeister an, zehn Jahre später führte er mit seiner „Dafne" die erste deutsche Oper auf. Deutsche Opern und deutsche Musik wurden in Dresden besonders gefördert, manchmal auch mit repressiven Mitteln: 1694 entließ August der Starke alle „italienischen Musici", was aber folgenlos blieb. Sie kehrten nämlich bald zurück und führten die italienische Oper in Dresden zu besonderer Blüte.

Neben dem italienischen Kapellmeister und Komponisten Antonio Lotti und dem Sachsen Johann David Heinichen musizierten zeitweise auch Georg Philipp Telemann und Georg Friedrich Händel in Dresden. 1731 kam der „ungekrönte König der italienischen Oper in Deutschland", der Komponist Johann Adolph Hasse, in die sächsische Residenz. Gemeinsam mit seiner Frau, der legendären Mezzosopranistin Faustina Hasse-Bordoni, prägte er die Oper, die wichtiger Bestandteil der höfischen Festkultur wurde und deren Prachtentfaltung im augusteischen Zeitalter berühmt wurde.

Obwohl Bach selbst keine Opern schrieb, wusste er das Musiktheater zu schätzen. „Friedemann, wollen wir nicht die schönen Dresdner Liederchen einmal wieder

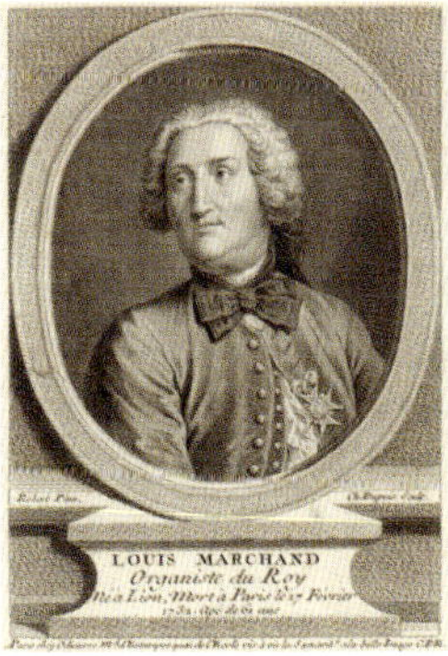

Der französische Organist Louis Marchand (1669-1732) war ein Star in der Pariser Musikszene. Der musikalische Wettstreit mit Johann Sebastian Bach in Dresden, dem er sich 1717 letztlich durch sein Nichterscheinen entzogen haben soll, ist zwar eine schöne Geschichte, für die es aber nur eine relativ dünne Quellenlage gibt.

hören", sagte er zu seinem Sohn Wilhelm Friedemann, der später an der Dresdner Sophienkirche Organist wurde, bevor er mit ihm zum Opernbesuch nach Dresden aufbrach. Auch Bach selbst musizierte gelegentlich hier. Berühmt wurde der Wettstreit mit dem französischen Virtuosen Louis Marchand im Herbst 1717. Der 16 Jahre jüngere Bach sollte gegen den berühmten Franzosen zu einem Cembalo-Wettstreit antreten. Doch zur verabredeten Zeit warteten er und zahlreiche Neugierige vergeblich auf den Gegner im Palais des Grafen von Flemming. Marchand, dem Bachs Virtuosität zu Ohren gekommen zu sein schien, hatte es vorsichtshalber vorgezogen, auf den Wettstreit zu verzichten. Er habe Dresden rechtzeitig „mit der geschwinden Post" verlassen. Eine wirklich schöne und oft erzählte Geschichte, aber ob sie sich wirklich genau so zugetragen hat, ist leider nicht gesichert.

Kurz nach der Einweihung der Silbermann-Orgel in der Dresdner Frauenkirche gab Bach am 1. Dezember 1736 ein großes Orgelkonzert, das – wie die Chronik vermerkt – von vielen Prominenten und Künstlern mit großer Bewunderung gehört wurde. Zum Publikum gehört auch Reichsgraf Hermann Carl von Keyserlingk, der russische Gesandte am sächsischen Hof. In seinem Auftrag schrieb Bach die „Goldberg-Variationen". Der Name bezieht sich auf Johann Gottlieb Goldberg, der im Dienst von Keyserlingk stand und Schüler von Wilhelm Friedemann Bach war. Goldberg soll angeblich mit diesem Klavierwerk seinen Protektor, den Grafen Keyserlingk, in dessen schlaflosen Nächten unterhalten haben.

In Dresden sind nahezu alle Spuren Bachs verwischt worden. Zwar stehen der Zwinger und das Residenzschloss wieder, doch die kriegszerstörte Sophienkirche wurde 1963 auf Anordnung der SED abgerissen. Erst seit 2020 erinnert die Gedenkstätte „Denkraum Sophienkirche" am früheren Standort an den Sakralbau, in dem Bach 1725 in „Prœludiis und diversen Concerten mit unterlauffender Doucen Instrumental-Music in allen Tonis über eine Stunde lang" auf der Silbermann-Orgel musiziert hatte.

Ebenso verschwunden ist das barocke Flemmingsche Palais, in dem Bach vermutlich einst vergeblich auf Marchand wartete. Es war schon 1760 im Siebenjähri-

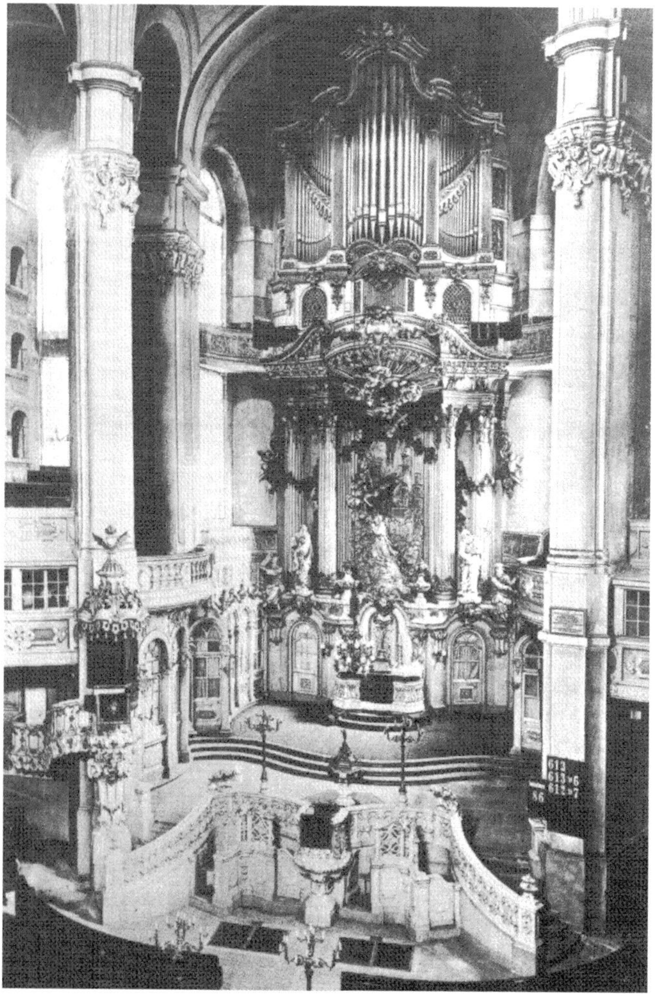

Die Silbermann-Orgel in der Dresdner Frauenkirche, auf der Bach schon kurz nach ihrer Einweihung 1736 musizierte, auf einem historischen Foto. Zusammen mit der Kirche wurde die Orgel beim Bombenangriff am 13. Februar 1945 zerstört.

gen Krieg stark beschädigt und anschließend abgerissen worden. Doch mit dem 2005 vollendeten Wiederaufbau der barocken Frauenkirche ist Bachs wohl wichtigste Dresdner Wirkungsstätte wiedererstanden. Die berühmte Silbermann-Orgel ist allerdings im Inferno vom 13. Februar 1945 verbrannt und damit für immer verloren. Der barocke Prospekt wurde rekonstruiert, dahinter befindet sich ein Instrument der Orgelbaufirma Kern aus dem elsässischen Straßburg.

Aber zurück nach Leipzig. Zusätzlich zu seinen kirchenmusikalischen Verpflichtungen übernahm der Thomaskantor dort 1729 auch die Leitung des von Georg

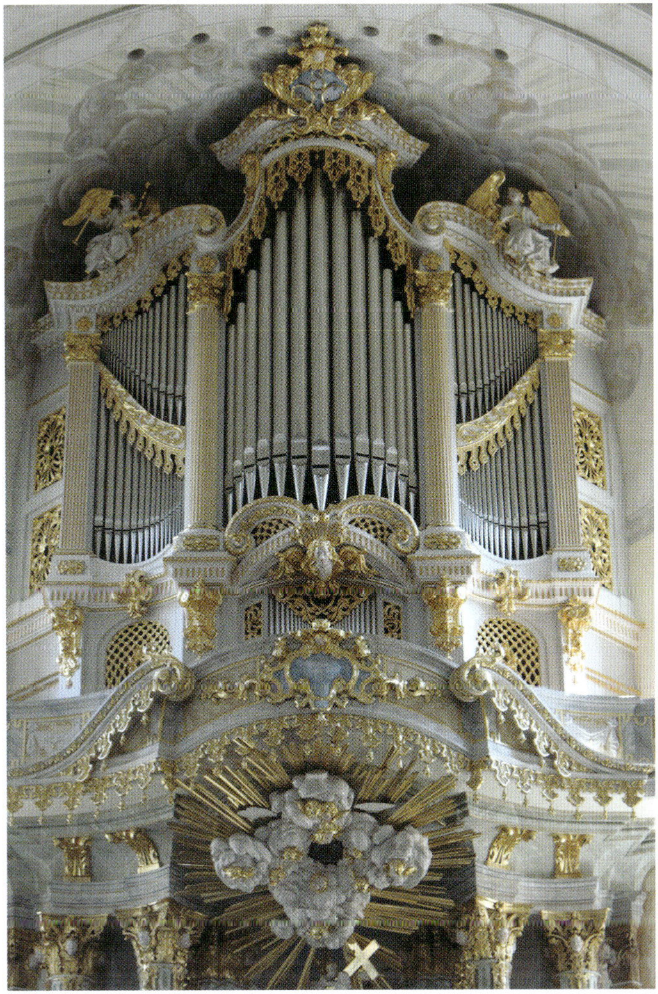

Der Prospekt der Orgel in der wiederaufgebauten Dresdner Frauenkirche entspricht zwar weitgehend ihrer berühmten Vorgängerin, doch es handelt sich keineswegs um eine Rekonstruktion. Die neue Orgel aus dem Jahr 2005 stammt von dem Straßburger Orgelbauer Daniel Kern und umfasst 4873 Pfeifen.

Philipp Telemann gegründeten Collegium Musicum, dem neben städtischen Musikern musikbegeisterte Studenten angehörten. Mit den Konzerten, die im Zimmermannschen Kaffeehaus, einem im Krieg zerstörten Barockgebäude, auf der Leipziger Katharinenstraße stattfanden, begründete Bach eine Tradition, aus der später das Gewandhausorchester hervorging.

Von 1723 bis 1750 wirkte Johann Sebastian Bach als Thomaskantor in Leipzig. In dieser mit 27 Jahren am längsten andauernden Lebensperiode war die spätgotische Thomaskirche seine Hauptwirkungsstätte. Für den Thomanerchor, der hier, außer in Ferienzeiten, regelmäßig mit den Motetten und in den Gottesdiensten zu hören ist, gehört die Pflege des Bachschen Erbes zu den wichtigsten Aufgaben. Das reich verzierte Portal an der Westseite hat Bach selbst nie gesehen. Es wurde erst 1880 bis 1889 im Zuge der neogotischen Umgestaltung nach Entwürfen des Architekten Constantin Lipsius erbaut. Seit 2009 trägt es den Namen Mendelssohn-Portal. Nur unweit entfernt steht seit 2008 eine Replik jenes Mendelssohn-Denkmals, das die Nationalsozialisten 1936 abreißen ließen. Ursprünglich stand dieses vor dem im Zweiten Weltkrieg zerstörten Gewandhaus.

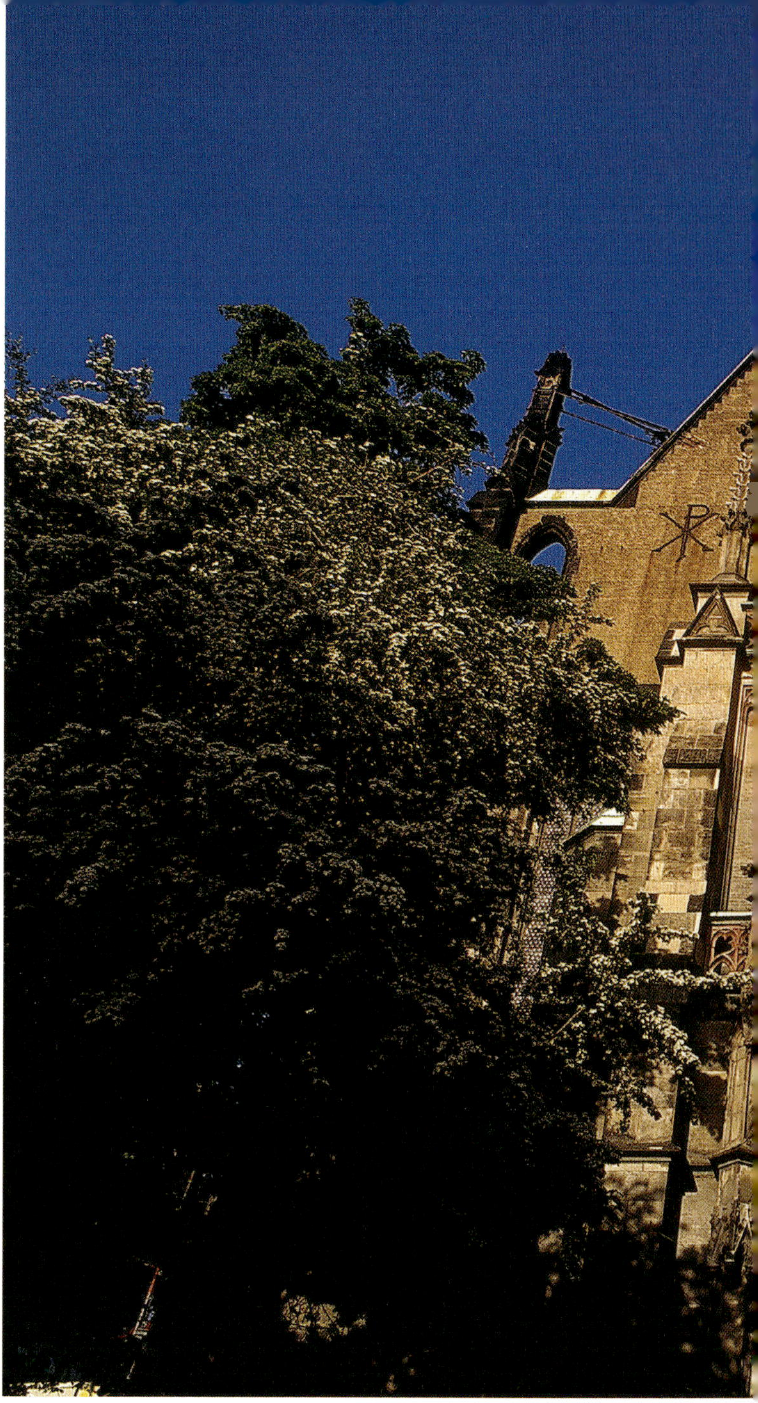

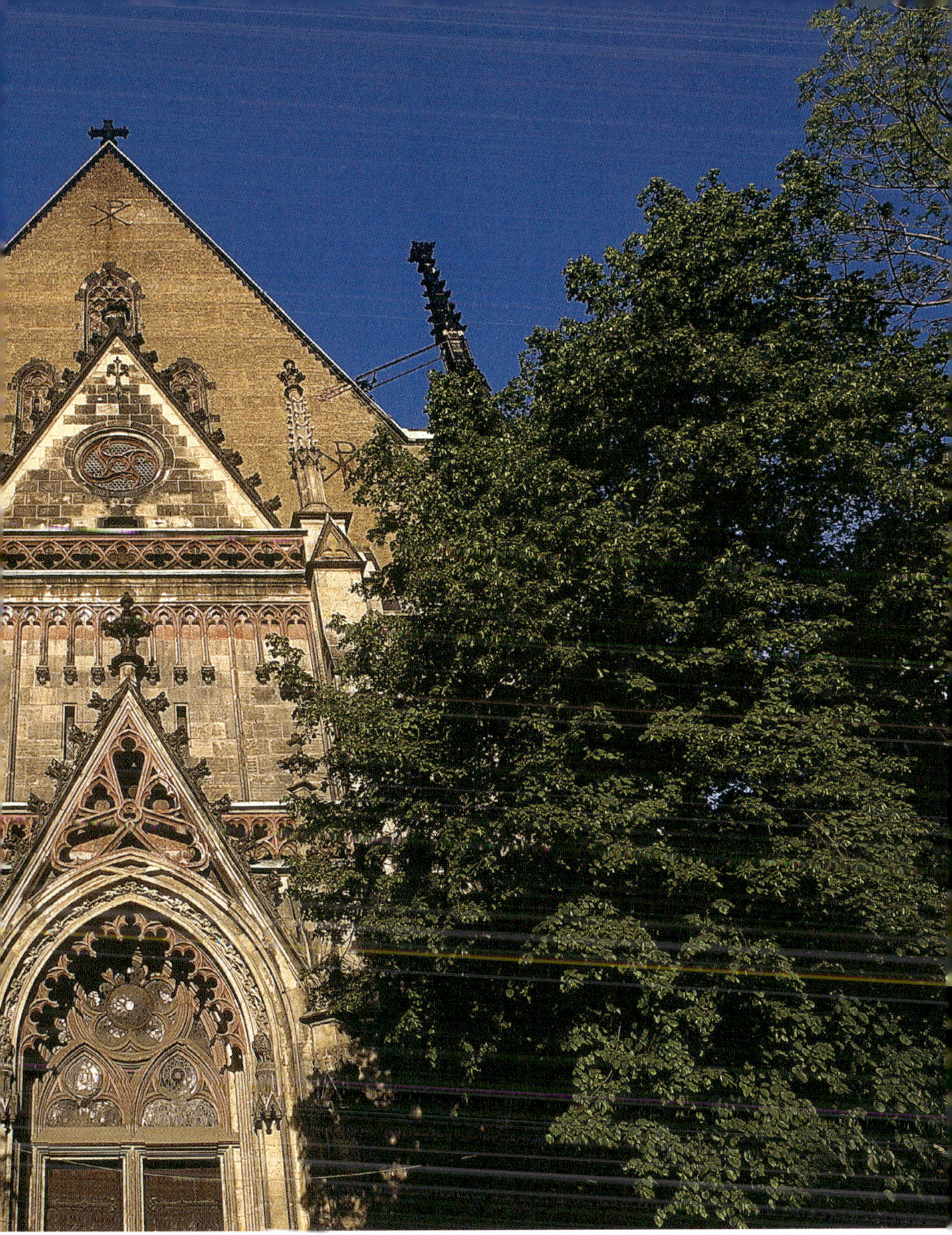

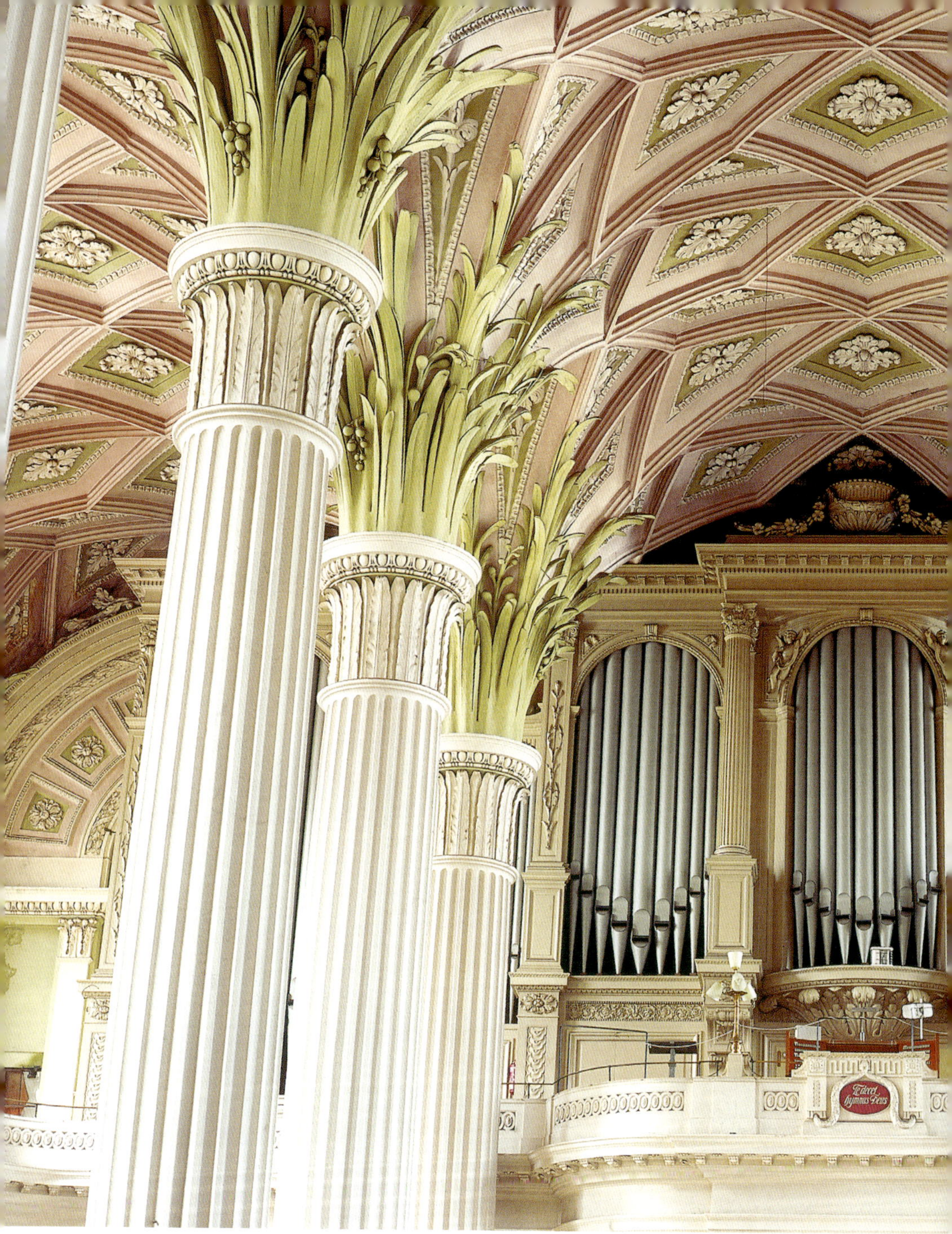

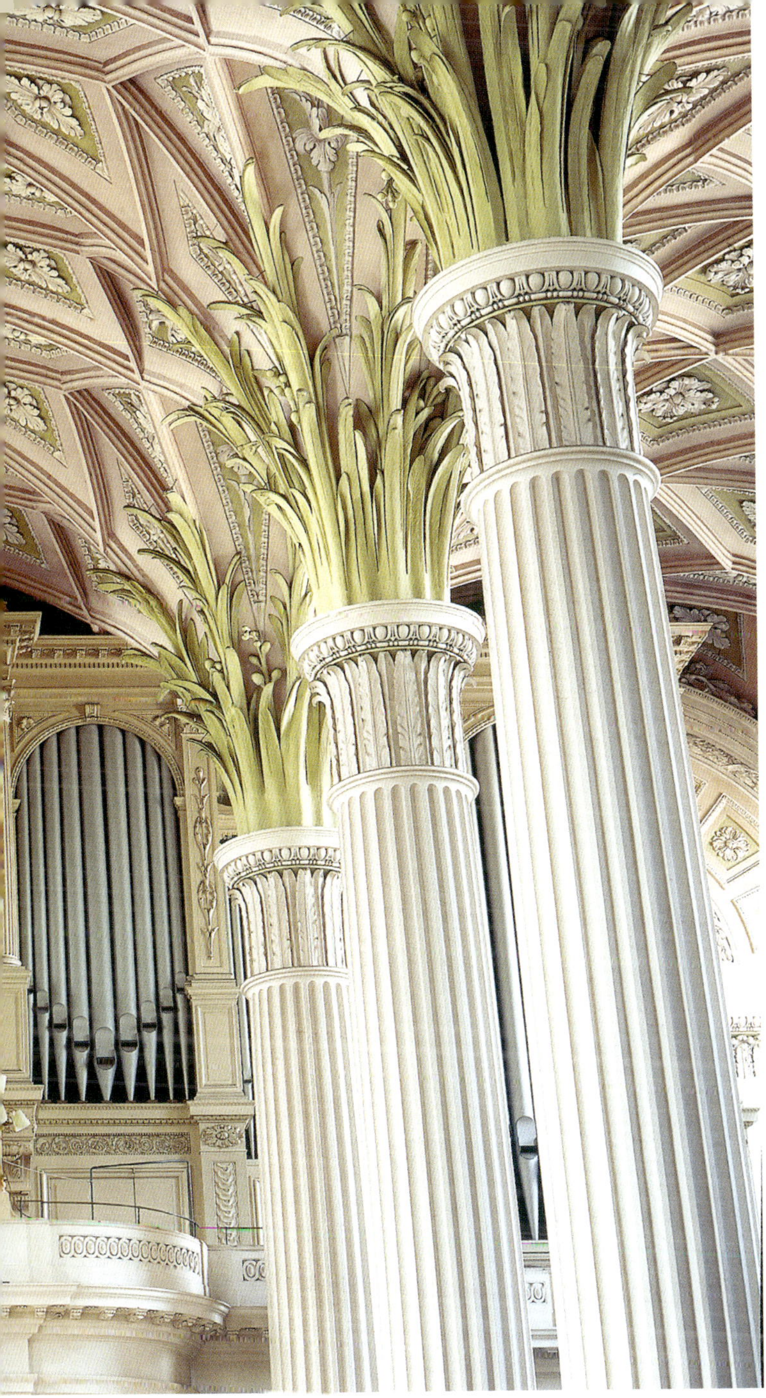

Die prachtvolle klassizistische Innengestaltung der Leipziger Nikolaikirche wurde 1797 vollendet, 47 Jahre nach dem Tod von Johann Sebastian Bach. Da er für die musikalische Gestaltung der Gottesdienste in beiden Leipziger Hauptkirchen verantwortlich war, wurden zahlreiche Werke Bachs in St. Nikolai uraufgeführt. Dazu zählt u. a. das Weihnachtsoratorium.

Schon bald nach Bachs Tod geriet sein Grab in Vergessenheit. Erst Ende des 19. Jahrhunderts konnte die Grabstelle möglicherweise aufgefunden und das Skelett des Thomaskantors nach damaligem Kenntnisstand identifiziert werden. Im Jahre 1897 wurden Bachs vermutliche sterblichen Überreste in einer Gruft der Leipziger Johanniskirche beigesetzt. Jahre nach deren Zerstörung im Zweiten Weltkrieg überführte man den Sarg an seinen endgültigen Platz im Chorraum der Thomaskirche, wo er sich seitdem unter einer schlichten Bronzeplatte befindet.

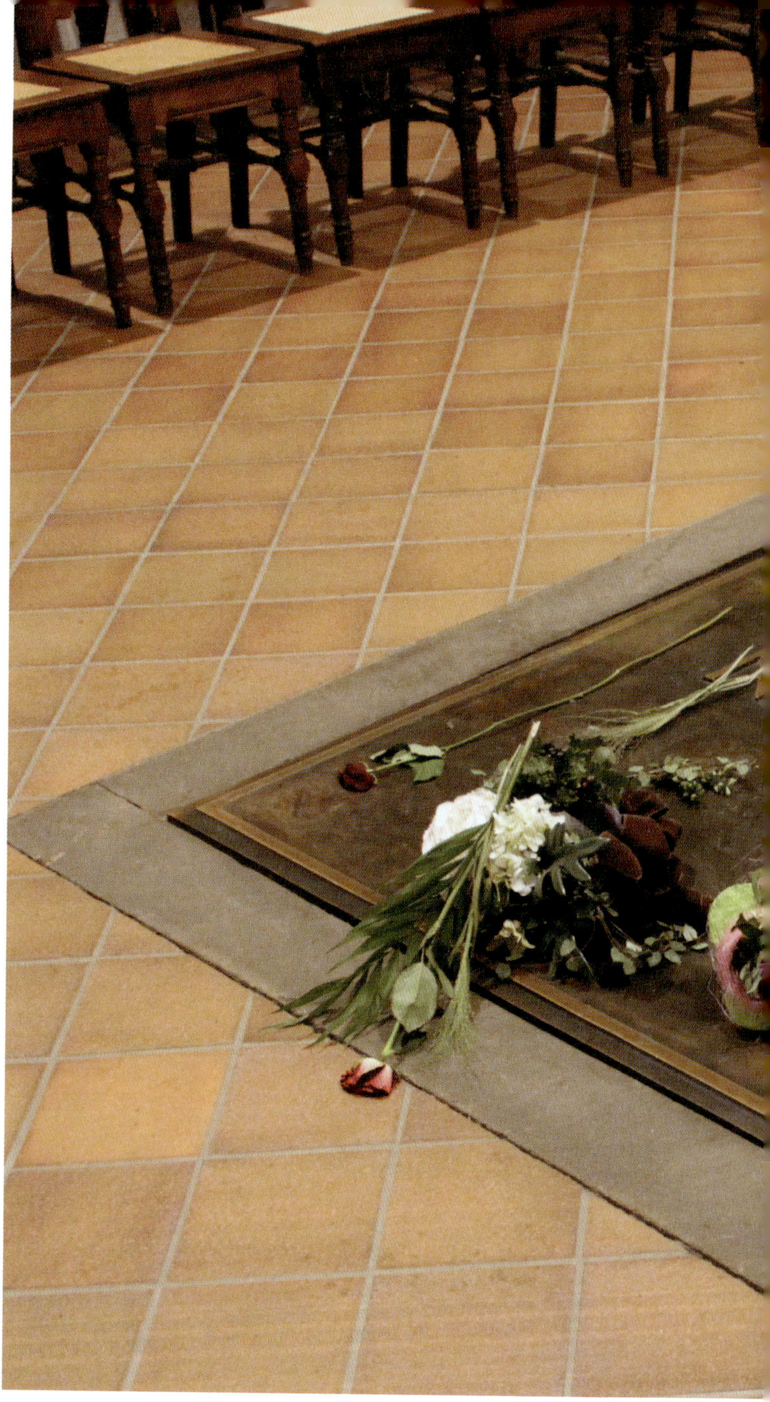

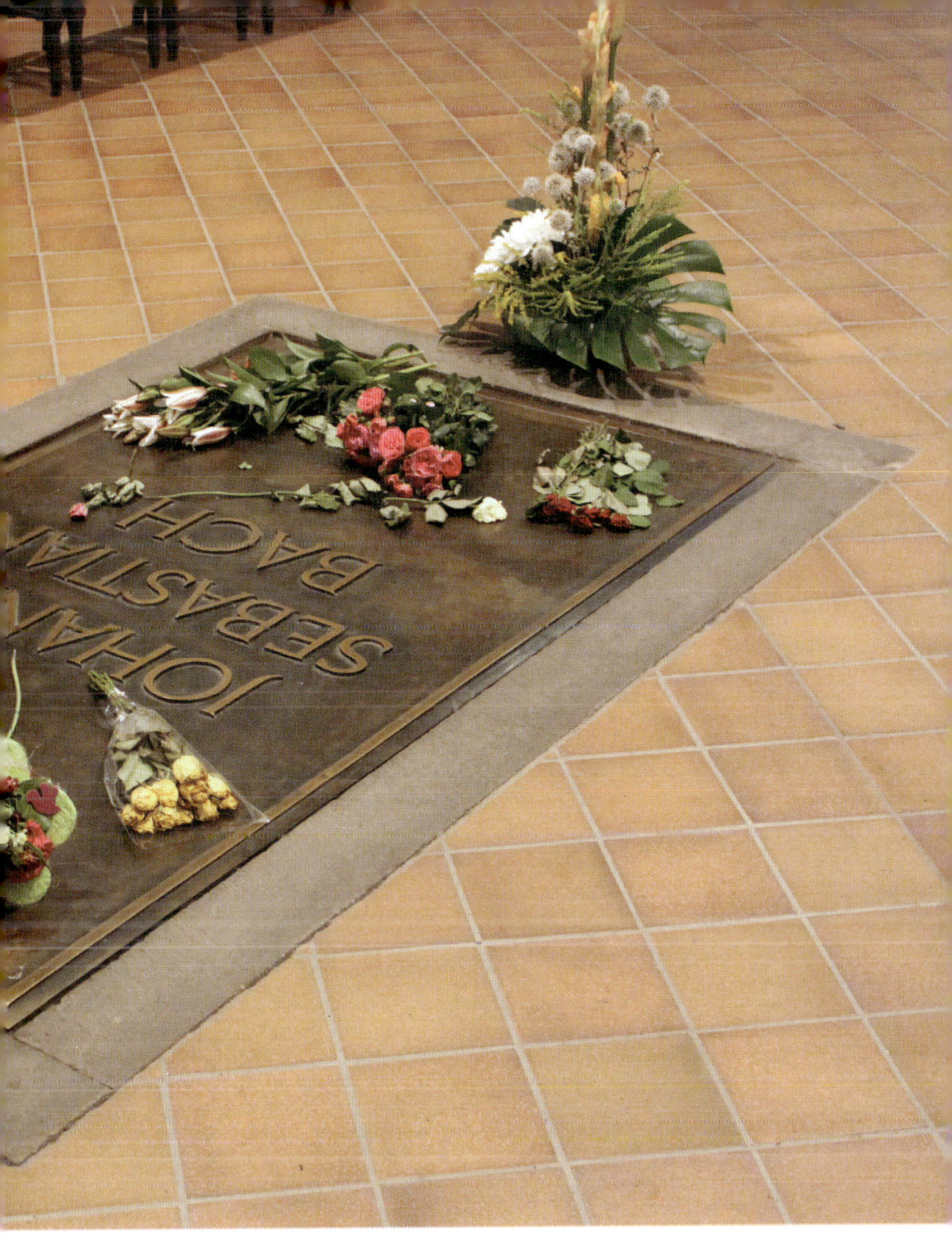
JOHAN
SEBASTIA
BACH

Potsdam
Eine letzte Dienstreise zum preußischen König: 1747

Drei Jahre vor seinem Tod unternahm Bach noch eine bedeutsame „Auslandsreise", die ihn nach Potsdam führte. Sieben Jahre zuvor hatte der preußische König Friedrich II., der auch Friedrich der Große genannt wird, seinen Vater, den amusischen „Soldatenkönig", auf dem Thron abgelöst und begonnen, aus der tristen Garnisonstadt Potsdam eine glänzende Rokokoresidenz zu formen. Bach traf nur wenige Tage dort ein, nachdem das von dem Architekten Georg Wenzeslaus v. Knobelsdorff errichtete prächtige Schloss Sanssouci eingeweiht wurde. Wie schon bei einem früheren Potsdam-Besuch wollte er seinen Sohn Carl Philipp Emanuel besuchen, der als Cembalist der preußischen Hofkapelle angehörte.

Doch inzwischen war Bach berühmt genug, dass sich Friedrich für ihn interessierte. Schließlich war der Preußenkönig auf musikalischem Gebiet außerordentlich bewandert. Er hatte neben dem Bach-Sohn mit Johann Gottlieb Graun, Franz Benda und Johann Joachim Quantz bedeutende Musiker an seinen Hof geholt. Er spielte auch selbst Flöte und komponierte Konzerte für dieses von ihm so geschätzte Instrument.

Zwischen dem 7. und 8. Mai 1747 kam es zu einer Begegnung zwischen dem preußischen König und dem sächsischen Komponisten. Friedrich zeigte Bach einige Hammerklaviere von Gottfried Silbermann und bat ihn, darauf zu spielen. Doch dann kam der König schnell zur Sache, die Wilhelm Friedrich Bach – Begleiter seines Vaters auf dieser Besuchsreise – überliefert hat: Demnach spielte Friedrich II. Bach ein Thema auf dem Cembalo vor und fordert ihn auf, „solches in Deroselben höchsten Gegenwart auszuführen".

Die Gesellschaft war aufs höchste gespannt, doch Bach lehnt zunächst mit der Begründung ab, „daß wegen Mangels nöthiger Vorbereitung die Ausführung nicht also gerathen wolle, das Thema vollkommen aus-

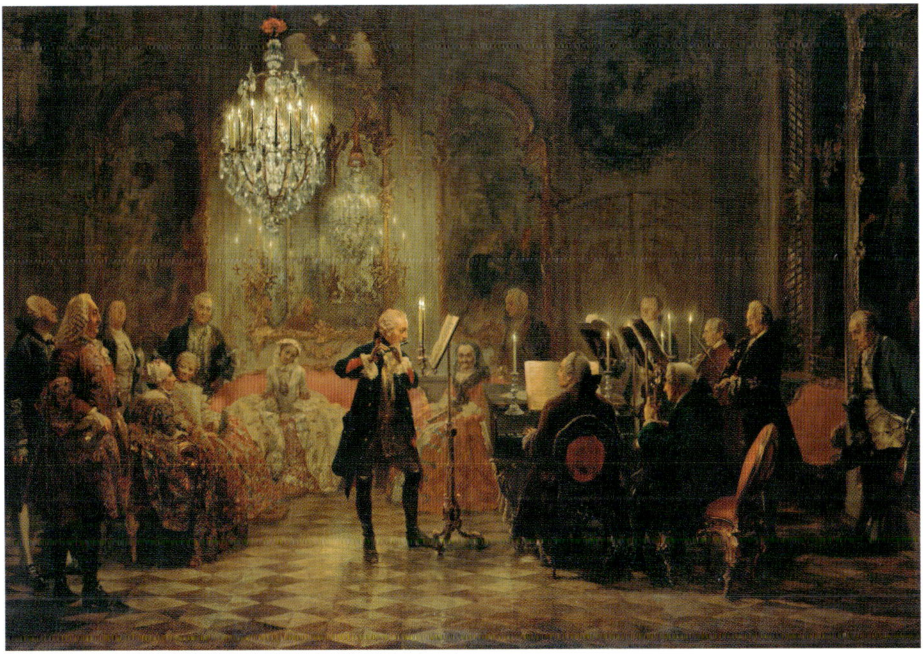

Adolph Menzels in den Jahren 1850–1852 entstandenes Gemälde „Das Flötenkonzert" hat viel zur Popularität des musikalischen Königs beigetragen. Friedrich II. spielte ausgezeichnet Flöte und komponierte mehrere Konzerte. Die Begegnung des Königs mit dem Thomaskantor war ein besonderer Glücksfall, denn daraus entstand mit dem „Musikalischen Opfer" eines von Bachs bedeutendsten Spätwerken.

zuarbeiten, und sodann der Welt bekannt zu machen". Nach Leipzig zurückgekehrt, schrieb er über das vorgegebene Thema verschiedene Sätze für unterschiedliche Besetzungen und widmet den gesamten Zyklus als „Musikalisches Opfer" Friedrich dem Großen.

Das „königliche Thema" nutzte Bach zu einer seiner kunstvollen Kompositionen. Von ganz besonderer Schönheit ist das sechsstimmige Ricercar. Viel ist über die komplizierte Struktur des Werks, zu dem man nicht so ganz leicht Zugang findet, geschrieben worden. Sicher hat Bach Vergnügen daran gefunden, dem preußischen König mit diesem Geschenk zugleich eine schwer zu bewältigende Aufgabe zu stellen. So devot das Widmungsschreiben, mit dem Bach sein „Musikalisches Opfer" Friedrich II. darbringt, auch anmutet, seine am Rande der Originalpartitur vermerkten lateinisch abgefassten Fußnoten wirken leicht ironisch. Einerseits liest man zwar „Wie der Notenwert möge auch das Glück des Königs wachsen", doch andererseits steht neben einem Kanon, bei dem der Komponist – wie eigentlich üblich – darauf verzichtet hatte, die Auflösung kenntlich zu machen, die Bemerkung: „Suchet, so werdet Ihr finden!"

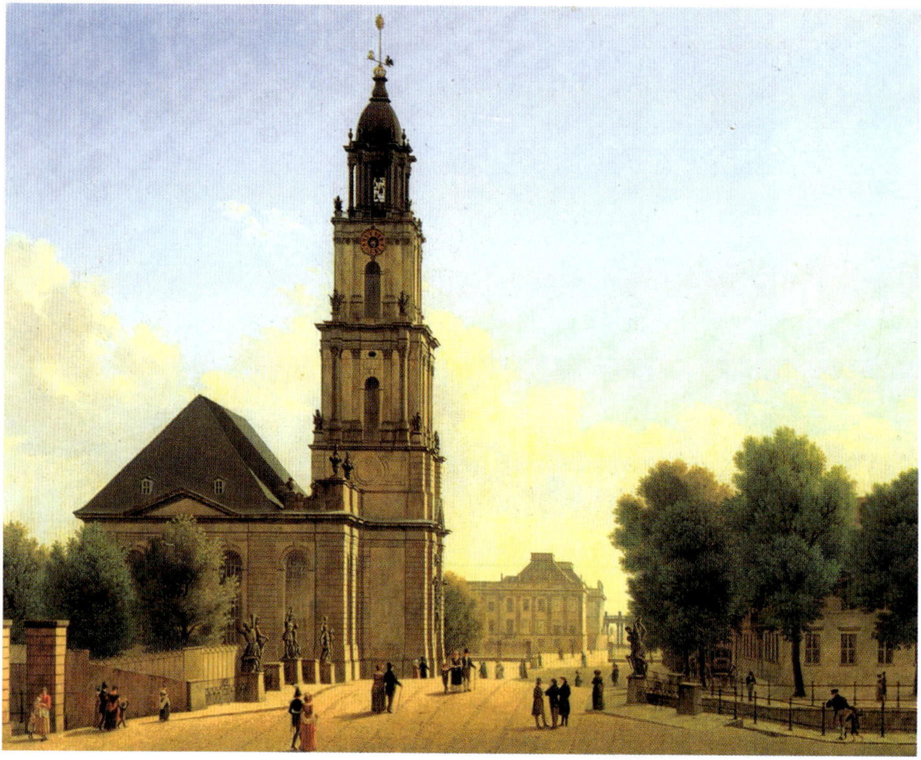

Bach hat in Potsdam auch auf den Orgeln der Heilig-Geist- sowie der Garnison- und Hofkirche musiziert. Hier ist die barocke Garnisonkirche auf einem Gemälde von Carl Hasenpflug aus dem Jahr 1827 zu sehen.

In Potsdam hat Bach auch auf den Orgeln der Heilig-Geist- und in der Garnison- und Hofkirche musiziert. Die Heilig-Geist-Kirche brannte im Zweiten Weltkrieg aus, Kirchenschiff und Turm ließ die SED-Führung aus ideologischen Gründen 1961 abreißen. Ideologische Gründe waren es auch, die 1968 zur Sprengung der Ruine der bei einem britischen Luftangriff zerstörten Garnisonkirche führte. An dem von einer Stiftung getragenen und inzwischen fortgeschrittenen Wiederaufbau der Kirche, die künftig auch als Versöhnungszentrum dienen soll, hat sich eine heftige Kontroverse entzündet. Dabei geht es nicht nur um denkmalpflegerische Fragen, sondern auch um die Rolle, die diese architekturgeschichtlich bedeutende norddeutsche Barockkirche in der Geschichte gespielt hat. So kam es am „Tag von Potsdam“ am 21. März 1933 zwischen Reichskanzler Hitler und Reichspräsident Hindenburg an den Grabstätten der preußischen Könige Friedrich Wilhelm I. und Friedrich dem Großen zum politischen Schulterschluss.

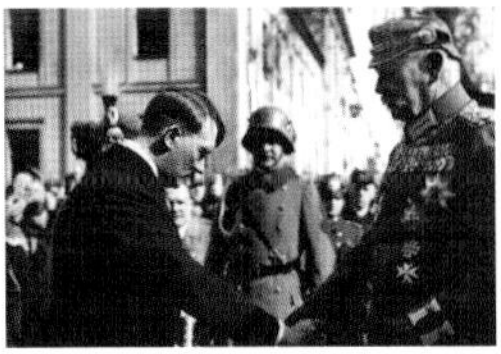

Schatten der Geschichte: Vor der Garnisonkirche kommt es am 21. März 1933, dem „Tag von Potsdam“, zwischen Reichskanzler Hitler und dem Reichspräsidenten Hindenburg zum politischen Schulterschluss.

Aber kehren wir ins Jahr 1747 zurück. Bei seinem Potsdam-Besuch hatte Bach damals auf der Joachim-Wagner-Orgel der Garnisonkirche gespielt, von deren Klang er sehr beeindruckt war. Was die Vorgeschichte des „Musikalischen Opfers“ betrifft, so ist die Quellenlage nicht eindeutig: Ob Friedrich der Große seinem Gast die musikalische Aufgabe mit dem „königlichen Thema“ im damals nagelneuen Schloss Sanssouci oder im Potsdamer Stadtschloss gestellt hat, lässt sich nicht belegen. Schloss Sanssouci blieb erhalten. In dessen prachtvollem Konzertzimmer befindet sich ein Hammerflügel von Gottfried Silbermann, der bei den Konzerten des Königs gespielt wurde. Das barocke Schloss im Zentrum der Stadt erhielt noch kurz vor Kriegsende einen Bombentreffer, brannte aus und wurde 1960 gegen den Widerstand von Potsdamer Bürgern und Denkmalpflegern auf Befehl des SED-Politbüros abgerissen. Mehr noch, man griff in den Stadtplan ein, veränderte die Straßenführung. Noch in der letzten Dekade der DDR wurde auf dem ehemaligen Schlossareal mit einem Theaterneubau begonnen, der jedoch unvollendet blieb und 1991 wieder abgerissen wurde. In den folgenden Jahren entwickelte sich in der Stadtgesellschaft und weit darüber hinaus eine heftige Debatte um einen möglichen Wiederaufbau des Schlosses. Als erster Schritt entstand auf dem Altenmarkt direkt gegenüber der Nikolaikirche das 1701 als Entree zum Stadtschloss errichtete, durch private Spenden finanzierte Fortunaportal neu. Nachdem sich in einer Volksbefragung eine relative Mehrheit der Potsdamer für den Wiederaufbau des Schlosses als Sitz des brandenburgischen Landtages ausgesprochen hatte, wurde ein entsprechender Beschluss gefasst. Eine Bürgerinitiative kämpfte für die Wiederherstellung einer historischen Außenfassade. Dass die möglich wurde und bei der Rekonstruktion auch etwa 600 originale Fragmente verwendet werden konnten, ist vor allem einer Großspende des Unternehmers Hasso Platner zu danken. Nach etwa vierjähriger Bauzeit konnte das Potsdamer Stadtschloss 2014 als Landtagsgebäude eingeweiht werden. Während die Innenräume modern gestaltet und den Bedürfnissen des Parlamentsbetriebs angepasst sind, sieht die Fassade heute wieder so aus, wie Johann Sebastian Bach sie bei seinem letzten Besuch 1747 gesehen hat.

Blick über das in seiner äußeren Form rekonstruierte Potsdamer Stadtschloss, das heute als Landtagsgebäude dient, und das Fortuna-Portal. Dahinter erhebt sich die Nikolaikirche, rechts daneben das Potsdam-Museum im Alten Rathaus und das Museum Barberini.

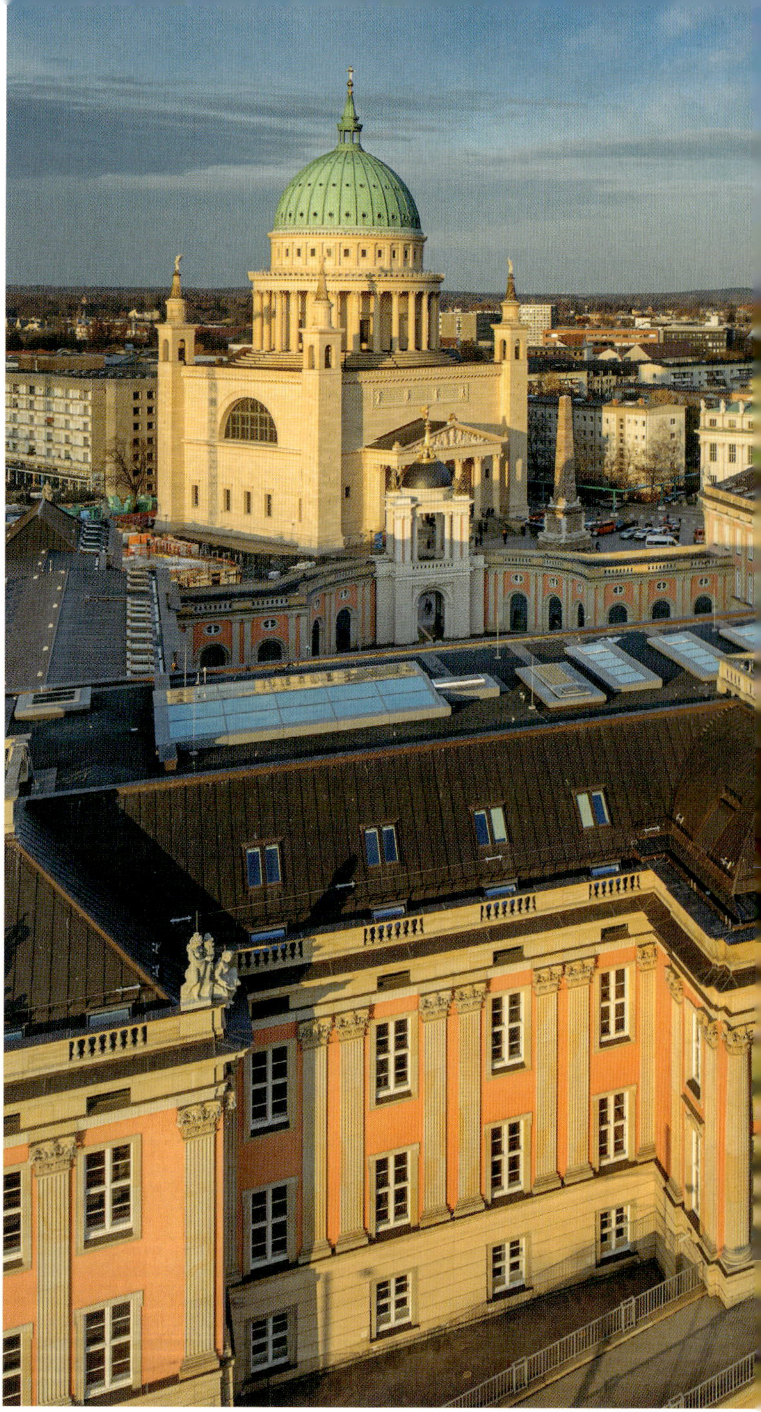

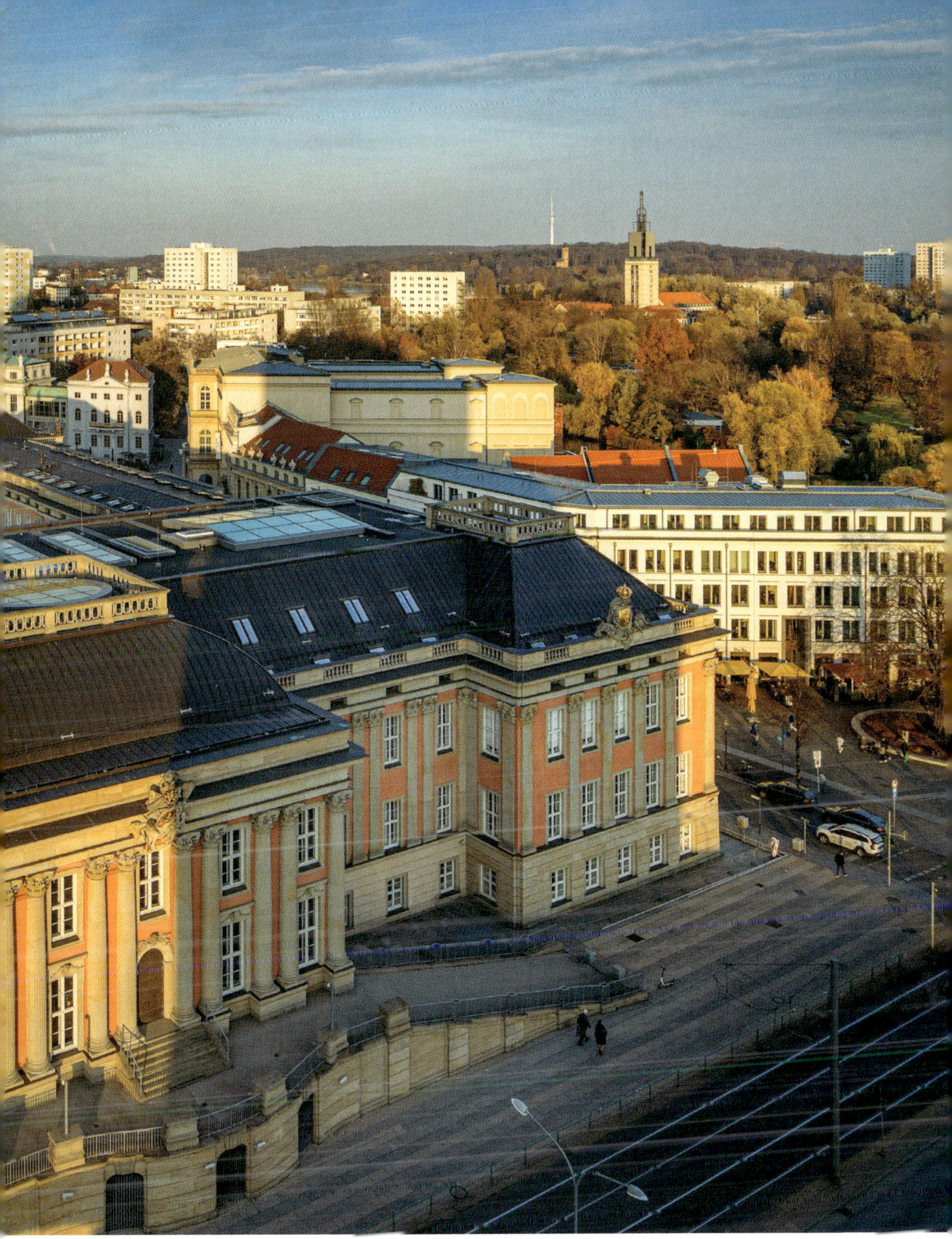

Das Lebensende

An seinem Lebensende hat Bach mit Krankheiten, vor allem wohl mit Diabetes Typ II, zu kämpfen, sodass seine Schaffenskraft merklich nachließ. Es fehlte ihm die Kraft, sein Amt in der gewohnten Weise auszuüben. Infolge einer Erblindung unterzog er sich im Frühjahr 1750 zwei ebenso schmerzhaften wie erfolglosen Augenoperationen. Über den Tod des Vaters schrieb Carl Philipp Emanuel: „Er wurde von einem Schlagfluss überfallen. Auf diesen erfolgte ein hitziges Fieber, an welchem er am 28. Julius 1750, des Abends nach einem Viertel auf neun Uhr, im sechs und sechzigsten Jahre seines Alters sanft und seelig verschied." Schlagfuß ist die altertümliche Bezeichnung für Schlaganfall.

Bach starb, ohne sein großes Spätwerk „Kunst der Fuge" vollenden zu können. Glaubt man seinem ersten Biografen Forkel, so hat er als letzte Komposition seinem Schüler Johann Christoph Altnickol den Choral „Vor deinen Thron tret' ich" vom Krankenbett aus diktiert. Da er diesen Choral nach einer Melodie aus dem 16. Jahrhundert unter dem Titel „Wenn wir in höchsten Nöten sein" schon früher bearbeitet hatte, wird es sich wohl um eine Überarbeitung mit einem, seiner persönlichen Situation entsprechenden Text gehandelt haben.

Mit 65 Jahren hatte Bach ein zu dieser Zeit überdurchschnittliches Alter erreicht. Die Lebenserwartung lag bei Männern damals nur knapp über 30 Jahre. Aber es gab Ausnahmen, so ist der im selben Jahr geborene Händel 74 und Telemann sogar 86 Jahre alt geworden.

Bachs kompliziertes Spätwerk „Die Kunst der Fuge" besteht aus 14 Fugen, die Contrapunctus genannt werden, und vier zweistimmigen Kanons. Hier ist die Notenhandschrift des Contrapunctus 1 zu sehen. Das Werk wurde nur fragmentarisch überliefert.

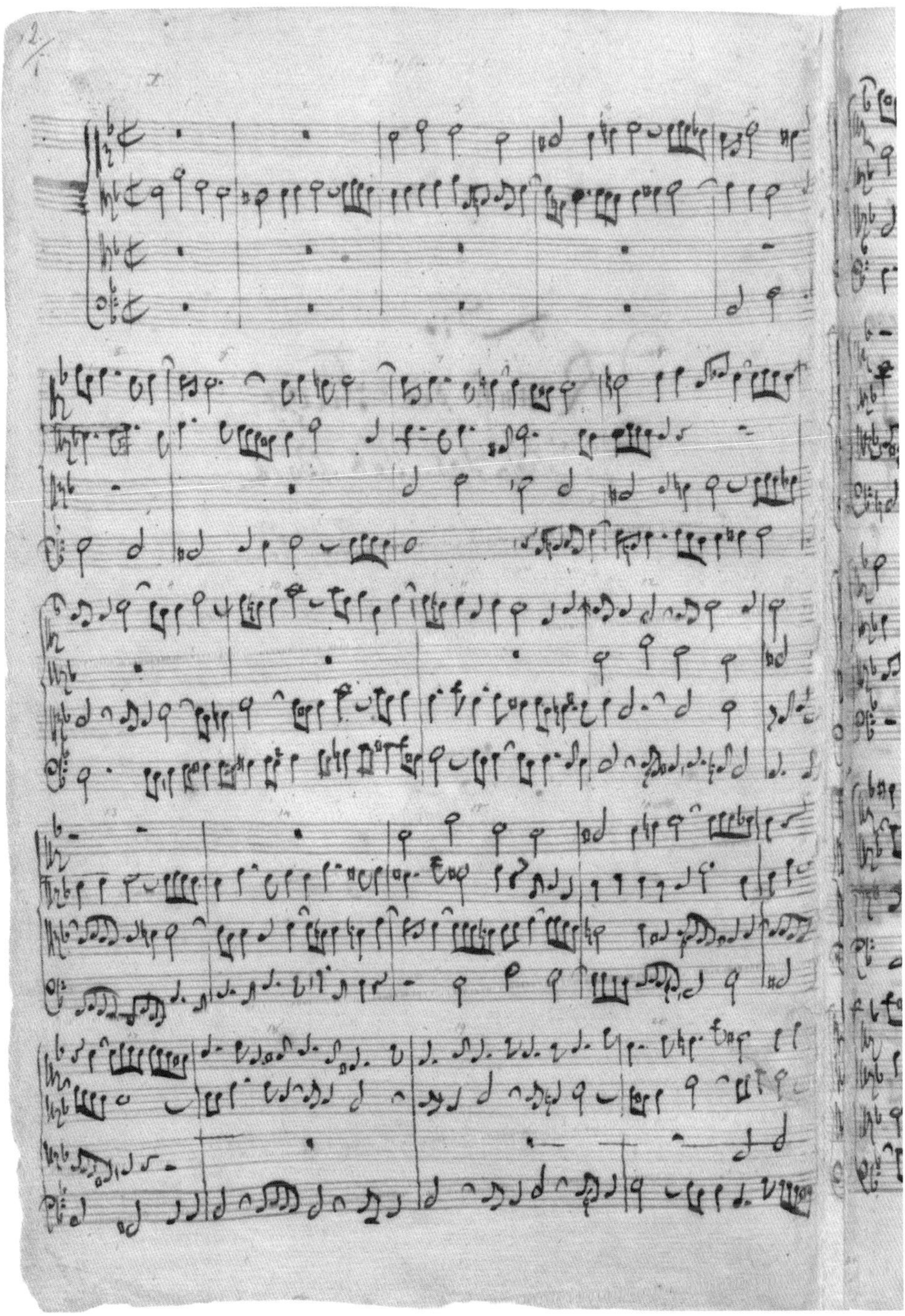

Die Frage nach dem Grab

Wenn ein Künstler wie Johann Sebastian Bach heute sterben würde, bekäme er ein Staatsbegräbnis. Daran war am 31. Juli 1750, drei Tage nach seinem Tod, gar nicht zu denken. Bach wurde mit einer würdigen, aber keineswegs besonders aufwendigen Feier auf dem Johannisfriedhof angeblich „sechs Schritte vor der Südpforte der Johanniskirche" beigesetzt. Es gibt die Legende, dass die Thomaner ihrem Kantor „jedes Jahr am Sterbetag, am 28. Juli, an dieser Stelle die Ehre erwiesen" haben. Dies sei von Generation zu Generation überliefert worden. Belege dafür lassen sich allerdings nicht finden. Es ist auch eher unwahrscheinlich, da Bachs Nachruhm erst viel später einsetzte. Überliefert ist hingegen, dass Robert Schumann 1836 vergeblich versucht hatte, das Grab zu finden. In einem Brief aus Leipzig berichtete er Folgendes: „Eines Abends ging ich nach dem Leipziger Kirchhof, die Ruhestätte eines Großen aufzusuchen; viele Stunden lang forschte ich kreuz und quer, und ich fand kein ‚J.S. Bach' –, und als ich den Totengräber danach fragte, schüttelte er über die Obskurität des Mannes den Kopf und meinte, Bachs gäbs viele."

Schumann war nicht der Einzige, der nach dem Grab fragte. Mit der um die Mitte des 19. Jahrhunderts beginnenden Bach-Renaissance wuchs das Interesse an der letzten Ruhestätte des Thomaskantors. Da die Stelle nicht überliefert worden war, ließ der Rat der Stadt Leipzig 1883 an der Mauer der Johanniskirche immerhin eine Gedenktafel anbringen. Als die Kirche neun Jahre später abgerissen wurde, begannen Experten mit einer groß angelegten Suche nach dem Grab – und am 23. Oktober 1894 fand man tatsächlich einen Eichensarg mit dem Skelett eines älteren Mannes. Sollten das die sterblichen Überreste Bachs sein?

Der aus Basel nach Leipzig berufene renommierte Anatomie-Professor Wilhelm His untersuchte Ske-

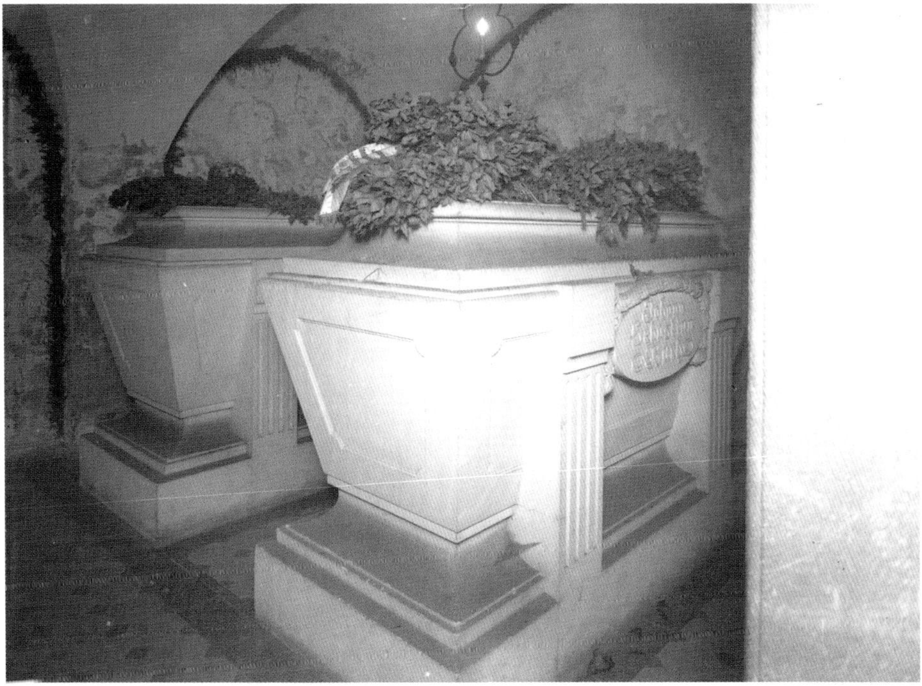

Die Bach-Gellert-Gruft in der 1894 bis 1997 neu erbauten Johanniskirche. Hier wurden die 1894 exhumierten mutmaßlichen Gebeine von Johann Sebastian Bach neben denen des Dichters Christian Fürchtegott Gellert (und denen seines Bruders) beigesetzt.

lett und Schädel. Mit dem Bildhauer Carl Seffner rekonstruierte er Kopfform und Gesicht des Verstorbenen. Dabei stellte sich heraus, dass das so modellierte Gesicht des Verstorbenen dem Porträt, das Elias Gottlob Hausmann 1746 von Bach geschaffen hatte, verblüffend ähnlich sah. Die Experten verkündeten: Bachs Skelett sei gefunden. Zumindest sei das „in hohem Grade wahrscheinlich".

Aber stimmte das? His und ein Kollege, der Leipziger Stomatologe Friedrich Ludwig Hesse, untersuchten den Schädel nach der damals hochmodernen Welcker-Profilmethode, um das Aussehen Verstorbener aus Schädeln zu rekonstruieren. Natürlich kann das sein, doch Zweifel sind dennoch angebracht, denn His und Seffner war das Hausmann-Porträt vertraut. Sie rekonstruierten den Kopf eines Mannes, von dessen Aussehen sie eine genaue Vorstellung hatten. Das Wissen um Bachs Gesicht könnte, zumindest unbewusst, das Resultat ihrer Arbeit beeinflusst haben.

Doch offiziell war Bach nun wieder da und konnte würdig bestattet werden – nicht etwa in St. Thomas, sondern unter dem Altar der neu erbauten Johanniskirche. Diese zweite Grabstätte sah so aus, wie sie der Musikhistoriker Linus Birchler 1962 in der „Neuen Zürcher Zeitung“ beschrieben hat: „Aus der Sakristei wurde man in die Gruft hinabgeführt, die von einer kuriosen Lampe erhellt war. Verblüfft stand der Besucher vor zwei Sarkophagen, die genau gleich waren. Rechts lag Bach, im anderen Sarkophag – Gellert. ‚Christian Fürchtegott Gellert 1715-1769’ las man auf dem linken Sarkophag, und aus einem kleinen Schriftchen, das in der Sakristei auflag, erfuhr man, dass im gleichen Marmorsarg auch Gellerts Bruder beigesetzt war, der Oberpostkommissar Friedrich Lebrecht Gellert.“

Welche Ehre für den wackeren Postbeamten, dem Bruder des Moralphilosophen und Dichters Johann Fürchtegott Gellert. Auf und neben Bachs Sarg lagen, wie Birchler berichtet, viele Visitenkarten: „Auffällig waren die vielen nicht deutschen Namen, darunter eine ganze Menge mit chinesischen und japanischen Schriftzeichen, Namen aus Schweden und Südamerika . . . Der Küster erzählte von einem japanischen Fürsten, der alljährlich aus Nizza zum Grabe Bachs pilgerte.“

Als alliierte Bomber Ende 1942 Leipzig in Schutt und Asche legten, ging auch die Johanniskirche in Flammen auf, doch die Gruft blieb unversehrt. Um sich mit Bach zu schmücken, plante die SED 1948 den Bau eines Mausoleums – eine monströse Rotunde, frei von aller christlichen Symbolik: Bach unter Hammer, Zirkel und Ährenkranz. Dass es dazu nicht kam, ist vor allem dem Einspruch der Internationalen Bach-Gesellschaft zu danken, die sich dem Vorschlag des damaligen Thomaskantors Günther Ramin anschloss und die Umbettung der Gebeine in die Thomaskirche empfahl.

Bachs „Umzug“ von St. Johannis nach St. Thomas, seiner wichtigsten Wirkungsstätte, wirkt aus heutiger Sicht durchaus kurios: Am 28. Juli 1948 zogen in den Mittagsstunden der Maurermeister Malecki und ein Gehilfe einen zweirädrigen Holzkarren über das holprige Leipziger Straßenpflaster. Niemand nahm Notiz von den beiden Handwerkern, die das Skelett Bachs an dessen 198. Todestag in einer verhüllten Kiste über den damaligen Karl-Marx-Platz, der seit 1990 wieder Augustusplatz heißt, die Grimmaische Straße und den Markt zur Thomaskirche bugsierten. Dort klopfte Malecki an die Tür und sagte dem Küster, so wurde es zumindest mündlich überliefert: „Tach, ich bring' den Bach."

Die Überführung der Gebeine wurde geheim gehalten. Erst zwei Jahre später, im Rahmen der Feierlichkeiten zu Bachs 200. Todestag, weihte man das Grab in der Kirche ein. Zunächst ragte eine Tumba vom Chorraum in das Kirchenschiff, 1964 verschob man das Grab ganz in den Chor, in dessen Ziegelfußboden die Bronzeplatte eingelassen wurde. Das Material für die Platte, auf der nur Name und Lebensdaten vermerkt sind, hatte die sowjetische Militäradministration zur Verfügung gestellt. 200 Jahre nach seinem Tod bekam Johann Sebastian Bach am 28. Juli 1950 dann doch noch ein Begräbnis mit Staatsakt – wie immer es sich mit dem Ursprung der so geehrten sterblichen Überreste verhalten mag. In der Schatzkammer des Bach-Museums werden in einem Glaskästchen einige „Grabbeigaben" gezeigt, darunter ein kupferner Fingerhut und Eichenholzsplitter. „Fundstücke aus den vermutlichen Gräbern Johann Sebastian und Anna Magdalena Bachs" steht dazu auf einer erklärenden Tafel.

Unter den zahlreichen Leipziger Bachstätten steht die als Stiftskirche der Augustinerchorherren im 12. Jahrhundert gegründete Thomaskirche im Vordergrund des Interesses. Diese gotische Hallenkirche war Bachs wichtigste Wirkungsstätte, doch sie hat sich seit der ersten Hälfte des 18. Jahrhunderts erheblich verändert. Heute wird der zu Bachs Lebzeiten barock ausgestattete Innenraum durch eine neugotische Umgestaltung aus dem späten 19. Jahrhundert bestimmt. Anlässlich des 250. Todestages von Bach konnte im Jahr 2000 eine umfassende Restaurierung abgeschlossen werden. Im selben Jahr wurde auch auf der Nordempore die von der in Marburg ansässige Firma Gerald Woehl erbauten „Bach-Orgel" eingeweiht. Sie hat 61 Register, 4266 Pfeifen, vier Manuale und Pedal und orientiert sich klanglich an den mitteldeutschen Orgeln des 18. Jahrhunderts, ist daher für Bachs Orgelwerke bestens geeignet.

Auf der gegenüberliegenden Südseite wurde 1895 das „Bachfenster" eingeweiht, in dessen Zentrum ein Brustbild des Komponisten zu sehen ist. Erst durch einen Archivfund in den 1980er-Jahren wurde bekannt, dass es

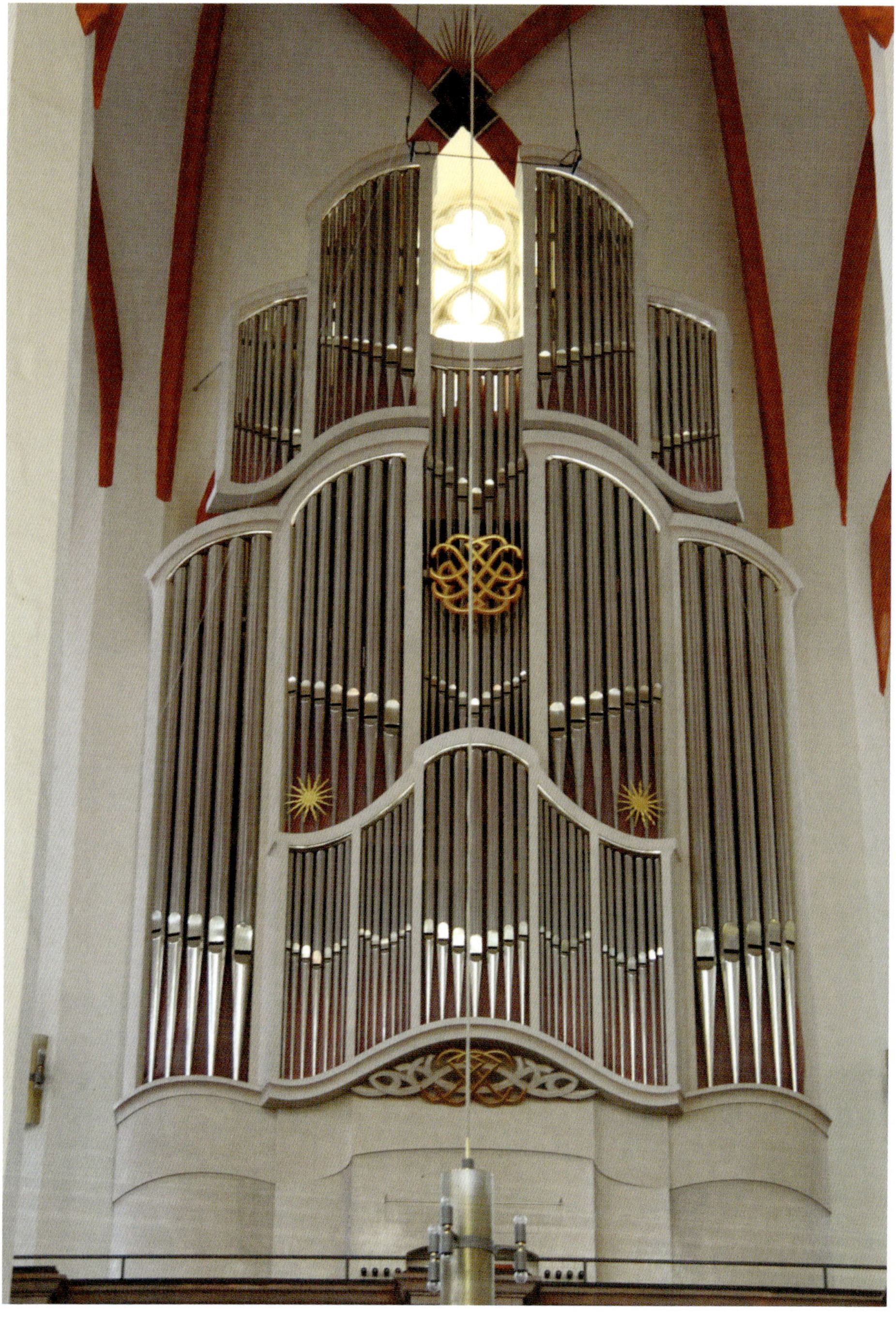

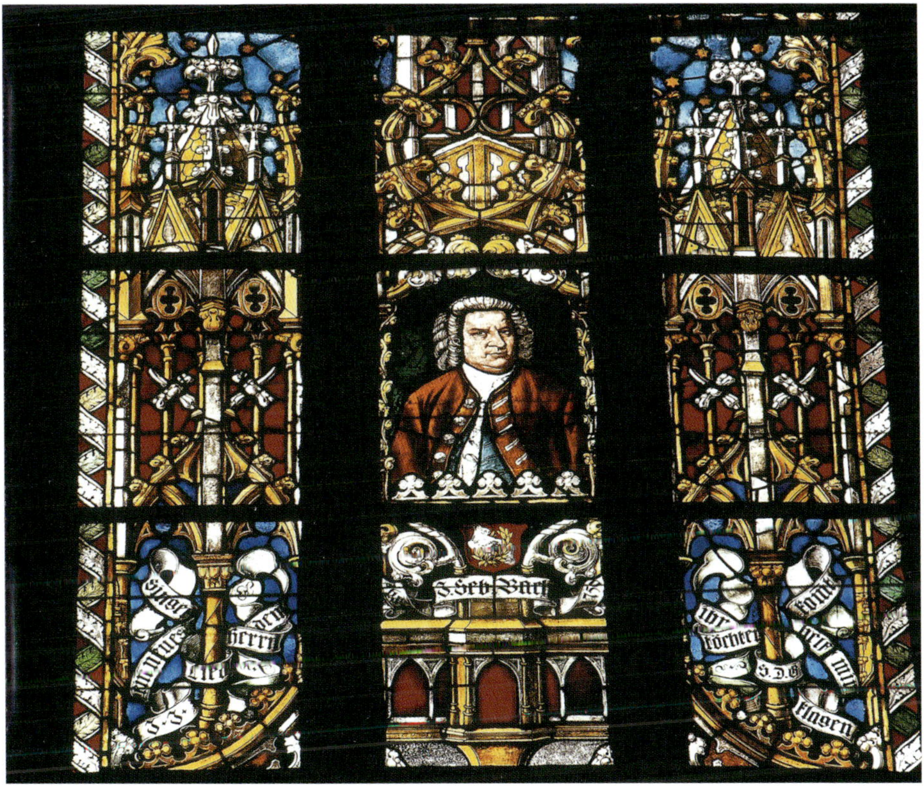

Das wahrscheinlich von dem Münchner Glasmaler Carl de Bouché geschaffene „Bachfenster“ in der Thomaskirche wurde 1895 eingeweiht.

Die Bach-Orgel (Firma Gerald Woehl) auf der Nordempore wurde im Jahr 2000 eingeweiht. Sie hat 61 Register, 4 Manualen und Pedal, Zimbelstern und ein Glockenspiel. Das Klangbild orientiert sich an den sächsisch-thüringischen Orgeln des 18. Jahrhunderts.

1889 offenbar Überlegungen für ein Mendelssohn-Fenster gegeben hat. Obwohl noch nicht einmal konkrete Pläne bestanden, liefen antisemitische Vereine gegen „die beabsichtigte Verherrlichung eines jüdischen Talents in einer christlichen Kirche“ Sturm und verhinderten das Projekt. Mehr als ein Jahrhundert später ermöglichte es eine großzügige Stiftung, die ursprünglich verhinderte Ehrung dennoch zu realisieren: Anlässlich des 150. Todestages von Felix Mendelssohn-Bartholdy wurde ebenfalls auf der Südseite der Thomaskirche ein von Hans Gottfried von Stockhausen gestaltetes Memorialfenster eingeweiht. Im Zentrum steht ein Mendelssohn-Porträt, darüber ist das von Mendelssohn initiierte erste Bachdenkmal zu sehen, das sich westlich der Thomaskirche befindet. Und unterhalb des Porträts sieht man eine Partiturseite aus der Matthäuspassion, durch die ein Riss geht, bezogen auf die Stelle: „Und siehe da, der Vorhang im Tempel zerriss in zwei Stück von oben an bis unten aus.“

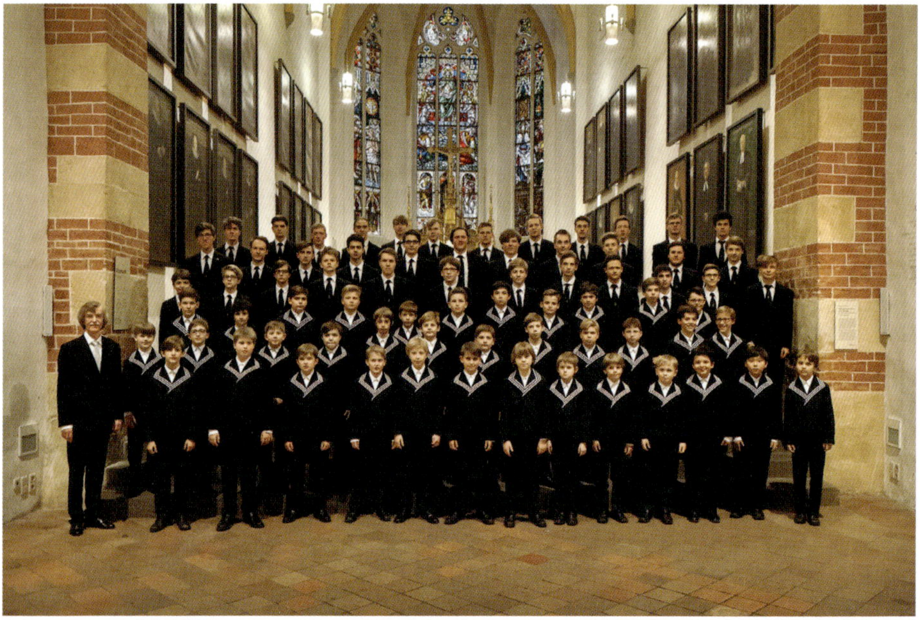

Die Thomaskirche nimmt als Heimstatt des Thomanerchores einen zentralen Platz in der Pflege der Bachschen Musik ein. Die Aufführung der großen Oratorien und Passionen gehört ebenso selbstverständlich dazu, wie die wöchentlich stattfindenden Motetten und die musikalische Gestaltung der Gottesdienste. Vor der Südseite der Thomaskirche steht das neuere Bachdenkmal des Leipziger Bildhauers Carl Seffner. Anfang des 20. Jahrhunderts hielt man das auf Initiative von Mendelssohn-Bartholdy errichtete alte Bachdenkmal nicht mehr für ausreichend. Das neue Denkmal zeigt den Thomaskantor mit einer Notenrolle in der rechten Hand, während er mit der linken auf einen Orgelspieltisch weist. Bevor das Denkmal am 17. Mai 1908 im Beisein von Max Reger eingeweiht werden konnte, musste ein anderer bedeutender Leipziger weichen. Denn dort, wo Bach heute so selbstbewusst und repräsentativ vor „seiner Thomaskirche" steht, hatte sich ursprünglich das Denkmal des Philosophen Gottfried Wilhelm Leibniz befunden, das nun in den Universitätsbereich versetzt wurde.

Direkt gegenüber der Thomaskirche befindet sich im Bosehaus (Thomaskirchhof 16) das Bach-Archiv und Bach-Museum. Bach, der mit seiner Familie die später

Der im Jahr 1212 gegründete Thomanerchor ist ein weltberühmter Knabenchor. Er besteht aus zurzeit 93 männlichen Kindern und Jugendlichen im Alter von neun bis 18 Jahren, die im Thomasalumnat wohnen und die Thomasschule besuchen. Die Thomaner singen in den sonntäglichen Gottesdiensten und darüber hinaus jeweils freitags 18 Uhr und sonnabends 15 Uhr in den Motetten der Thomaskirche. Außerdem sind sie in zahlreichen Konzerten zu hören, in deren Mittelpunkt oft die Vokalwerke von Johann Sebastian Bach stehen.

abgerissene alte Thomasschule bewohnte, war mit dem Gold- und Silberhändler Georg Heinrich Bose nicht nur benachbart, sondern auch befreundet. Im kleinen Konzertsaal im hinteren Flügel des Bosehauses, der heute als „Bachsaal" für Kammermusikveranstaltungen genutzt wird, hat Bach häufig musiziert. 1985, anlässlich Bachs 300. Geburtstag, wurde im vorderen Flügel das Museum eingerichtet, das ausführlich und sehr anschaulich über Bachs Lebensweg, seine Kompositionsmethoden und besonders über seine Leipziger Zeit informiert. Gezeigt werden u. a. Kupferstiche, historische Dokumente, zeitgenössische Instrumente und Mobiliar aus dem frühen 18. Jahrhundert. Nach umfangreicher Renovierung wurde das Museum 2010 auf einer Fläche von 450 Quadratmetern mit einer neu gestalteten, thematisch gegliederten Dauerausstellung und vielen interaktiven Elementen neu eröffnet. Eines der spektakulärsten Ausstellungsstücke ist eine große Eisentruhe, bei der es sich um das einzige Möbelstück handelt, das ganz sicher aus dem Bachschen Haushalt stammt. Sicher ist sicher, wird sich der einstige Besitzer gedacht haben, als er die mit einem aufwendigen Schließmechanismus und elf Riegeln gesicherte Eisenkiste erwarb. Man kann davon ausgehen, dass Bach hier Geld und wertvolle Dokumente und Gegenstände verwahrt hat. Viele Jahre lang diente diese Kiste im Dommuseum Meißen als Spendenbox. Erst 2009 erkannten Experten, dass auf dem Innendeckel das Spiegelmonogramm mit den in sich verschlungenen Buchstaben JSB zu sehen ist. Diese barocke Malerei zeigt eindeutig Bachs Briefsiegel, womit der Eigentumsnachweis erbracht ist. Möglicherweise stammt die Schatzkiste aus dem Besitz eines Leipziger Theologieprofessors, der zugleich Domherr in Meißen war.

Vom Thomaskirchhof sind es nur ein paar Schritte bis zum Markt, dessen Ostseite vom Alten Rathaus begrenzt wird. Das 1556 nach Plänen des Architekten Hieronymus Lotter, der gleichzeitig das Amt des Bürgermeisters innehatte, errichtete Gebäude zählt zu den schönsten Renaissancerathäusern in Deutschland. Am 5. Mai 1723 hat es Bach zum ersten Mal betreten. Er ging die Treppe hinauf und trat in die Ratsstube ein, um dort von seiner Wahl zum Thomaskantor unterrichtet zu werden.

Bach hat die Ratsstube auch später häufiger aufgesucht, allerdings meist aus weniger erfreulichen Gründen, da es an Streitigkeiten zwischen ihm und dem Rat nicht mangelte. In dem original erhaltenen Raum, der sich dem prachtvollen Festsaal anschließt, befindet sich die frühere Ausführung des einziges Bachporträts, dessen Authentizität eindeutig belegt ist. Der Maler Elias Gottlob Haußmann hat es im Jahre 1746 geschaffen, weil Bach ein Porträt benötigte, um als Mitglied in die „Correspondierende Societät der musikalischen Wissenschaften" aufgenommen werden zu können. Das Alte Rathaus beherbergt heute das Stadtgeschichtsmuseum und verfügt über einen wertvollen Bestand, der auch umfassend Auskunft über die Leipziger Musikgeschichte gibt. Im Festsaal finden regelmäßig Konzerte statt.

Über das Salzgäßchen, das sich der Nordseite des Markts anschließt, und das Schuhmachergäßchen gelangt man zur Nikolaikirche, Leipzigs größtem Sakralbau. Die Kirche, deren Name sich seit 1989 vor allem mit der Friedlichen Revolution verbindet, hat eine lange Baugeschichte, die von der Romanik bis zum Klassizismus reicht. Prägend ist heute der prachtvoll gestaltete klassizistische Innenraum, der nach Entwürfen des Architekten Johann Friedrich Dauthe gestaltet und mit Gemälden von Goethes Zeichenlehrer Adam Friedrich Oeser ausgestattet worden ist. Bach hat hier am 30. Mai 1723 seine Antrittskantate „Die Elenden sollen essen" aufgeführt und allgemein – nicht anders als in der Thomaskirche – die Kirchenmusik betreut. Viele wichtige Bachwerke, darunter das Weihnachtsoratorium und das Magnificat, sind hier, und nicht in der Thomaskirche, uraufgeführt worden.

Eine weitere Stätte, die mit Bachs Namen verbunden ist, befindet sich am Johannisplatz neben dem Alten Johannisfriedhof, wo sich Bachs erste Grabstätte befand.

Im 15. und 16. Jahrhundert, nachdem Leipzig durch Silberfunde im Erzgebirge zu üppigem Wohlstand gelangte, erfolgten Erweiterungen und der vollständige Umbau der St. Nikolaikirche zur dreischiffigen spätgotischen Hallenkirche. Im Zuge der Aufklärung und Revolutionsarchitektur wurde der Innenraum der Kirche zwischen 1784 und 1797 im klassizistischen Stil durch den Leipziger Stadtbaumeister Johann Carl Friedrich Dauthe grundlegend umgebaut, der alles auf den Farbakkord Weiß-Rosa-Hellgrün abstellte.
Als Johann Sebastian Bach zahlreiche seiner Kantaten und Oratorien zum ersten Mal in der Nikolaikirche am 7. April 1724 aufführte, darunter auch die Johannespassion. befand sich das Gotteshaus noch im alten Zustand.

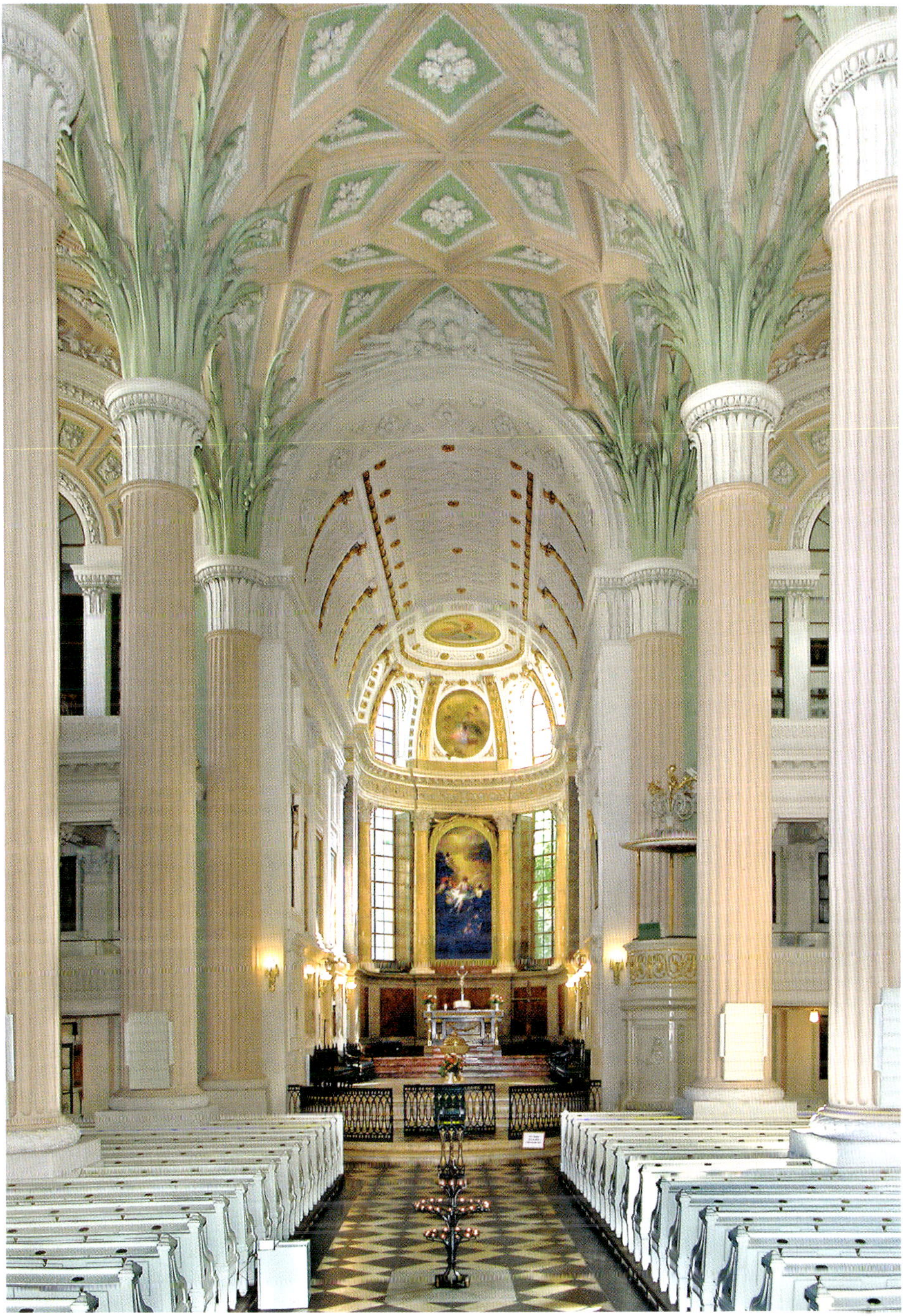

Bach zweifach ins Gesicht sehen

In zahlreichen Ländern beschäftigen sich Fachleute mit dem Leben und Schaffen des Thomaskantors. Oft stellen sie seine musikalische Innovation in den Vordergrund, die Souveränität, mit der er sich traditioneller Formen – wie der Fuge, der Suite oder des Präludiums – bediente und sie zu höchster Vollendung führte. In seinem Spätwerk zeigt sich ein ausgeprägtes theoretisches Interesse, von dem die musikhistorisch so bedeutsamen Werke wie der zweite und abschließende Teil des „Wohltemperierten Klaviers" zeugen. Die 24 Präludien und Fugen in allen Dur- und Moll-Tonarten, die „Canonischen Veränderungen", das „Musikalische Opfer" und nicht zuletzt „Die Kunst der Fuge" verdeutlichen dies ebenfalls. Doch so hoch die Musikwissenschaft das Spätwerk auch einschätzt, aufgrund seines vielfach vergeistigt-spekulativen Charakters ist es gewiss der Werkkomplex Bachs, zu dem sich am schwersten Zugang finden lässt. Die ungebrochene Lebendigkeit seines Werks rührt wohl eher aus der Genialität, mit der es Bach immer wieder gelungen ist, Gefühlstiefe und Dramatik, Dynamik und atemberaubende musikalische Kreativität zu verbinden. Dass Bach heute einer der weltweit am meisten gespielten Komponisten ist, erklärt sich aber vor allem aus der tiefen Menschlichkeit, die seine Musik zu einem ganz persönlichen Erlebnis werden lässt, ganz gleich ob es sich um Orgel- oder Klavierwerke, sakrale Kantaten und Oratorien oder Kammermusik handelt. „Für mich ist Bach der größte Prediger", schrieb der Pariser Komponist und Organist Charles Marie Widor bereits 1907 im Vorwort zu Albert Schweitzers berühmtem Bach-Buch: „Seine Kantaten und Passionen bewirken eine Ergriffenheit der Seele, in welcher der Mensch für alles Wahre und Einende empfänglich und über das Kleine und Trennende erhoben wird."

Wer Bach ins Gesicht sehen möchte, kann das in Leipzig – und nur in Leipzig. Im Abstand von wenigen

100 Metern hängen die beiden einzigen Porträts, die nachweislich zu Bachs Lebzeiten entstanden sind. Bei beiden Bildern handelt es sich um Werke des Leipziger Malers Elias Gottlob Haußmann (1695 bis 1774), der als offizieller Porträtmaler der Stadt Leipzig tätig war. Haußmann wäre heute weitgehend vergessen, hätte er nicht das Glück gehabt, diesen Porträt-Auftrag zu erhalten. Das erste Porträt entstand 1746 wie bereits erwähnt als offizielles Amtsbild, welches der Komponist anlässlich seines Beitritts zur „Sozietät der Musikalischen Wissenschaften" in Auftrag gegeben hat. Es kam aus Bachs Nachlass in den Besitz seines Sohnes Wilhelm Friedemann und wurde um 1800 vom späteren Thomaskantor August Eberhard Müller erworben, der es der Thomasschule vermachte. Seit 1913 hängt dieses Porträt, das millionenfach auf Plakaten, Postern, Buch-, Schallplatten- und CD-Covern abgebildet ist, im Bach-Zimmer des Stadtgeschichtlichen Museums in Leipzigs Altem Rathaus. Allerdings hat es in seiner mehr als 275jährigen wechselvollen Geschichte durch mehr oder weniger sachgerecht durchgeführte Restaurierungen und Übermalungen erheblich gelitten. Erst 2017/18 fand zuletzt eine aufwendige Restaurierung statt, durch die der Zustand des wertvollen Porträts wieder verbessert werden konnte.

Zwei Jahre später hat Haußmann eine zweite Fassung dieses Porträts geschaffen, wahrscheinlich eine Nachbestellung des Auftraggebers. Da kaum anzunehmen ist, dass Bach Haußmann ein zweites Mal Modell gesessen hat, wird das erste Porträt die Vorlage gebildet haben. Wahrscheinlich kam es nach Bachs Tod in den Besitz seines zweitgeborenen Sohnes Carl Philipp Emanuel und damit nach Hamburg. In dessen Nachlassverzeichnis findet sich folgender Posten: „Bach (Johann Sebastian) Kapellmeister und Musik-Director in Leipzig. In Oel gemahlt von Hausmann. 2 Fuß, 8 Zoll hoch, 2 Fuß, 2 Zoll breit. In goldenen Rahmen." Auch wenn sich die Provenienz nicht lückenlos klären lässt, scheint so viel festzustehen: Schon im frühen 19. Jahrhundert erwarb es ein Angehöriger der in Breslau ansässigen jüdischen Familie Jenke. Als Walter E. Jenke, ein Nachfahre, in der NS-Zeit nach England emigrieren musste, nahm er das Bild mit. Um es vor Bombenangriffen zu schützen, lieh er es der mit ihm befreundeten Familie Gardiner,

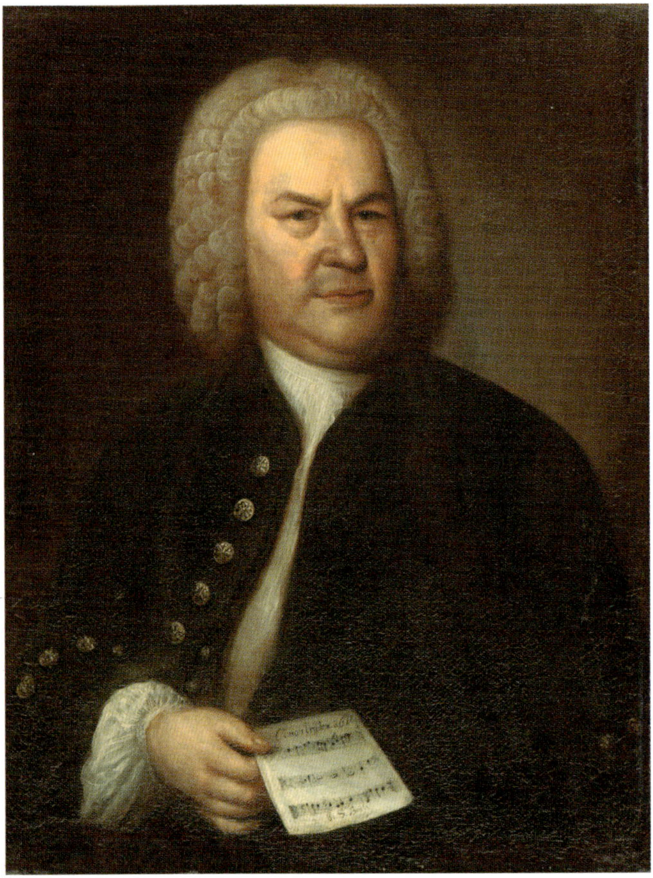

Um Mitglied in der Leipziger „Correspondirenden Societät der musicalischen Wissenschaften“ werden zu können, musste sich Bach von einem anerkannten Maler porträtieren lassen. Er beauftragte Elias Gottlob Haußmann – und so entstand im Jahre 1746 das einzige eindeutig authentische Bildnis des Komponisten. Heute befindet es sich in Leipzigs Altem Rathaus.

die es in ihrem Landsitz in der südwestenglischen Grafschaft Dorset aufhängte. Dadurch wuchs Sir John Eliot Gardiner, der Sohn des Hauses und heutige Präsident des Bach-Archivs, quasi unter den Augen von Bach auf. 1952 erwarb der amerikanische Musikwissenschaftler und Mäzen William H. Scheide das Gemälde, das Europa verließ und mehr als 60 Jahre lang im Wohnzimmer des Eigentümers in Princeton/New Jersey hing. Scheide starb 2014 im Alter von 100 Jahren und vererbte das berühmte Porträt großherzig dem Bach-Archiv Leipzig, dessen Kuratorium er seit 2001 angehört hatte. So kehrte das Bild im Jahr 2015 nach 265 Jahren nach Leipzig zurück, wo es seither in der Schatzkammer des Bach-Museums im Bosehaus gezeigt wird.

Die Bildkomposition beider Porträts ist gleich, nur Erhaltungszustand, Farbigkeit und Wirkung unter-

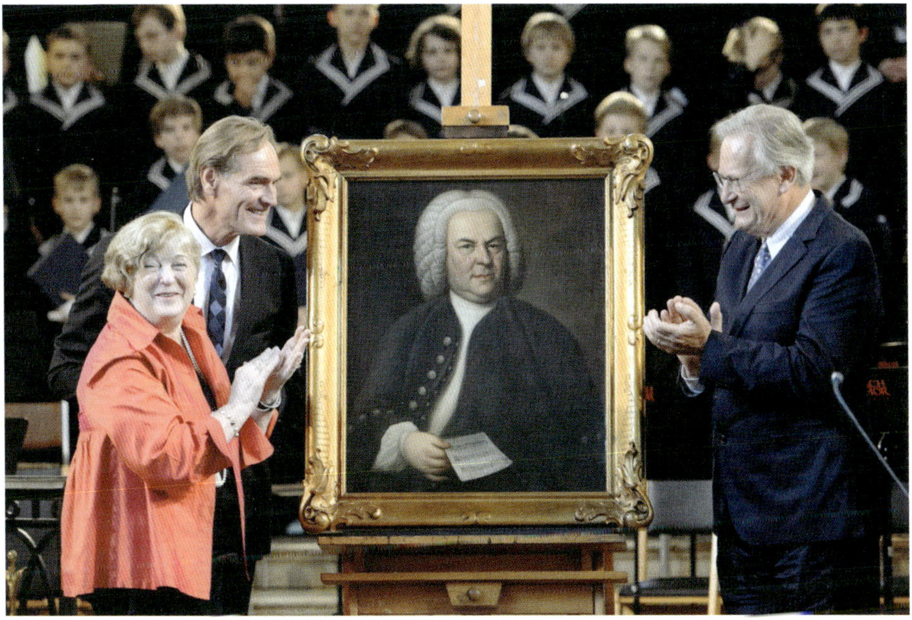

Nach 265 Jahren zurück in Leipzig: Anlässlich der Eröffnung des Bachfestes 2015 präsentiert die Witwe des amerikanischen Musikwissenschaftlers William H. Scheide, Judith McCartin Scheide, das Bachporträt von 1748 von Haußmann. Neben ihr stehen der Leipziger Oberbürgermeister Burkhard Jung und rechts vom Bild Sir John Eliot Gardiner, der Präsident des Bach-Archivs Leipzig. Bei dem Porträt handelt es sich um Hausmanns eigenhändige Zweitfassung des zwei Jahre vorher entstandenen Bach-Bildes.

scheiden sich. Als Haußmann Bach porträtierte, war dieser Anfang 60, arriviert und selbstbewusst. In der rechten Hand hält er ein kleines Notenblatt mit einem Rätselkanon, der auf Bachs Meisterschaft verweist.

In einer Mitteilung des Stadtgeschichtlichen Museums Leipzig, in dessen Ausstellung im Alten Rathaus das frühere der Bach-Porträts zu sehen ist, heißt es: „Der direkte Vergleich der beiden Gemälde offenbart tatsächlich große Unterschiede: Das Gemälde des Bach-Museums wirkt frischer, das Blau der Jacke ist kräftiger, das Weiß der Perücke klarer, die Augen strahlender, die Gesichtsfarben rosiger. Trotz dieser Vorzüge wirkt es aber auch steifer und durch den dichten Farbauftrag stellenweise leicht puppenhaft.“ Auf jeden Fall sollte man sich sein eigenes Bild machen und die Chance nicht versäumen, die Leipzig seit einigen Jahren bietet: nämlich den einzigen beiden Bildnissen ins Gesicht zu schauen, die nachweislich zu Johann Sebastian Bachs Lebzeiten entstanden sind und die Vorstellung, die sich die Nachwelt von seinem Aussehen macht, maßgeblich bestimmt hat und für immer bestimmen wird.

Leipzigs Altes Rathaus wurde 1556 nach Plänen und unter Leitung von Hieronymus Lotter, der Baumeister und zugleich Leipziger Bürgermeister war, innerhalb von nur neun Monaten erbaut. Es ist eines der schönsten Renaissancerathäuser in Deutschland. Am 5. Mai 1723 betrat Bach das Rathaus, um dort von seiner Wahl zum Thomaskantor unterrichtet zu werden. In einem neugestalteten Ausstellungskabinett ist das vor kurzer Zeit sorgfältig restaurierte und konservierte Bach-Porträt von Elias Gottlob Haußmann aus dem Jahr 1746 unter dem Titel „Der wahre Bach“ zu sehen.

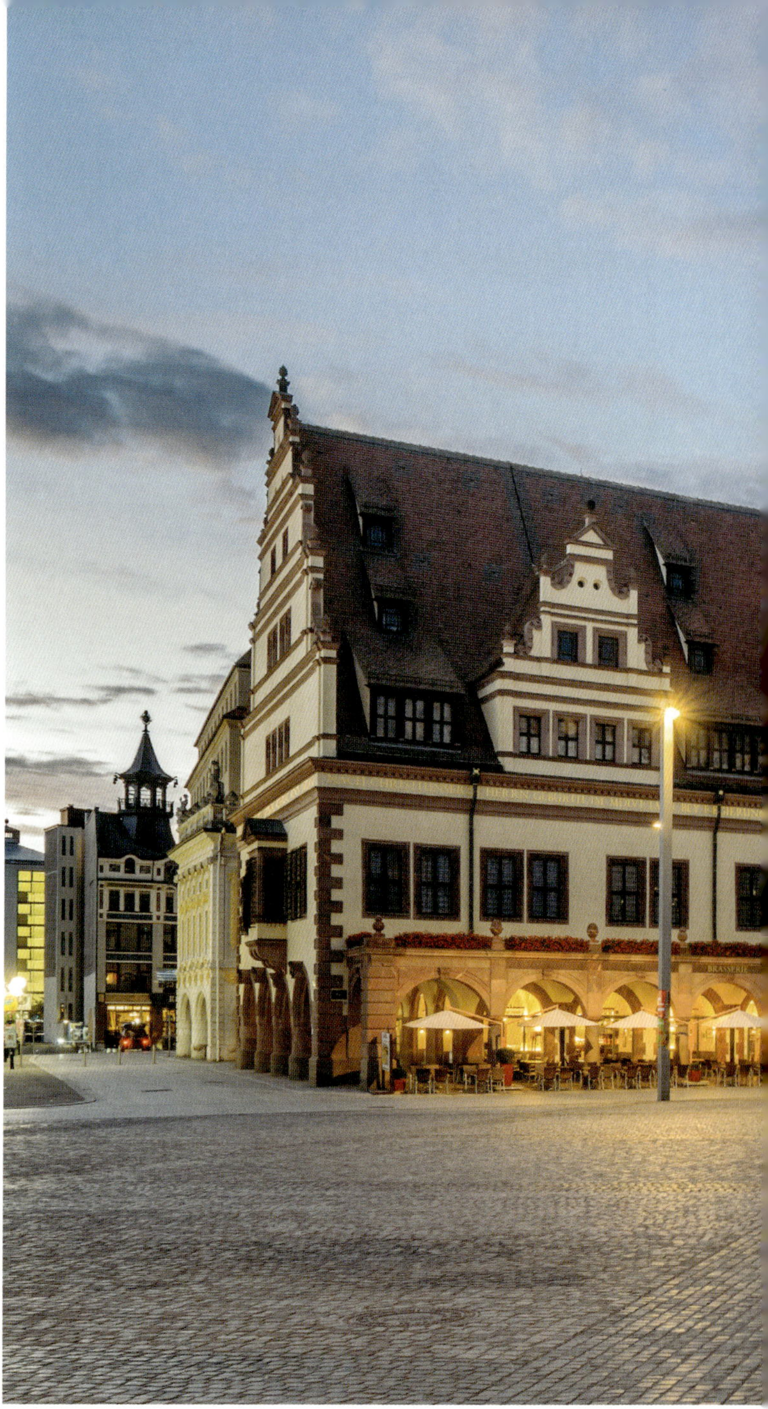

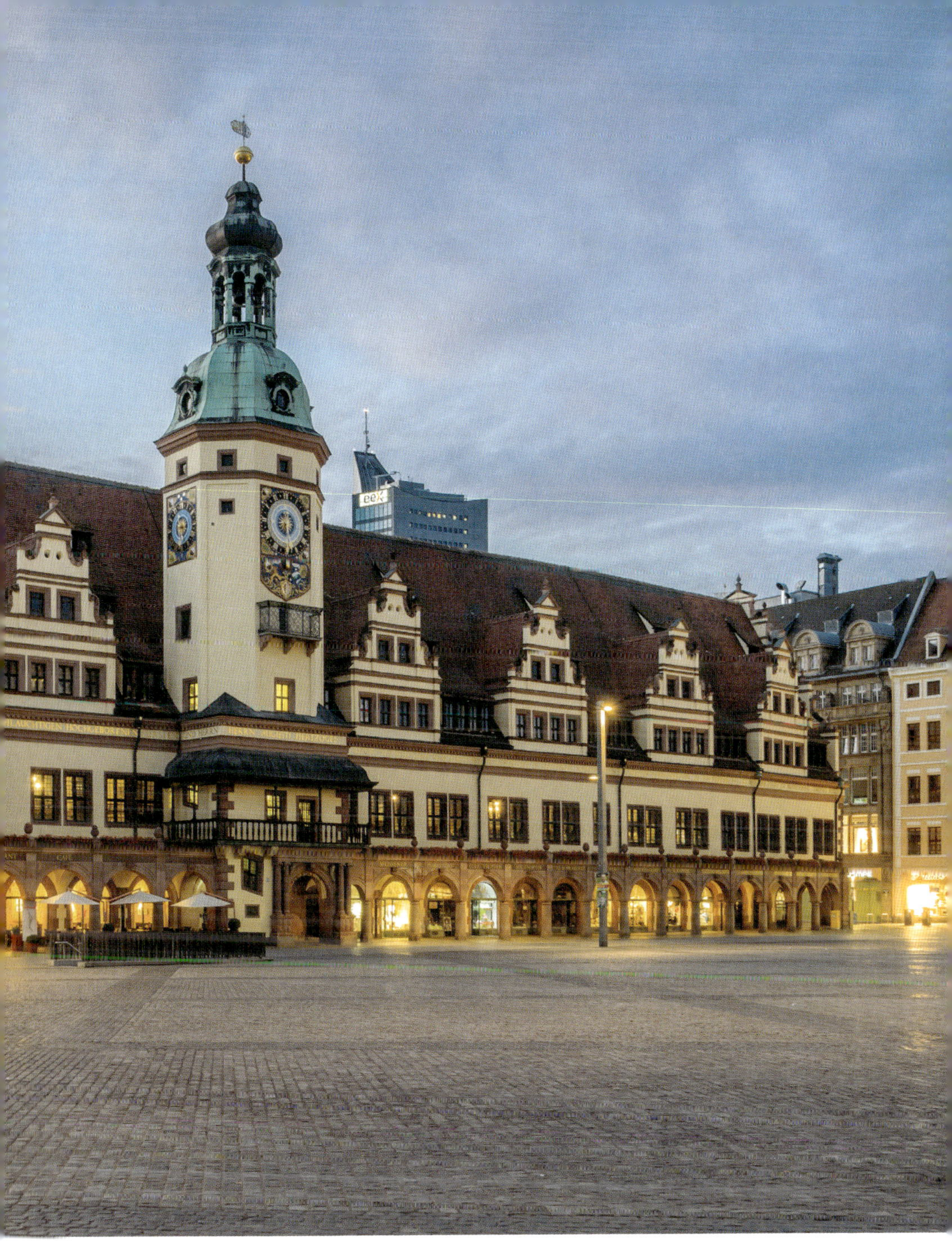
eex

Zeittafel

1685

21. März 1685 Geburt Johann Sebastian Bachs in Eisenach
23. März 1685 Taufe Johann Sebastian Bachs in der Eisenacher Georgenkirche

1693

Besuch der Eisenacher Lateinschule

1694

Tod der Mutter

1695

Tod des Vaters

1696–1700

Bach lebt bei seinem älteren Bruder Johann Christoph in Ohrdruf und besucht dort das Gymnasium

1700–1702

Schulzeit in Lüneburg (Michaelisschule), Besuche in Celle und Hamburg

1703

Bach wirkt kurzzeitig als Kammermusiker an der Hofkapelle des Herzogs Johann Ernst von Sachsen-Weimar

1704

Erste Stelle als Organist an der Neuen Kirche (heute Bachkirche) zu Arnstadt

1705

Viermonatige Studienreise zu Dietrich Buxtehude nach Lübeck

1707

Organist an der Divi-Blasii-Kirche zu Mühlhausen
17. Oktober 1707 Trauung mit Maria Barbara in der Dorfkirche von Dornheim nahe Arnstadt

1708

Uraufführung der Ratswechselkantate „Gott ist mein König" in Mühlhausen

1708

Stelle als Organist und Kammermusiker am Weimarer Hof
Als erstes Kind wird Catharina Dorothea Bach (1708–1774) geboren. In erster Ehe mit Maria Barbara hatte Bach sieben, in zweiter Ehe mit Anna Magdalena 13 Kinder. Zehn von ihnen starben bereits in den ersten Lebensjahren.

1710

Geburt des ältesten Sohnes Wilhelm Friedemann (22. November 1710–1. Juli 1784)

1714

Geburt des Sohnes Carl Philipp Emanuel (8. März 1714–14. Dezember 1788)

1717

Kurzzeitige Haft in Weimar und anschließend Antritt der Stelle als Hofkapellmeister des Fürsten Leopold von Anhalt-Köthen

1719

Bach versucht vergeblich, Georg Friedrich Händel zu treffen

1720

Tod von Maria Barbara. Komposition der drei Violinkonzerte. Reise nach Hamburg und erfolglose Bewerbung um die Organistenstelle an der dortigen Jacobikirche

1721

Brandenburgische Konzerte
3. Dezember 1721 Trauung mit Anna Magdalena, geb. Wilcke

1722

Erstes Klavierbüchlein für Anna Magdalena Bach
22. Mai 1723 Umzug nach Leipzig, wo Bach die Stelle des Thomaskantors antritt
7. April 1724 Uraufführung der Johannespassion
1725 Eingaben an seinen Landesherrn, den sächsischen Kurfürsten August den Starken
15. April 1729 Möglicherweise Uraufführung der Matthäuspassion
29. Juni 1729 Bach versucht erfolglos, Händel nach Leipzig einzuladen
23. August 1730 Eingabe an den Rat der Stadt

1732

Geburt des Sohnes Johann Christoph Friedrich (21. Juni 1732 – 26. Januar 1795)
25.–27. Dezember 1734 Weihnachtsoratorium Kantaten I – III
1., 2. und 6. Januar 1735 Weihnachtsoratorium Kantaten IV – VI

1735

Geburt des Sohnes Johann Christian (5. September 1735 – 1. Januar 1782)
1. Dezember 1736 Konzert an der neuen Silbermann-Orgel der Dresdner Frauenkirche

1736

Ernennung zum kurfürstlich-sächsischen Hofkomponisten

1742

Goldberg-Variationen

1744

Wohltemperiertes Klavier Teil II abgeschlossen
Mai 1747 Potsdam-Aufenthalt, anschließend „Das Musikalische Opfer“ für Friedrich II.

1748

„Einige canonische Veränderungen über das Weihnachtslied: Vom Himmel hoch, da komm ich her“

1750

März und April zwei erfolglose Augenoperationen
28. Juli Johann Sebastian Bachs Tod
31. Juli Begräbnis auf dem alten Johannisfriedhof

1897

Nach Identifizierung des Skeletts Beisetzung in einer Gruft der Leipziger Johanniskirche

1949

Nach der Kriegszerstörung der Johanniskirche Umbettung der sterblichen Überreste an ihren endgültigen Platz im Chorraum der Leipziger Thomaskirche

2000

Restaurierung des Innenraums der Leipziger Thomaskirche anlässlich Bachs 250. Todestages. Neue Bach-Orgel für die Nordempore, deren Klang sich am mitteldeutschen Orgelbau des 18. Jahrhunderts orientiert. Ausstellung mit originalen Instrumenten aus der Bach-Zeit in der Südsakristei

Die wichtigsten Bachstätten

Arnstadt

Arnstadt ist eine der wichtigen Thüringer Bachstädten: An der Neuen Kirche hatte Johann Sebastian Bach seine erste Anstellung als Organist (1703–1707). Bereits im 17. Jahrhundert waren zahlreiche Vorfahren Bachs, auch „Bache" genannt, hier Hof-, Rats- oder Kirchenmusiker.
Rund um Bachs Geburtstag am 21. März findet in Arnstadt das Bach-Festival statt. Spielorte sind die Bachkirche, das Bachhaus in der Kohlgasse und die Traukirche J.S. Bach in Dornheim.
Auf dem Marktplatz befindet sich das 1985 aufgestellte Bachdenkmal. Es stellt den orgelspielenden jungen Bach dar und ist nicht unumstritten. Arnstädter bezeichnen das Denkmal auch als Marktflätz.

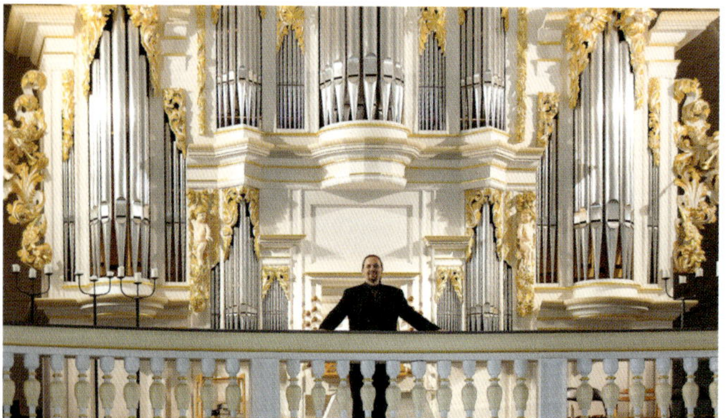

Bachkirche

An der neuen Kirche
T. 03628 740960
kirche-arnstadt.de
Öffnungszeiten
Mo–Sa 10–16 Uhr,
So 11–16 Uhr

Die Bachkirche, vollständig Johann-Sebastian-Bach-Kirche, wurde nach dem großen Stadtbrand von 1581 als „Neue Kirche" wiedererrichtet. Die bis dahin hier stehende St.-Bonifatius-Kirche brannte bis auf die Grundmauern ab. Den Namen Bachkirche erhielt sie 1935. Die von Johann Friedrich Wender 1703 fertiggestellte Orgel (Foto) war bis 1707 der erste Arbeitsplatz des Musikers und Komponisten. Zum Bach-Jahr 2000 wurde die barocke Orgel umfassend restauriert und rekonstruiert und steht seitdem wieder für Gottesdienste und Konzerte zur Verfügung.

Alter Friedhof

Am Friedhof 2
T. 03628 6609772

1537 entstand vor dem Erfurter Tor westlich des Schlossgartens der Arnstädter Friedhof. Hier fanden 82 Angehörige der Familie Bach ihre letzte Ruhestätte, darunter 26 Musiker. 1864 wurde der Friedhof aufgegeben und 1924 in eine Parkanlage umgewandelt.
Die Gräber der Bach-Familie sind längst eingeebnet. An der 1738–1743 nach Plänen von Johann Wilhelm König erbauten Gottesackerkirche (seit 1974 katholische Kirche St. Elisabeth, Weihe 1987) erinnert eine schlichte Holztafel an die hier bestatteten Musiker der Familie Bach.

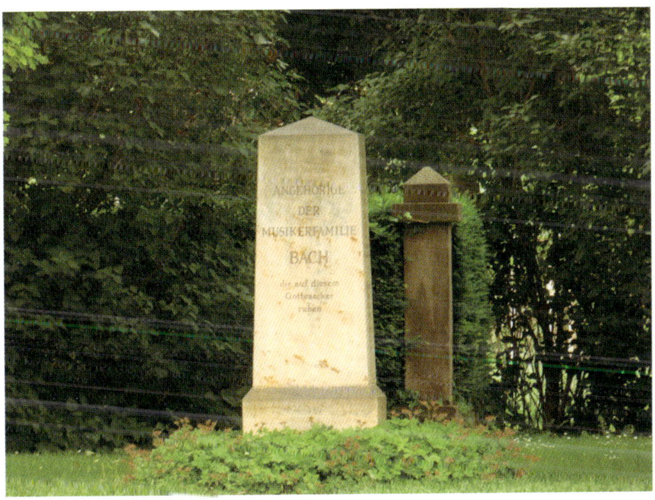

Schlossmuseum

Das Schlossmuseum Arnstadt zeigt in den restaurierten Barockräumen der südlichen Beletage fürstliche Wohn- und Lebenswelten. Im Erdgeschoss des südlichen Corps de logis kann der Besucher die imposante Puppenstadt „Mon plaisir" mit ihren Häusern und Stuben erleben. Im Dachgeschoss befindet sich die Bachausstellung „hörbacher Glaube. Johann Sebastian Bach in Arnstadt". Darüber hinaus finden Sonderausstellungen statt.

Schloßplatz 1
T. 03628 602932
Öffnungszeiten
Di–So und feiertags
10–17 Uhr
(letzter Einlass
16.30 Uhr)
24.12. und 31.12.
geschlossen

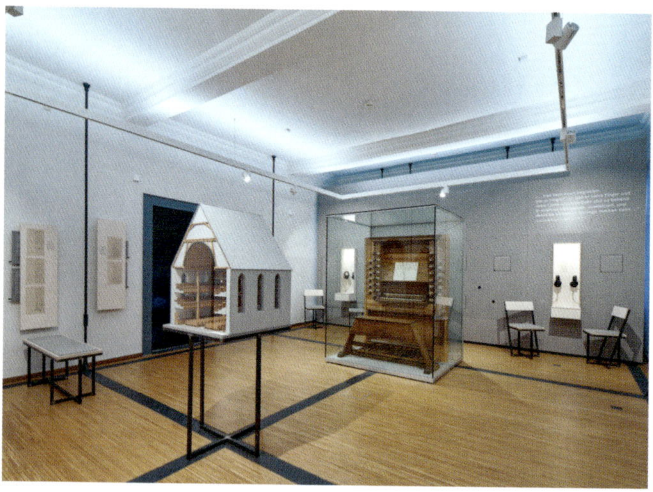

Dornheim

Kirche St. Bartholomäi

Die Dorfkirche, in der Johann Sebastian Bach am 17. Oktober 1707 seine Cousine Maria Barbara Bach heiratete, ist Hauptsehenswürdigkeit des Ortes. Sie wurde Mitte des 12. Jahrhunderts erbaut. Der Turm der Westwand ist aus dieser Zeit noch erhalten. Die Ausstattung der Kirche ist barocker Art.
Auf dem Friedhof neben der Wehrkirche befinden sich Grabmale der Familien Schierholz, von Witzleben und von Götz.

Hauptstraße 65
T. 03682 70308
bach-in-dornheim.de

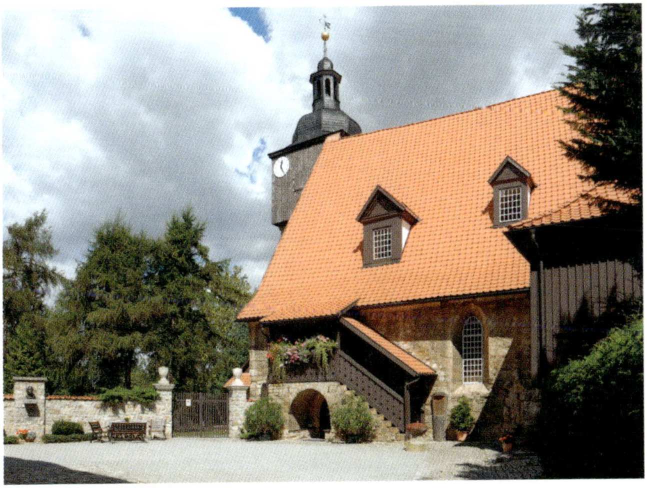

Außer zur Trauung war J.S.B. nachweisbar noch zweimal, am 8. Juni 1707 zur Beerdigung der Frau von Pfarrer Stauber und zu seiner Neuvermählung in Dornheim. Dieser Trauung widmete er die Hochzeitskantate „Der Herr denket an uns." (BWV 196)

Dresden

Frauenkirche Dresden

Neumarkt
T. 0351 65606100
www.frauenkirche-dresden.de

Öffnungszeiten
Mo–Fr 10–11.30 Uhr
und 13–17.30 Uhr
(aktuelle Änderungen möglich)
Sa, So wechselnde Zeiten
Eintritt frei

Die Frauenkirche Dresden mit ihrer markanten steinernen Kuppel ist Anziehungspunkt für Menschen aus nah und fern. Viele kennen ihre besondere Geschichte von Zerstörung und Wiederaufbau, andere entdecken vor Ort, was bürgerschaftliches Engagement, Glaube und Versöhnungswille bewirken können. Noch immer stehen tagtäglich Menschen fasziniert auf dem Neumarkt und betrachten das Miteinander von hellen und dunklen Steinen in der Fassade. Erst bei diesem Anblick wird vielen Gästen bewusst, dass dieser mächtige barocke Kuppelbau zwischen 1993 und 2005 aus einem riesigen Trümmerberg erwachsen ist. Getreu dem historischen Vorbild und unter weitmöglichster Verwendung des originalen Materials, das exakt an seinem ursprünglichen Platz eingefügt wurde, entstand dank Spenden aus ganz Deutschland und

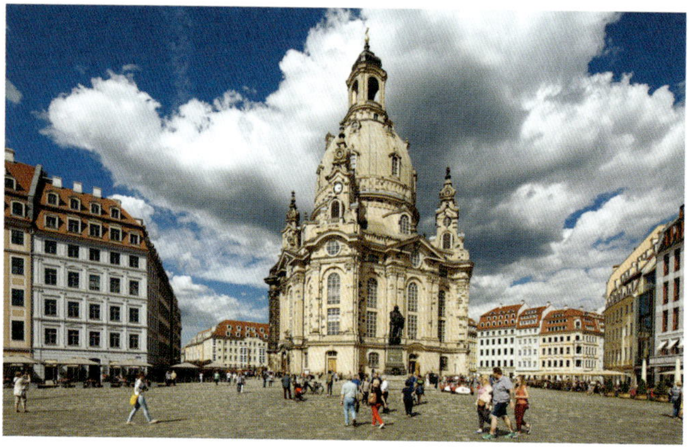

aller Welt die heutige Frauenkirche wieder. Mit einer Vielfalt an Angeboten lädt das durch eine Stiftung getragene Gotteshaus alle ein, am Leben in der Frauenkirche teilzuhaben.
Die Bähr'sche Frauenkirche, 1726 bis 1743 erbaut, 1945 zerstört, schmückte einst eine Orgel des berühmten Baumeisters Gottfried Silbermann. Das 1736 fertiggestellte Instrument galt als eines seiner größten Werke und bereits kurz nach der Fertigstellung gab Johann Sebastian Bach höchstselbst auf dem Instrument ein Konzert. 1769 wurde die Orgel erstmals und 1819 erneut umgestimmt, da die im barocken Kammerton gehaltene Orgel „im Verhältnis jetziger Instrumental-Stimmung recht gut einen halben Ton zu tief" stand. Dies sollten nicht die letzten Veränderungen bleiben: Auch in der Folgezeit wurde die Orgel mehrfach erweitert und umgestaltet, sodass ihre ursprüngliche Klanggestalt nicht überliefert ist. 1945 wurde sie mitsamt dem Orgelprospekt vollständig zerstört.
Während des Wiederaufbaus entschied man sich, ein Instrument bauen zu lassen, das die Silbermann-Tradition fortschreibt, aber auch den Ansprüchen der modernen Orgelliteratur genügt. Der angesehene Orgelbauer Daniel Kern aus Strasburg erhielt den Auftrag. Er schuf ein Instrument mit 4.876 Pfeifen und 68 klingenden Registern, die auf vier Manuale und Pedal verteilt sind. Seine Vielseitigkeit und Wandlungsfähigkeit werden weithin gelobt: Hier können die Orgelwerke Bachs ebenso authentisch gespielt werden wie orgelsymphonische Werke beispielsweise von César Franck oder Louis Vierne.

Tipps:

An die werktäglichen Andachten „Wort & Orgelklang" schließt sich immer eine Kirchenführung an.

Die Aussichtsplattform in 67 Metern Höhe bietet wunderbare Blicke über Dresden und das Umland.

Jedes Jahr finden über 100 Konzerte statt; viele davon präsentieren Werke Bachs und der Barockzeit.

DenkRaum Sophienkirche

Sophienstraße 2
T. 0351 3158117
www.denkraum-sophienkirche.de

Öffnungszeiten
Ostern bis Reformationstag
Mo–Di 10–14 Uhr, Mi. Ruhetag, Do–Fr 14–18 Uhr, Sa 14–16 Uhr, So 11–14 Uhr
Besuch auch außerhalb der Öffnungszeiten auf Anfrage möglich

Die frühere Sophienkirche war ein Sakralbau unweit des Zwingers und prägte über Jahrhunderte die Geschichte des Landes und der Stadt. Sie entstand als Kirche des Franziskanerklosters und wurde später evangelische Hofkirche und Domkirche. Von 1720 bis 1721 schuf Gottfried Silbermann die neue Orgel für die Sophienkirche. Es handelte sich um die erste, die Silbermann für ein Dresdner Gotteshaus baute. Der Orgelprospekt stammt moglicherweise von George Bähr, von dem ein Entwurf überliefert ist.
Die Silbermann-Orgel befand sich zunächst auf der Empore beim Südchor der Kirche, wobei in der Busmannkapelle eine Decke eingespannt war, die als Bälgekammer der Orgel diente. 1875 kam die Orgel auf die Westseite des Nordschiffes, wobei der Prospekt erhalten blieb. Im Jahr 1945 wurde das Instrument vollständig zerstört. An der Orgel sind Konzerte von Johann Sebastian Bach in den Jahren 1725 und 1747 bekannt. Sein Sohn Wilhelm Friedemann Bach war von 1733 bis 1746 als Organist dort tätig.

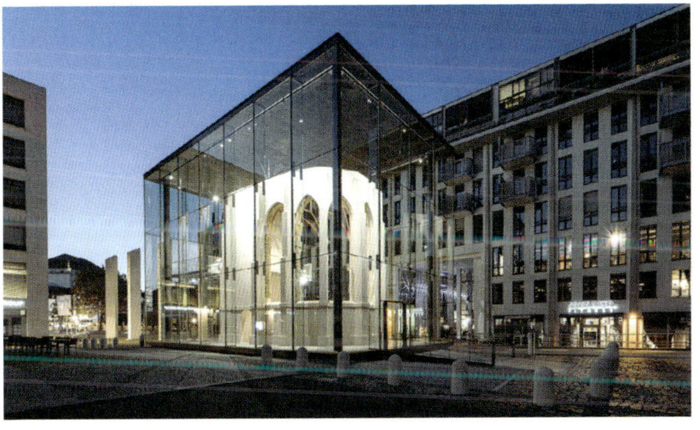

Alliierte Bomber machten die Sophienkirche am 13. Februar 1945 zur Ruine. An sie erinnert heute die architektonisch abstrahierte, neu errichtete Busmannkapelle, eine in spektakulärer Bauweise errichtete begehbare Großplastik. Sie ist mit ihrer Ausstellung ein lebendiger Ort der Auseinandersetzung mit der Dresdner Geschichte und des Gedenkens, aber auch ein Forum, um die historischen Wurzeln drängender Gegenwartsfragen aufzudecken.

Eisenach

Bachhaus

Das Bachhaus Eisenach ist dem in dieser Stadt geborenen Komponisten Johann Sebastian Bach gewidmet. In ihm werden auf 600 m² Ausstellungsfläche ca. 250 Originalexponate, darunter ein Bach-Notenautograph, gezeigt. Kern des heute mehrere Gebäude umfassenden Museums ist ein etwa 550 Jahre altes Fachwerkhaus (Frauenplan Nr. 21), welches in der Mitte des 19. Jahrhunderts fälschlich als Bachs Geburtshaus identifiziert wurde. 1907 richtete es die Leipziger Neue Bachgesellschaft als Gedenkstätte und Bach-Museum ein.

Frauenplan 21
T. 03691 79340
bachhaus.de

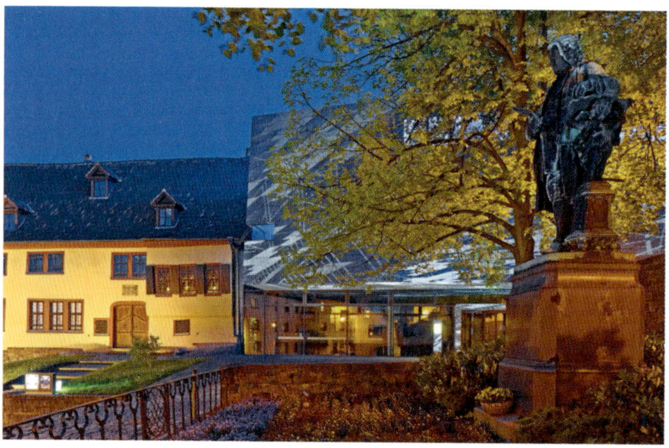

Von 2005 bis 2007 erfolgten ein Neubau am Bachhaus, die Restaurierung sämtlicher Bauten und die vollständige Erneuerung der ständigen Ausstellung.
Vom Neubau kommend betritt man zunächst das Foyer des alten Bachhauses. Ausgestellt sind Objekte zur Hausgeschichte (u. a. eine Eisenacher Steuerakte von 1694 bis 1695, welche die Zahlung von Armensteuer durch Bachs Vater Ambrosius für ein Haus in der Fleischgaß belegt) sowie Instrumenten-Kuriosa. Zu diesen zählen eine Glasharmonika von ca. 1775, die aus dem Besitz von Friedrich Schleiermacher stammen soll, und eine Trompetengeige von 1717 (Violine mit eingebauter Naturtrompete) – zwei solcher Instrumente standen Bach in seiner Zeit in Köthen 1717–1723 zur Verfügung.

Der Instrumentensaal zeigt mit 28 weitgehend originalen barocken Instrumenten einen Ausschnitt aus der ca. 400 Musikinstrumente umfassenden Sammlung des Museums. Besonders bemerkenswert sind drei Streichinstrumente: eine siebensaitige Gambe (Leipzig 1725), ein fünfsaitiges Violoncello piccolo (Nordböhmen, ca. 1750) und eine Viola d'amore mit sechs Spielsaiten und sechs Resonanzsaiten (Wien, um 1700).
Seit 1973 werden Tasteninstrumente in einem kleinen, ca. 20-minütigen Konzert stündlich den Besuchern vorgeführt.
Der erste Raum im Obergeschoss des historischen Bachhauses stellt Bachs musikalische Lebensstationen vor (Ohrdruf/Lüneburg, Arnstadt, Mühlhausen, Weimar, Köthen, Leipzig). Der angrenzende Raum widmet sich den Eisenacher Stadtpfeifern, den Aufgaben von Bachs Vater Ambrosius als Leiter der Stadtpfeiferei und Bachs Eisenacher Schulzeit.
Die Ausstellung im Flur zwischen den historischen Wohnräumen informiert über Bachs Ehefrauen und seine 20 Kinder. Drei weitere Räume im Obergeschoss (Schlafzimmer, Wohnstube und Küche) sind als historische Wohnräume ausgestattet. Ihre Einrichtung stammt aus dem 17. Jahrhundert.
In einem schwarz ausgekleideten Raum zwischen den historischen Wohnräumen befindet sich der Ausstellungsbereich Bachs innere Welt. Dieser Bereich enthält eine Rekonstruktion von Bachs theologischer Bibliothek auf der Grundlage von Bachs Nachlassverzeichnis, das seinen persönlichen Besitz von 52 theologischen Buchtiteln in 81 Bänden nachweist.
Über einen Durchgang in der Küche des historischen Bachhauses und die Treppe in der gläsernen Fuge zwischen beiden Gebäuden gelangt man in die Ausstellung im Neubau, in dem drei Themenkomplexe unter den Titeln *Wie wir Bach sehen*, *Was wir von Bach wissen* und *Wie wir Bach spielen* behandelt werden.

Stadtkirche St. Georgen

Markt 1
T. 03691 883090
kirchenkreis-eisenach-gerstungen.de

Mitten im Zentrum steht die Stadtkirche St. Georgen. Die im Jahre 1196 erstmals urkundlich erwähnte Kirche stellt sich heute in der Grundform als eine gotische Hallenkirche dar, die ab 1515 aus dem ursprünglichen Gebäude entstand. Bereits Ende des 16. Jahrhunderts und wieder im 17. und 18. Jahrhundert erfolgten Umbauten, sodass sie sich heute als Mischbild verschiedener Epochen zeigt. Ihren prägnanten Turm erhielt sie erst um 1900.
Ein Raum zum Stillwerden, zum Schauen und Staunen, Beten und Lauschen – so empfängt die St. Georgenkirche ihre Besucher. Kunstwerke lassen die Augen wandern. In der Turmgruft können die Prunksärge der Eisenacher

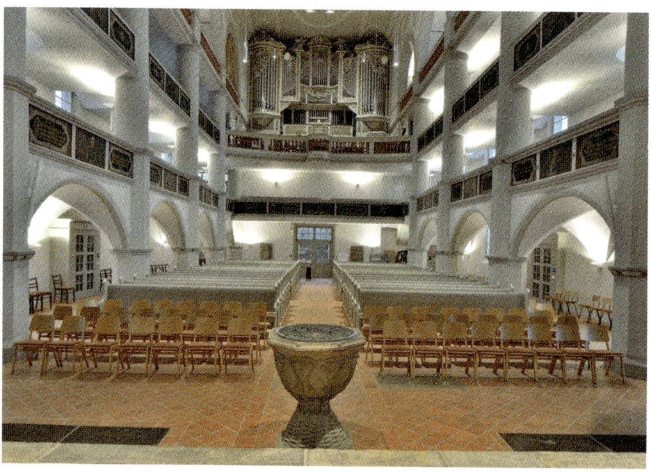

Herzöge und ihrer Familienmitglieder besichtigt werden. Die größte und als Taufkirche Johann Sebastian Bachs wohl auch bekannteste Kirche Eisenachs ist voll von Geschichte und Geschichten. 1221 wurde hier Elisabeth von Thüringen getraut. Martin Luther hat während seiner Schulzeit hier in der Kurrende gesungen und später auch mehrmals in dieser Kirche gepredigt – u.a. kurz vor seiner „Entführung" auf die Wartburg am 2. Mai 1521. 1989 war sie ein Ausgangspunkt für die friedliche Revolution in Eisenach.
Über 100 Jahre wirkten Mitglieder der Familie Bach als Organisten in der St. Georgenkirche. Und am 23. März 1685

wurde Johann Sebastian Bach hier getauft. Der Taufstein zieht bis heute auch viele Musiker an. Die Akustik des Kirchenraumes ist ein besonderer Ohrenschmaus. Und so kommt die Kirche in den sonntäglichen Gottesdiensten und in jährlich mehr als 100 Konzerten zum Klingen. Seit 2017 lädt die Evangelisch-Lutherische Kirchengemeinde immer um den Reformationstag herum zum Bachfest Eisenach ein.

Hamburg

St. Jacobi

Jakobikirchhof 22
T. 040 3037370
jacobus.de

Öffnungszeiten
Mo–Sa 11–17 Uhr,
So nach dem Gottesdienst bis 17 Uhr

Kostenlose Führungen – ohne Anmeldung – jeden 1. und 3. Dienstag im Monat um 13 Uhr nach der Mittagsandacht

Mitten in der Hamburger Innenstadt, zwischen Mönckeberg- und Steinstraße, befindet sich die gotische Hauptkirche St. Jacobi, die 1255 erstmals als Pilgerkapelle erwähnt wurde. Informationen zu Pilgerwegen im In- und Ausland erhalten Sie im ansässigen Pilgerzentrum. Zwischen 1350 und 1400 ersetzte man den Bau durch eine dreischiffige Hallenkirche im gotischen Stil und fügte etwa 100 Jahre später ein viertes Kirchenschiff an der Südseite an (Fertigstellung 1508). Der Sakristeianbau im Nordosten stammt auch aus dieser Zeit (1438). Er ist heute Hamburgs einziges Zeugnis gotischer Profanarchitektur.
Kurz vor Ende des Zweiten Weltkriegs fing der Turm bei der Bombardierung Hamburgs am 18. Juni 1944 Feuer und stürzte in das Kirchenschiff. St. Jacobi wurde bis auf die Grundmauern zerstört. Die historische Innenausstattung und vor allem die kostbaren Pfeifen der Arp-Schnitger-Orgel konnten jedoch gerettet werden, da sie zuvor eingelagert worden waren. Bis 1963 wurde St. Jacobi nach mittelalterlichem Vorbild – mit modernem Turmhelm – wiederhergestellt.

19 Jahre nach seinem ersten Hamburg Besuch kommt der inzwischen schon recht bekannte Johann Sebastian Bach im November 1720 erneut in die Hansestadt, um sich für die Stelle des Organisten an St. Jacobi zu bewerben. Er ist zu dieser Zeit Hofkapellmeister bei Fürst Leopold von Anhalt-Köthen, wo er eine Verkleinerung der Hofkapelle erleben musste und im Juli dieses Jahres seine Frau Maria Bar-

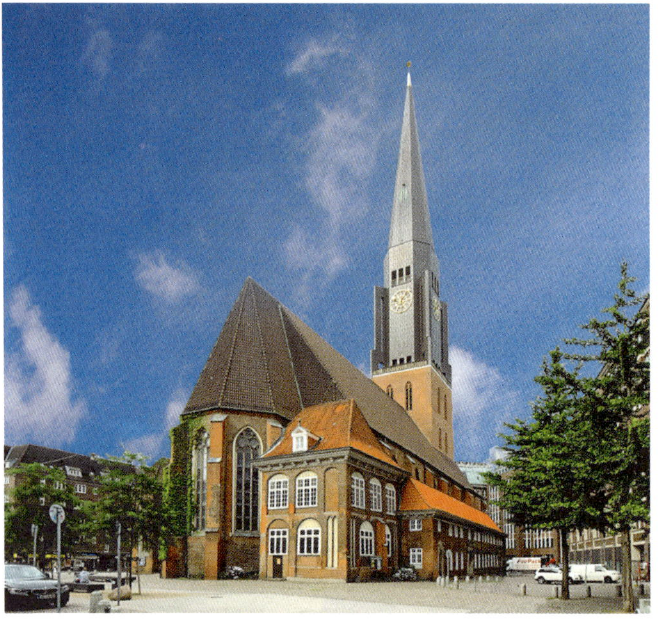

bara verloren hat. Seit 1693 besitzt St. Jacobi eine große Orgel von Arp Schnitger, dessen Instrumente Bach ausgesprochen schätzt. Er ist zwar nicht der einzige Bewerber um die begehrte Stelle, aber ganz sicher der begabteste. Unter den drei Kantoren, die als Gutachter über die Eignung der Kandidaten zu entscheiden haben, ist auch der inzwischen 77 Jahre alte Johann Adam Reincken. Zu einem regulären Probespiel Bachs kommt es allerdings erst gar nicht, da er vorzeitig nach Köthen zurückkehren muss. Doch kann Bach innerhalb eines über zweistündigen Konzerts an der Orgel von St. Katharinen fast eine halbe Stunde lang seine ganze Improvisationskunst über den bei Probespielen üblicherweise vorgelegten Choral „An Wasserflüssen Babylon“ beweisen. Reincken ist ergriffen von Bachs Meisterschaft. „Ich dachte, diese Kunst wäre gestorben; ich sehe aber, dass sie in ihnen noch lebet“, sagt Reincken, als er dem Kandidaten anschließend die Hand drückt. Eigentlich müsste die Bewerbung ein Selbstgänger sein, doch leider steht sie unter keinem guten Stern: Es ist nicht gänzlich auszuschließen, dass Bach 4000 Mark Courant in die Kirchenkasse hätte zahlen müssen, um die Stelle zu bekommen, dies entspricht dem heutigen Gegenwert von ungefähr 20.000 Euro. Erdmann

Neumeister, Hauptpastor an St. Jacobi, ist angesichts der schnöden Geldforderung so außer sich, dass er von der Kanzel herab schimpfte: „Wenn auch einer von den Bethlehemitischen Engeln vom Himmel käme, der göttlich spielt, und wollte Organist zu St. Jacobi werden, hätte aber kein Geld, so mögte er nur wieder davon fliegen." Neben den regelmäßig stattfindenden Kirchenführungen, die kostenlos sind, gibt es zahlreiche spannende Führungen zu den unterschiedlichsten Themen. Musikfreunde kommen z.B. bei der Orgelführung zu der berühmten Arp-Schnitger-Orgel auf ihre Kosten. Arp Schnitgers Orgel in St. Jacobi ist die größte in ihrem klingenden Bestand erhaltene Barockorgel norddeutschen Typs. Sie ist ein Kulturdenkmal unschätzbaren Ranges. Ihre ältesten Teile gehen auf die Reformationszeit zurück, lange blieb sie unversehrt. Erst im 20. Jahrhundert erlitt sie größere Schäden, doch blieb die Substanz zu 80 Prozent erhalten. Nach einer aufwändigen Restaurierung 1993 erstrahlt sie wieder in altem Glanz. Absolut sehenswert sind auch die Kunstschätze der Jacobikirche, wie die drei mittelalterlichen Flügelaltäre oder die bekannte Stadtansicht Hamburgs von Joachim Luhns aus dem Jahr 1681. Beliebt sind auch die Chor- und Orgelkonzerte in St. Jacobi sowie die wechselnden Kunstausstellungen im Südschiff der Hamburger Hauptkirche.

St. Katharinen

Katharinenkirchhof 1
T. 040 303747-30
katharinen-hamburg.de

Erstmals in einer Urkunde von 1256 erwähnt, war St. Katharinen der Mittelpunkt der Gemeinde auf den Elbinseln Grimm, Cremon, Brook, Wandrahm und Kehrwieder. Der Neubau des Langhauses wurde um 1450 abgeschlossen. In den Jahren 1566 bis 1568 wurde die Turmfassade mit Sandstein im Stil der Renaissance gestaltet und durch den zu der Zeit in Hamburg ansässigen Maler Daniel Freese farbig gefasst. Von dem Künstler stammte auch das Gemälde „Urteil Salomonis" als Pfeilerbekleidung. Das Mittelschiff besitzt eine Höhe von 29 Metern. Während der Fastnachtsflut am 14. Februar 1648 wurde der Turm zerstört. Der 1657 errichtete barocke Turmhelm mit mehreren Stufen trägt die Krone der heiligen Katharina. Das Zollanschlussabkommen vom 25. Mai 1881 brachte mit

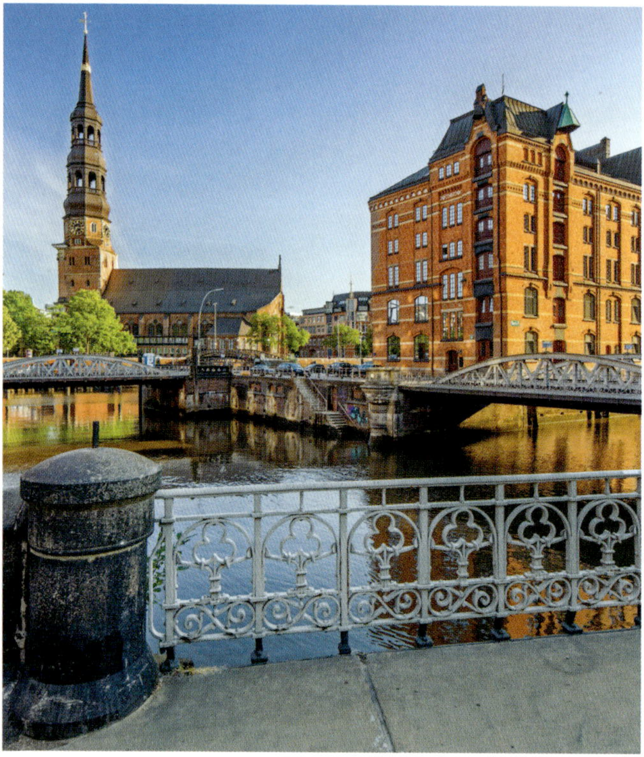

dem Bau der Speicherstadt die Zwangsumsiedlung von etwa 20.000 Menschen und eine massive Verkleinerung des Kirchspiels von St. Katharinen mit sich. Durch die Bombenangriffe Ende Juli 1943 wurde St. Katharinen weitgehend zerstört, aber in den Jahren 1950 bis 1956 wiederaufgebaut. Als dem städtebaulichen Projekt HafenCity nahegelegene und zuständige Kirche wurde sie in den Jahren 2007 bis 2012 umfassend saniert. Nach dem Neuaufbau der Strebepfeiler, dem Austausch von Mauerwerk und der Erneuerung des Kupferdachs erfolgte 2013 die Wiederherstellung der 1943 zerstörten Orgel.
Hinweise auf eine Orgel gibt es bereits um 1400. Zwischen 1559 und 1591 arbeitete die führende Orgelbauerfamilie Scherer an der Orgel, die zu ihrer Zeit als das bedeutendste Instrument Hamburgs galt. Bei weiteren Umbauten im Laufe des 17. Jahrhunderts wurde sie auf insgesamt 58 Register und auf vier Manualwerke erweitert. Johann Sebastian Bach spielte 1720 vor den Honoratioren der Stadt auf der Orgel, deren Zungenregister er sehr schätzte; seine

Fuge g-Moll (BWV 542/2) geht vielleicht auf eine Improvisation bei diesem Ereignis zurück.
Von der historischen Orgel, die 1943 weitgehend zerstört wurde, blieben zunächst 1016 Pfeifen erhalten. Diese bildeten zusammen mit Fotos von der äußeren Anlage und einer vor 1943 erstellten Dokumentation den Ausgangspunkt für eine wissenschaftlich verantwortete Rekonstruktion des Instruments. Die Kirchengemeinde brachte für das Projekt, das von der 2005 gegründeten „Stiftung Johann Sebastian – eine Orgel für Bach" flankiert wurde, 3,2 Millionen Euro an Spenden auf. Die Einweihung erfolgte am 9. Juni 2013.

Köthen

Bachfesttage

Köthener Bachgesellschaft
Prinzessinnenhaus
Schloßplatz 5
T. 03496 303985
bachfesttage.de

In den Jahren 1717 bis 1723 wirkte Johann Sebastian Bach als Hofkapellmeister am Köthener Hof. Alle zwei Jahre feiern internationale Musikerinnen und Musiker mit Menschen aus der Region und auswärtigen Gästen den experimentierfreudigen und leidenschaftlichen jungen Bach, der in Köthen seine glücklichsten und produktivsten Jahre verbracht hat.

Bachhaus

Wohnhaus des Komponisten Johann Sebastian Bach während seines Aufenthaltes 1717 bis 1723 in Köthen (Anhalt). Mit großer Wahrscheinlichkeit wohnte er zunächst von Dezember 1717 bis 1719 in der Schalaunischen Straße 44, bis der Neubau Wallstraße 25/26 fertig war, dann zog er in diesen Neubau. Köthen hatte demnach zwei Bachhäuser. Heute steht in der Schalaunischen Straße 44 ein 1968 erbautes Kaufhaus, das auch das Grundstück Holzmarkt 10 überbaut. Das zweite steht noch heute als Teil des Pflegeheims St. Elisabeth mitten im Köthener Barockviertel, Wallstraße 25/26

Jakobskirche

Die St.-Jakobs-Kirche liegt im Herzen der Stadt. Sie ist der spätgotische Nachfolgebau einer romanischen Kirche aus dem 12./13. Jahrhundert. In der zweiten Hälfte des 19. Jahrhunderts wurde das Gebäude renoviert und dabei teilweise umgestaltet. Die Gruft der Kirche ist die Grablege des Fürstenhauses von Anhalt-Köthen.
Bis 1866 stand in St. Jakob eine Orgel von Zacharias Thayßner, die jedoch störanfällig und während Johann Sebastian Bachs Wirkungszeit (1717–1723) in Köthen sogar unspielbar gewesen sein soll.

Marktplatz
T. 03496 214157
evangelisch-koethen.de

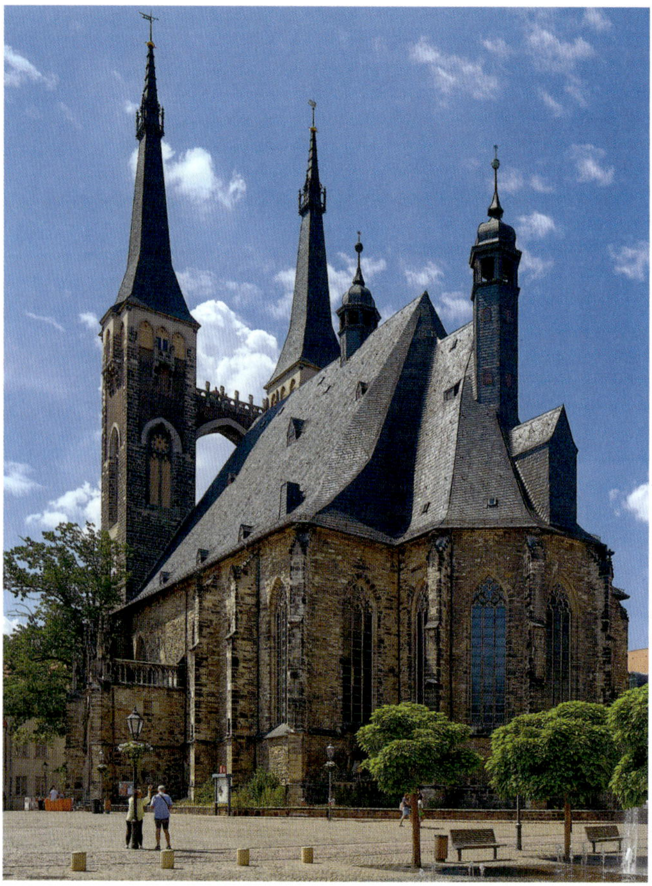

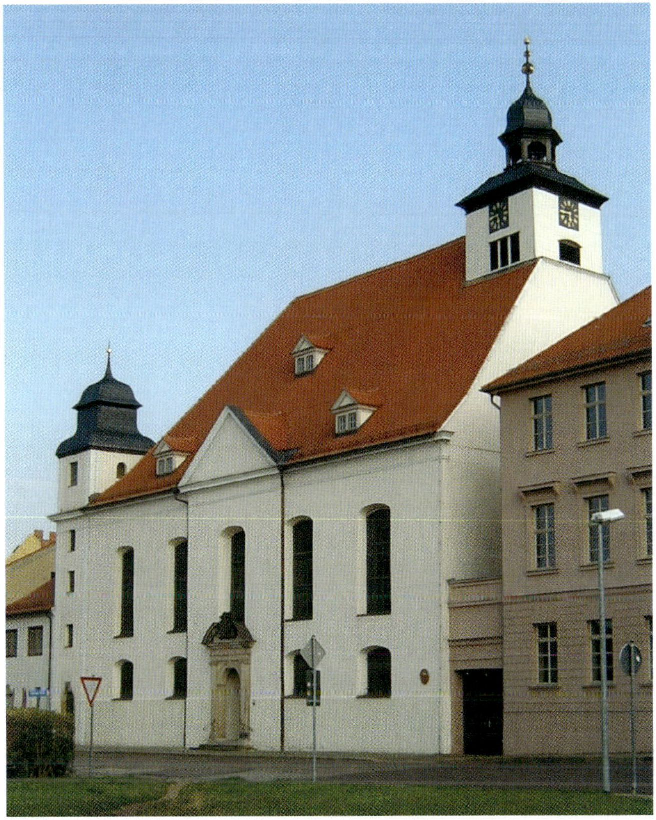

Agnuskirche

Stiftstraße 11
T. 03496 214157
evangelisch-koethen.de

Die St.-Agnus-Kirche ist eine evangelische Kirche. Sie wurde 1699 für die damalige kleine lutherische Gemeinde im reformierten Köthen gebaut. Während seiner Köthener Jahre gehörte Johann Sebastian Bach als Gemeindeglied zur Agnuskirche. Sein Name erscheint regelmäßig im Konfitentenregister und im Kommunikantenregister. Der Abendmahlskelch aus jener Zeit wird in der Kirche aufbewahrt und auch heute noch dafür benutzt.
Nach Umgestaltungen des 19. Jahrhunderts im klassizistischen und neugotischen Zeitgeschmack und einer vereinfachenden Sanierung in den 1960er Jahren erfolgte von 1996 bis 2012 die bisher letzte Innen- und Außenrestaurierung.

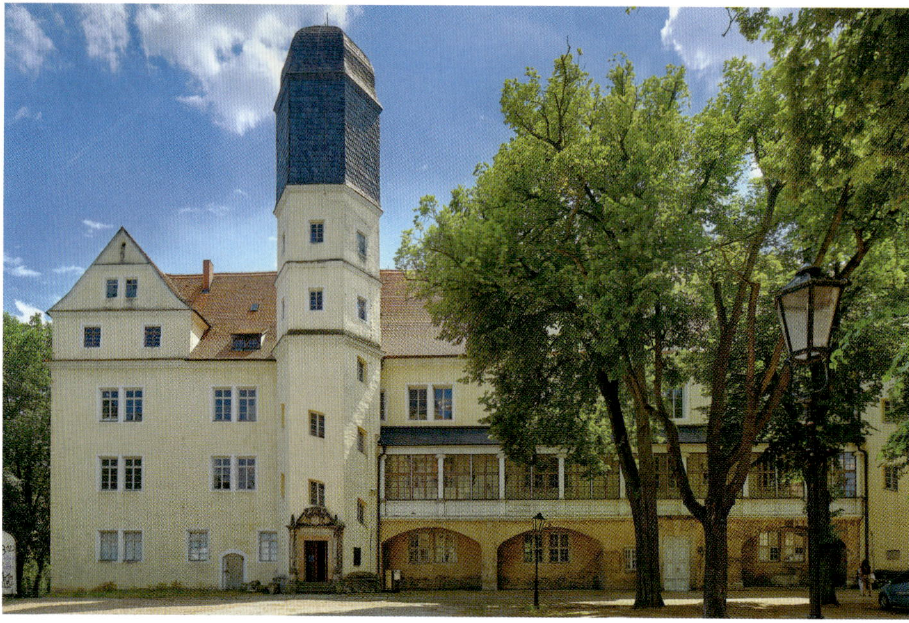

Schloss

Das Schloss Köthen ist ein Gebäudeensemble im Herzen der Stadt Köthen, das von 1244 bis 1847 als anhaltische Fürstenresidenz diente. Ab 1603 war es Sitz der Linie Anhalt-Köthen der Askanier. Das Schloss wird von der Kulturstiftung Sachsen-Anhalt als Eigentümerin verwaltet.

Johann Sebastian Bach war Hofkapellmeister Leopolds von Anhalt-Köthen und schuf hier Teile seiner „Brandenburgischen Konzerte" und seines Zyklus „Das wohltemperierte Klavier". Eine Bach-Gedenkstätte befindet sich im Ludwigsbau.

Schlossplatz 4
T. 03496 70099260
schlosskoethen.de

Leipzig

Das Alte Rathaus als Bachstätte

Serviceinformationen:

Stadtgeschichtliches
Museum Leipzig
Altes Rathaus
Markt 1
04109 Leipzig

T. 0341 9651340
www.stadtmuseum-leipzig.de

Öffnungszeiten
Di–So, feiertags
10–18 Uhr
24.12. und 31.12.
geschlossen

Das vom Bürgermeister und kurfürstlichen Baumeister Hieronymus Lotter 1556 erbaute Rathaus ist eines der Hauptwerke der deutschen Renaissancearchitektur. Das Raumprogramm mit Festsaal, Ratsstube, Schatzkammer, Gerichts- und Stadtschreiberstuben, Archiv sowie anderen Amtsräumen entsprach den Verpflichtungen der Stadt als bedeutendem Handelszentrum. Der Festsaal wurde vom 16. bis 19. Jahrhundert für Festlichkeiten der sächsischen Landesfürsten sowie für Patrizierhochzeiten, Handwerkerfeste und Studentenbälle genutzt. Er diente bis ins 19. Jahrhundert hinein auch als Gerichtssaal.
Am 05. Mai 1723 unterschrieb Johann Sebastian Bach in der Ratsstube seinen Anstellungsvertrag als Kantor an der Thomasschule und städtischer Musikdirektor. Seine 27 Jahre dauernde Amtszeit war immer wieder von Kontroversen mit seinen Dienstherren in Kirche, Stadt und Schule überschattet, die ihn im Alten Rathaus oft um bessere Arbeitsbedingungen nachsuchen ließen.
Bachstätte ist das Alte Rathaus auch deshalb, weil hier das bekannteste aller Bach-Porträts gezeigt wird, das überlieferte Originalbild des Komponisten. Es wurde vom Leipzi-

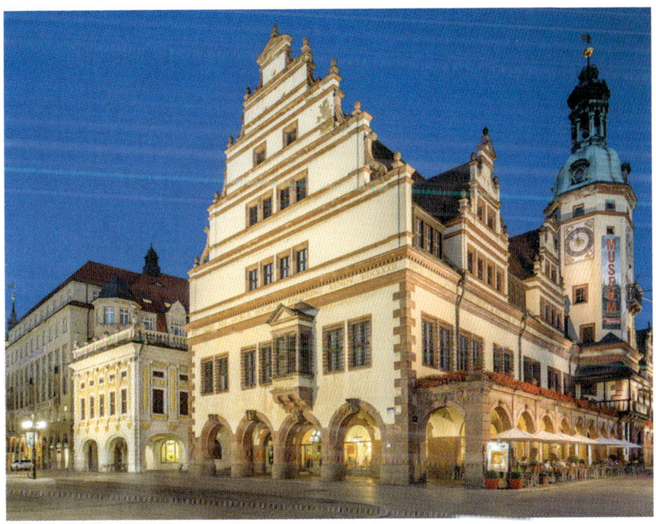

ger Rats- und sächsischen Hofmaler Elias Gottlob Haußmann gemalt und entstand vier Jahre vor Bachs Tod. Das Gemälde zeigt den 61-jährigen Thomaskantor als lebensgroße Halbfigur in barocktypischer offizieller Pose: mit formeller, bürgerlicher Kleidung, ernster Miene und weiß gepuderter Perücke. Der sechsstimmige Kanon in seiner Hand, den Basstönen der Goldberg-Variationen sehr verwandt, weist ihn als gelehrten Musiker aus.

Stadt- und Pfarrkirche St. Nikolai

Oktober 1989: Tausende Menschen versammeln sich in der Nikolaikirche zum Friedensgebet am Montag. Mit Kerzen demonstrieren sie für einen friedlichen Wandel. Die Kraft der Gebete, die Macht der Worte: Sie überwinden 1989 ein politisches System und machen die Nikolaikirche zum Ort der Friedlichen Revolution.
Als zentrale Stadt- und Pfarrkirche steht die Nikolaikirche schon seit dem 12. Jahrhundert im Mittelpunkt des Geschehens der aufstrebenden Handels- und späteren Messestadt Leipzig. Zunächst im romanischen Stil erbaut, erfolgt im 15. und 16. Jahrhundert die Umwandlung zur spätgotischen Hallenkirche. Mit dem Amtsantritt von Johann Sebastian Bach wird die Nikolaikirche zum Ort zahlreicher Erstaufführungen seiner Werke. Nicht nur eine

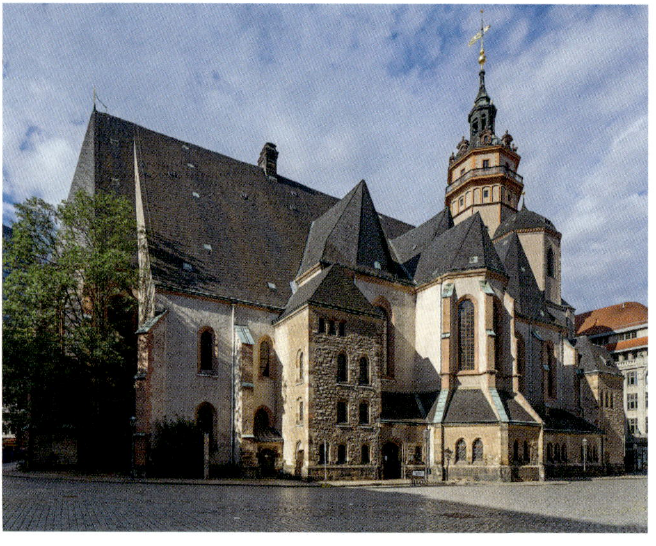

Regelmäßige Veranstaltungen in der Nikolaikirche:
Montag, 17 Uhr
Friedensgebet
Dienstag, 17 Uhr
Kirchenführung
Mittwoch, 17 Uhr
Musik und Besinnung
Freitag, 16.30 Uhr
Orgelführung, anschließend Kirchenführung
Samstag, 17 Uhr
Orgelvesper
Sonntag, 10 Uhr
Gottesdienst

Nikolaikirchhof 3
nikolaikirche.de

Öffnungszeiten der Kirche:
Mo–Fr 11–18 Uhr,
Sa 11–16 Uhr,
So 10–14.30 Uhr

Vielzahl seiner Kantaten erklingt hier zum ersten Mal im Gottesdienst, sondern u.a. die „Johannespassion“ und die Kantaten des „Weihnachtsoratoriums“. Ende des 18. Jahrhunderts wurde der Innenraum der Kirche klassizistisch umgestaltet. Die große Ladegast-Orgel aus dem Jahr 1862 wurde 2004 restauriert und erweitert. Sie ist heute das größte Instrument in Sachsen.

Thomaskirche

Thomaskirchhof 18
thomaskirche.org

Öffnungszeiten
täglich von 9–18 Uhr

Aufgrund von Proben oder Dreharbeiten kann es zu kurzfristigen Änderungen kommen.

Die öffentlichen Kirchenführungen: Anfang April bis Ende Oktober jeden Mittwoch um 11 Uhr. Ehrenamtliche Kirchenführer zeigen die und erläutern die Geschichte der Thomaskirche.

Kirchenführungen für Gruppen auf Anfrage

Die Thomaskirche in Leipzig ist – zusammen mit der Nikolaikirche – eine der beiden Hauptkirchen der Stadt und als Wirkungsstätte Johann Sebastian Bachs und des Thomanerchores weltweit bekannt.
Die Grundmauern einer romanischen Kirche stammen von etwa 1160. Zwischen 1212 und 1222 wurde diese ältere Marktkirche zur Stiftskirche des neuen Thomasklosters der Augustiner-Chorherren umgebaut. Der heute weltbrühmte Thomanerchor wurde bereits 1212 gegründet und ist somit einer der ältesten Knabenchöre Deutschlands. Im Laufe der Geschichte bekleideten immer wieder bedeutende Komponisten und ausübende Musiker das angesehene Amt des Thomaskantors.
Im Laufe der Jahrhunderte erfuhr die Kirche einige An- und Umbauten; am bedeutendsten ist dabei der 68 Meter hohe Turm, dessen unterstes Geschoss noch aus der Zeit vor 1355 stammt, der im 14. Jahrhundert den achteckigen Aufsatz und Mitte des 19. Jahrhunderts seine jetzige Gestalt erhielt. Zu Pfingsten 1539 predigte hier der Reformator Martin Luther.
Die heutige äußere Gestalt der Kirche ist vor allem von Renovierungen und Umbauten des 19. Jahrhunderts geprägt. Neben mehreren Kindern Bachs wurde in der Thomaskirche u. a. im Jahr 1871 Karl Liebknecht getauft.

Bach Grab
In der Thomaskirche befinden sich seit 1949 die mutmaßlichen Gebeine von Johann Sebastian Bach. Von einigen modernen Musikwissenschaftlern wird deren Identität in Zweifel gezogen und ein DNA-Vergleich mit den zweifelsfrei erhaltenen Knochen seines Sohns Carl Philipp Emanuel gefordert; ein solcher ist bislang nicht erfolgt.

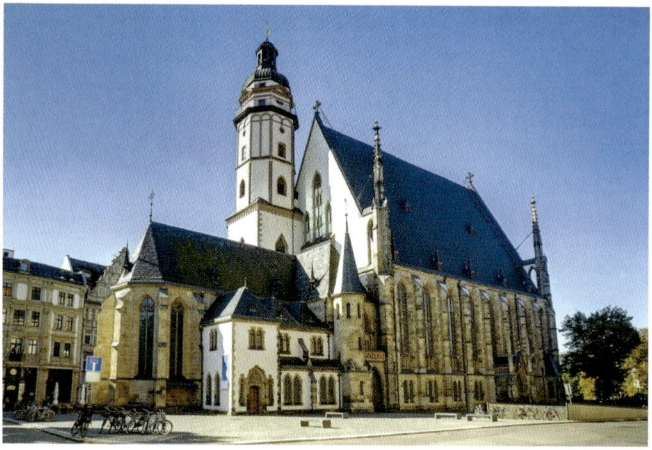

Bach-Orgel

Im Zuge der vollständigen Restaurierung der Thomaskirche in den Jahren 1997 bis 2000 wurde auf der Nordempore gegenüber dem Bach-Fenster die Bach-Orgel von Gerald Woehl (Marburg) gebaut. Ihr Klangbild orientiert sich am Stil des mitteldeutschen Orgelbaus des 18. Jahrhunderts. Die Bach-Orgel verfügt über 61 Register auf 4 Manualen und Pedal, Zimbelstern und ein Glockenspiel. Das Gehäuse zitiert die Orgel der 1968 gesprengten Universitätskirche. Diese hatte Johann Sebastian Bach 1717 begutachtet und auf ihr immer wieder gespielt.

Bach-Fenster

Das Bach-Fenster wurde 1895 vermutlich von Carl de Bouché gestaltet und ist Teil der fünf Memorialfenster auf der Südseite des gotischen Langhauses. Links und rechts des Bach-Porträts sind zwei Spruchbänder mit Zitaten aus zwei großen Werken des Thomaskantors zu sehen: „Singet dem Herrn ein neues Lied. J.J.“ und „Kommt ihr Töchter helft mir klagen. SDG“. Die beiden Abkürzungen stehen für „Jesu Juva = Jesus, hilf!“ und „Soli Deo Gloria = Gott allein die Ehre“. Auf der Höhe des Bach-Fensters wurde 1908 das Bachdenkmal auf dem südlichen Thomaskirchhof errichtet.

Bosehaus (Bach-Archiv/Bach-Museum)

Thomaskirchhof 15/16
T. 0341 9137-202
Di–So 10–18 Uhr
bachmuseumleipzig.de

Das Bach-Archiv Leipzig ist die zentrale Forschungs- und Dokumentationsstelle zum Leben und Werk von Johann Sebastian Bach. Darüber hinaus widmet es sich der Bach-Familie und deren musikalischem Wirken insgesamt.
Das Archiv wurde anlässlich des 200. Todestages Johann Sebastian Bachs im Jahre 1950 gegründet. Ziel der neuen Einrichtung war die Zusammenführung und zentrale Archivierung aller Manuskripte und historischen Dokumente im Zusammenhang mit dem Komponisten sowie die Schaffung einer Bach-Forschungsstelle.
Heute ist das Archiv ein weltweites Zentrum der Bach-Forschung. Es beherbergt eine wissenschaftliche Spezialbibliothek zum Thema Bach. Das Archiv enthält auch Manuskripte und Sonderfassungen der Werke Bachs, wie beispielsweise die spieltechnischen Einrichtungen von Leonhard Scholz.
Über seinen Forschungsauftrag hinaus wendet sich das Bach-Archiv an die Öffentlichkeit: einmal mit dem Bach-Museum, zum anderen mit der Durchführung internationaler Veranstaltungen, vor allem des jährlich stattfindenden Leipziger Bachfestes sowie des Internationalen Johann-Sebastian-Bach-Wettbewerbs.

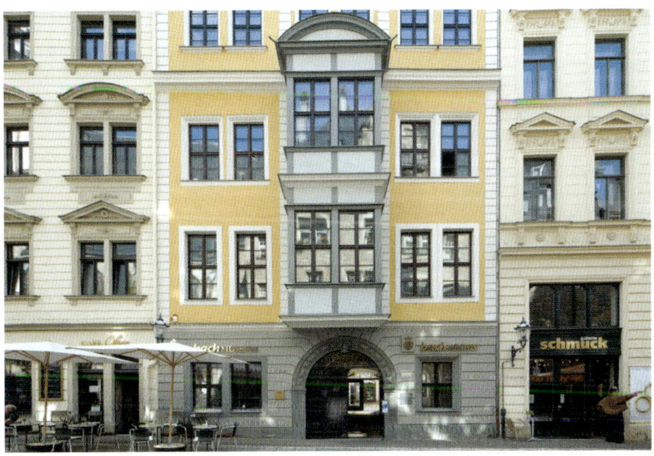

GRASSI Museum (Musikinstrumentenmuseum der Leipziger Universität)

Das Grassimuseum beheimatet heute das Museum für Angewandte Kunst (früher: Kunstgewerbemuseum bzw. Museum des Kunsthandwerks), das Museum für Völkerkunde zu Leipzig und das Museum für Musikinstrumente der Universität Leipzig.

Johannisplatz 5–11
T. 0341 2229-100
grassimuseum.de

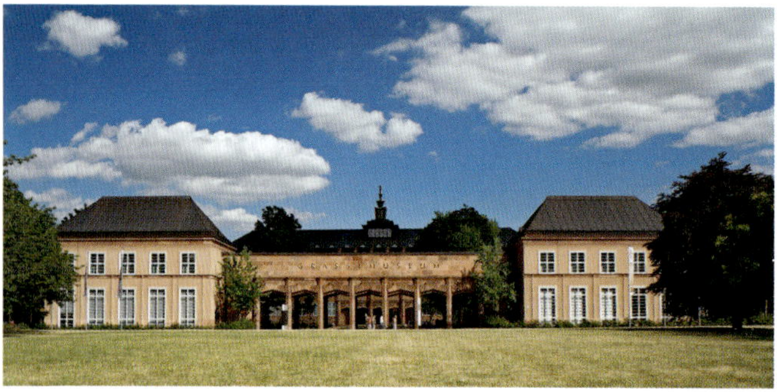

Im Musikinstrumentenmuseum (GRASSI-Museum) ist eine Abteilung Bachs Wirken als „Director chori musici" gewidmet. Hier sind Objekte aus dem Umkreis von Bach sowie eine wertvolle Instrumentensammlung aus der ersten Hälfte des 18. Jahrhunderts zu sehen. Die ausgestellten Stücke sind überwiegend von Leipziger Meistern gefertigt worden. Bach, der sich immer auch für die Instrumentenherstellung interessierte, hatte vielfältige Beziehungen zu Leipziger Meistern. Musikinstrumente aus Bachs eigenem Besitz sind hier allerdings nicht zu sehen, sie wurden bald nach seinem Tod von den Erben verkauft.

Lübeck

1705 nahm J.S. Bach sich Urlaub, er war damals als Organist in Arnstadt angestellt und reiste zu Fuß nach Lübeck zum berühmten Organisten der Marienkirche, Dietrich Buxtehude. Aus den vorgesehenen 4 Wochen wurden dann doch mehrere Monate, in denen er das Spiel Buxtehudes studieren konnte. Wohl machte er sich auch Hoffnungen auf die Nachfolge des inzwischen siebzigjährigen Organisten, wenn damit nicht eine Bedingung mit verbunden wäre. Um die Stelle zu bekommen, hätte Johann Sebastian Bach in Lübeck die Tochter Buxtehudes Anna Margaretha zur Frau nehmen müssen, die schon etwa zehn Jahre älter war.

Marienkirche

Marienkirchhof 1
T. 0451 397700
st-marien-luebeck.de

Die Marienkirche (offiziell St. Marien zu Lübeck) wurde zwischen 1265 und 1351 errichtet. Die Lübecker Markt- und Hauptpfarrkirche befindet sich auf dem höchsten Punkt der Lübecker Altstadtinsel, ist Teil des UNESCO-Welterbes Lübecker Altstadt und eine der größten Backsteinkirchen. Sie wird als „Mutterkirche der Backsteingotik" bezeichnet und gilt als ein Hauptwerk des Kirchenbaus im Ostseeraum.
In der Nacht zum Palmsonntag vom 28. zum 29. März 1942 brannte die Marienkirche (wie auch der Dom und die Petrikirche) bei dem Luftangriff auf Lübeck, der ein Fünftel der Innenstadt zerstörte, fast völlig aus. Der Wiederaufbau begann 1947 und wurde zwölf Jahre später größtenteils abgeschlossen.
Vor allem zwei Organisten im 17. Jahrhundert prägten die Musiktradition an St. Marien: Franz Tunder von 1642 bis

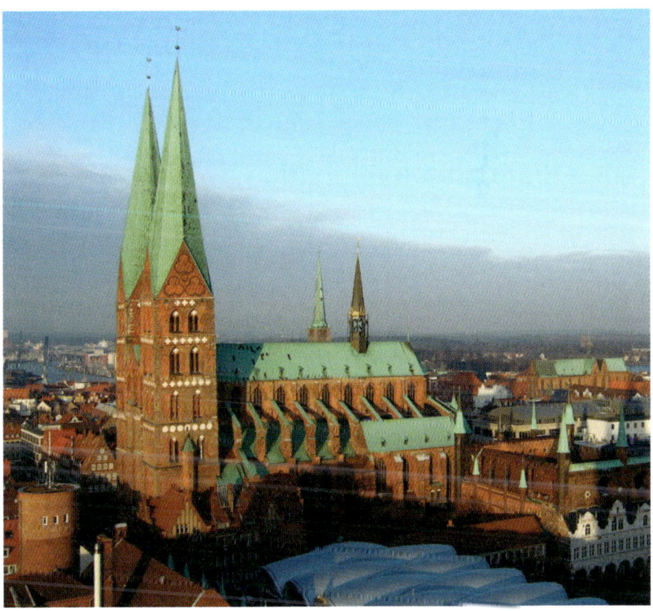

zu seinem Tode 1667, und sein Nachfolger und Schwiegersohn Dietrich Buxtehude von 1668 bis 1707. Beide waren exponierte Vertreter der Norddeutschen Orgelschule und traten sowohl als Organisten als auch als Komponisten hervor. 1705 kam Johann Sebastian Bach nach Lübeck, um Buxtehude zu „behorchen“, und schon 1703 waren Georg Friedrich Händel und Johann Mattheson bei Buxtehude zu Gast. Seither gilt die Stelle des Organisten an St. Marien als eine der herausragenden Organistenstellen in Deutschland überhaupt. Mit den Lübecker Abendmusiken führten Tunder und Buxtehude als erste überhaupt vom Gottesdienst losgelöste Kirchenkonzerte ein.

Lüneburg

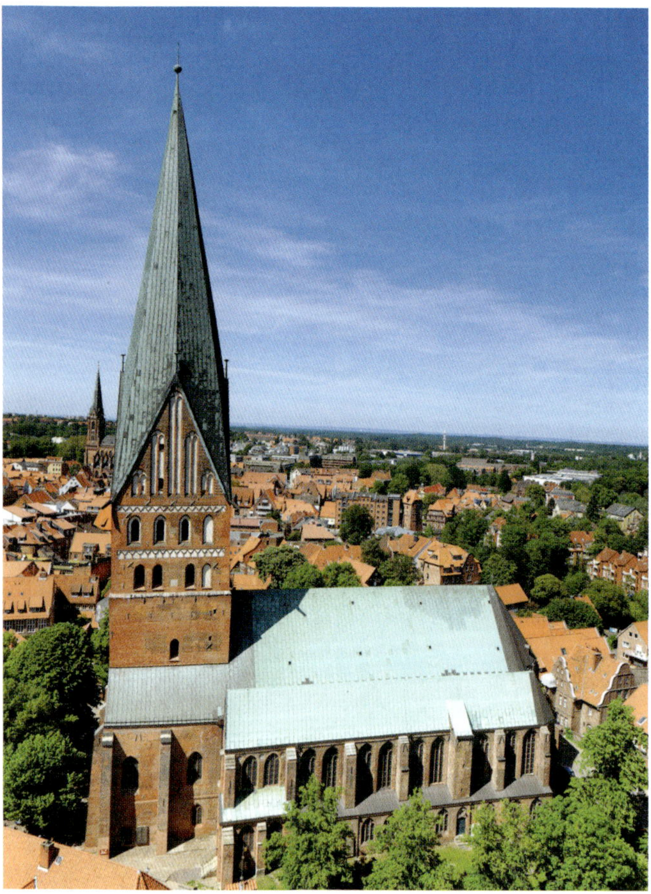

St. Johannis

St. Johanniskirche 2
T. 04131 44542
St-johanniskirche.de

Die evangelisch-lutherische Hauptkirche St. Johannis ist die älteste Kirche der Stadt Lüneburg. Sie liegt an dem Platz Am Sande im Stadtzentrum und gilt als bedeutendes Bauwerk der norddeutschen Backsteingotik. Die fünfschiffige gotische Hallenkirche wurde zwischen 1289 und 1470 erbaut. Eine erste urkundliche Erwähnung des Vorgängerbaus datiert auf 1174. Der Großteil des Kirchengebäudes wurde 1372 fertiggestellt, der Turm 1384 mit einer Höhe von 110 Metern vollendet. Nach einigen weiteren Ausbauten kann der Bau der Kirche 1470 als vollendet angesehen werden.
Die historische Orgel auf der Westempore wurde 1553 von Hendrik Niehoff und Jasper Johansen fertiggestellt und in den Jahren 1652 und 1715 erweitert. An ihr wirkte 1698 bis 1733 Georg Böhm, der berühmteste St.-Johannis-Kantor, dem hier der junge Johann Sebastian Bach gelauscht haben und der ihm auch Unterricht gegeben haben soll.

St. Michaelis

Johann-Sebastian-Bach-Platz
T. 04131 2873311
sankt-michaelis.de

St. Michaelis ist eine der Hauptkirchen in Lüneburg. Die Klosterkirche des ehemaligen Benediktinerklosters St. Mi-

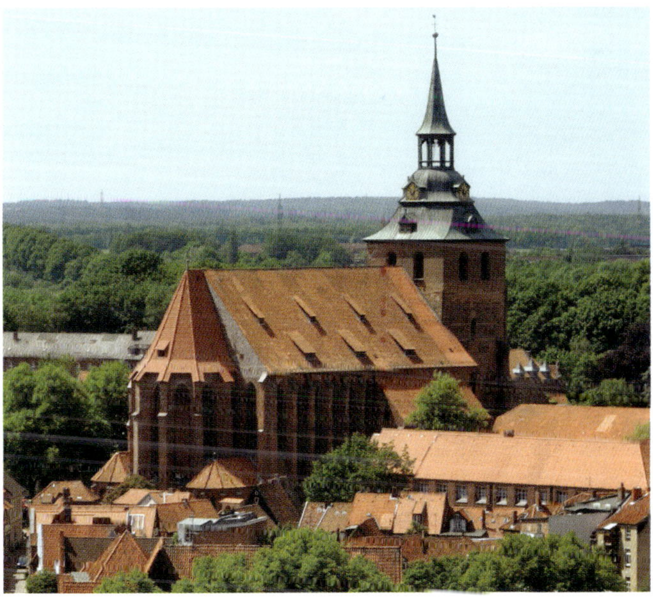

chael stammt aus dem 14. Jahrhundert und wird auch durch den Abschluss Johann Sebastian Bachs an der dortigen Michaelisschule „Bachkirche St. Michaelis" genannt. Die älteste Urkunde, die von der Kirche und dem Kloster St. Michaelis in Lüneburg zeugt, stellt zugleich den ältesten Beleg für die Existenz der Stadt dar: Otto I. (der Große) gesteht im Jahre 956 dem Michaeliskloster die Zolleinnahmen aus den Verkäufen der Saline zu. Das Salzvorkommen bildete schon damals die Grundlage für den Reichtum der Stadt.

Die Grundsteinlegung der heutigen Kirche erfolgte im Jahr 1376. 1379 war die Unterkirche fertig. Die Hauptkirche mit der ursprünglich nicht geplanten Abtskapelle wurde 1412 vollendet. An dem Turm wurde bis 1434 gebaut. Die Kirche steht auf der Abbruchkante eines Salzstocks, und dadurch sind die mächtigen Rundpfeiler bis zu 70 Zentimeter aus dem Lot geraten.

Während des Aufenthalts von J.S.B. in Lüneburg wurde eine Chororgel für St. Michaelis gebaut. Hier knüpfte Bach Kontakt zu Balthasar Held, einem engen Mitarbeiter des berühmten Orgelbauers Arp Schnitger. Und im Chor der Partikularschule des Michaelisklosters sang er in der Zeit von April 1700 bis August 1702.

St. Nicolai

St. Nicolai ist die jüngste und kleinste der drei Hauptkirchen der Stadt Lüneburg. Die dem heiligen Nikolaus von Myra geweihte Kirche ist eine dreischiffige Basilika. Sie wurde von

Lüner Straße 15
T. 04131 2430770
st-nicolai.wir-e.de

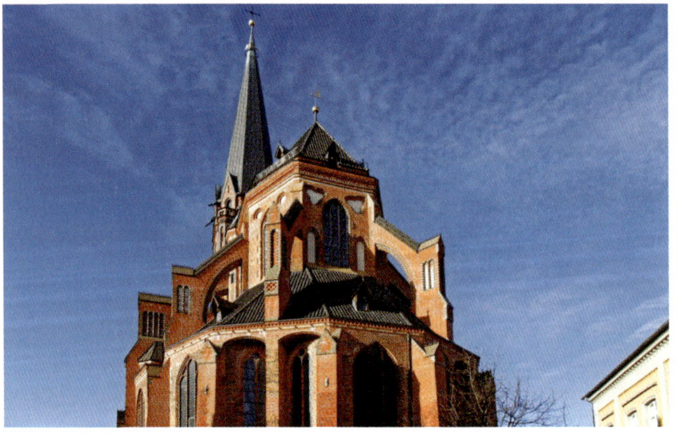

1407 bis 1440 im Stil der Backsteingotik errichtet. St. Nicolai ist eine querschifflose Pfeilerbasilika mit einem vierjochigen Langhaus mit Chorjoch. Beeindruckend ist das etwa 7,20 Meter breite und 28,70 Meter hohe gotische Mittelschiff mit dem in Norddeutschland einmaligen achtzackigen Sternengewölbe und mit seinem mittelalterlichen Gepräge. Durch zahlreiche Restaurierungen ist die gotische Kirche stark vom 19. Jahrhundert geprägt.
Auffällig ist der im Stil der Neugotik erbaute, 92,7 Meter hohe Backsteinturm, der erst 1895 neu errichtet wurde und zu den höchsten Kirchtürmen Niedersachsens gehört. Als Bach sich in Lüneburg aufhielt, waren zwei bekannte Organisten dort tätig. Zum einen wirkte Georg Böhm in der St. Johanniskirche und gleichzeitig Johann Jakob Löwe in St. Nicolai. Beide müssen den jungen Bach inspiriert haben, denn kurz nach seiner Zeit in Lüneburg wurde er schon im Alter von 19 Jahren für fähig befunden, als Organist in Arnstadt tätig zu sein.

Mühlhausen

Johann Sebastian Bach in Mühlhausen

Tourist Information Mühlhausen
muehlhausen.de/tourismus

Stadtführung
Orgelführung „Bach hören“

Jährliche Sonderführung zum Bach-Geburtstag:
„Auf den Spuren von Johann Sebastian Bach“ am 21. März

Nach dem Tod des langjährigen Organisten und Ratsherren Johann Georg Ahle suchte man in der damaligen Freien Reichsstadt Mühlhausen, das als Zentrum protestantischer Kirchenmusik galt, einen würdigen Nachfolger. Nach seinem Orgelvorspiel am 24. April 1707 (Ostersonntag) wurde der erst 22-jährige Johann Sebastian Bach am 15. Juni nach einstimmigem Votum der Ratsherren zum Organisten der Kirche Divi Blasii bestellt. Seine Aufgaben umfassten die musikalische Gestaltung der Gottesdienste in der Hauptkirche und den drei Nebenkirchen sowie die Instandhaltung der Orgelwerke. Mit der damaligen Orgel zeigte sich Bach unzufrieden und legte dem Stadtrat im Februar 1708 einen umfassenden Forderungskatalog zum Umbau vor. Die heutige Orgel in Divi Blasii wurde 1959 von dem Orgelbauer Schuke nach entsprechendem Rat von Albert Schweitzer (1875–1965) nach Bachs Orgeldisposition von 1708 erbaut.

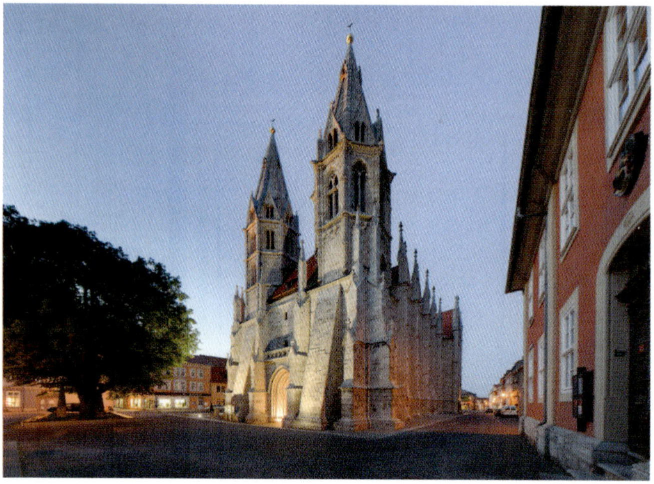

Divi-Blasii-Kirche und Bachdenkmal
Untermarkt

Öffnungszeiten
Di–So 10–17 Uhr,
So 11–17 Uhr,
feiertags 10–17 Uhr

In Mühlhausen schuf Johann Sebastian Bach Kompositionen wie die Kantaten „Aus der Tiefe rufe ich, Herr zu Dir" (BWV 131) und die sog. Ratswechselkantate „Gott ist mein König" (BWV 71), die neben anderen Werken seine Mühlhäuser Zeit als die der „frühen Meisterschaft" charakterisieren. Noch während Bachs Wirken in Mühlhausen wurde die Ratswechselkantate in der größten Kirche der Stadt, St. Marien, erstmals aufgeführt. Sie gilt als das erste zu Bachs Lebzeiten von ihm gedruckte Werk, das bis heute erhalten geblieben ist. Bereits am 25. Juni 1708 reichte Bach sein Entlassungsgesuch ein, wofür eine Vielzahl von Gründen verantwortlich war. Auch danach blieb er der Stadt Mühlhausen lebenslang verbunden.
Nach ihm ist ein Platz an der imposanten Hallenkirche Divi Blasii benannt, eine Gedenktafel am Westportal dieser Kirche erinnert an sein Wirken in Mühlhausen. 2009 wurde vor der Divi-Blasii-Kirche das vom Hallenser Künstler Klaus Friedrich Messerschmidt geschaffene Bachdenkmal feierlich eingeweiht.
Seit 2020 machen drei Bach-Stationen im Stadtraum die Zeit des Musikers in Mühlhausen multimedial erlebbar. Diese befinden sich in der Divi-Blasii-Kirche, vor der Kirche St. Marien und in der Alten Kanzlei im Rathaus, wo Bach seinen Anstellungsvertrag unterschrieben haben soll.
Im Reichsstädtischen Archiv im Historischen Rathaus werden bis heute einige Originaldokumente aus Bachs Mühlhausen-Zeit verwahrt. Dazu gehören:

Historisches Rathaus mit Alter Kanzlei und Reichsstädtischem Archiv
Ratsstraße 19
T. 03601 404770
thueringen.info

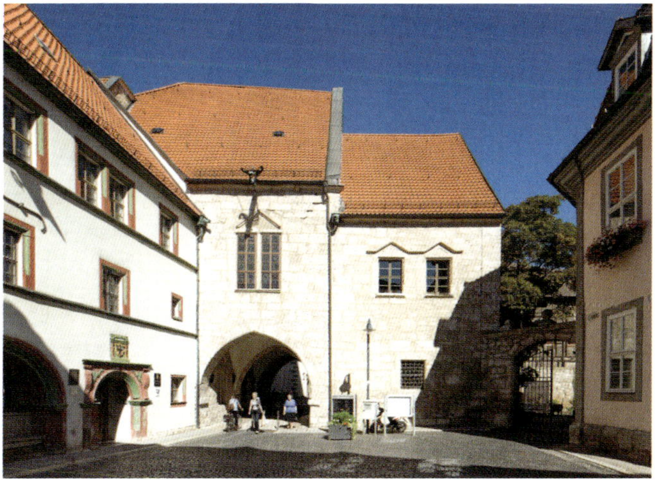

1. Die Orgeldisposition Bachs, in der er den Reparaturbedarf der Divi-Blasii-Orgel vermerkt und an die moderne Zeit anpasst. Diese Disposition war Grundlage für die Restaurierung im 20. Jahrhundert (datiert auf Februar 1708).
2. Sein Abschiedsgesuch (vom 25. Juni 1708)
3. Das Rechnungsbuch von 1708, das die Zahlung für die Erstellung der Ratskantate belegt.
4. Ein Brief Bachs an den Rat, in dem er in späteren Jahren seinen Sohn auf die freigewordene Organistenstelle empfiehlt.

Museum St. Marien / Müntzergedenkstätte

Bei der Marienkirche
T. 03601 85660
mhl-museen.de

Öffnungszeiten
Nov–Feb. Di–So
10–16 Uhr
Mrz–Okt. Di–So
10–17 Uhr

Die eindrucksvolle Mühlhäuser Marienkirche ist mit ihrem 86,7 Meter hohen Mittelturm weit über die Stadtgrenzen hinaus sichtbar. Als zweitgrößtes Gotteshaus in Thüringen nach dem Erfurter Dom wurde die fünfschiffige Hallenkirche von etwa 1317 bis 1380/90 errichtet. Ihre überregional bedeutende Architektur vereint in ihrer Formensprache sowohl böhmische als auch südostdeutsche Vorbilder. Zwischen 1895 und 1903 wurde der seit dem Mittelalter nur provisorisch vollendete Turm durch den örtlichen Bauinspektor Wilhelm Röttscher zum höchsten Kirchturm Thüringens aufgestockt.
In ihrer Funktion als Müntzergedenkstätte, Museum sowie Begegnungsort mit Religion und Kultur ist die Mari-

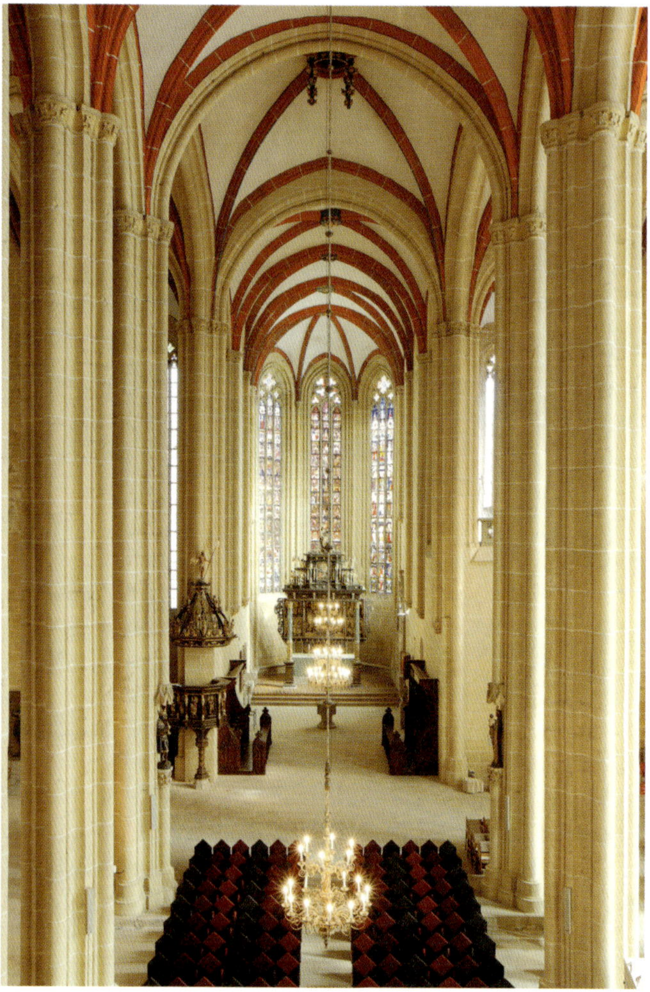

enkirche eng mit dem Geschick der Stadt und ihrer Bürger verbunden. Vor dem an der südlichen Querhausfassade befindlichen Doppelportal wurde der städtische Rat nach seiner Wahl vereidigt. Die steinernen Skulpturen Kaiser Karls IV., seiner Gemahlin Elisabeth von Pommern sowie zweier Höflinge auf der Galerie über dem Portal hatten die Funktion, diesen Prozess symbolisch anstelle der realen Personen zu begleiten. Für das Ereignis schuf Johann Sebastian Bach (1685–1750) unter dem Titel „Gott ist mein König" 1708 die einzige von ihm bis heute überlieferte Ratswechselkantate.

Die Ausstellungsbereiche in dem seit 1975 säkularisierten und seither museal genutzten Gebäude bieten ein vielfältiges Angebot. Dem radikalen Reformator und ehemaligen Prediger der Marienkirche, Thomas Müntzer, ist beispielsweise eine eigene Präsentation gewidmet.

Ohrdruf

Schloss Ehrenstein

Schlossplatz 1
T. 03624 31700100
ohrdruf.de
Öffnungszeiten:
Mi–Fr 10–16 Uhr
und Sa/So 10–17 Uhr
(Januar geschlossen)

Nach einem verheerenden Brand wurde das Schloss im Juni 2022 wiedereröffnet. Schloss Ehrenstein zählt nun zu den schönsten Renaissanceschlössern Mitteldeutschlands. Die neu konzipierten Ausstellungen im Museum erzählen die Geschichte des jungen Johann Sebastian Bach, der einen prägenden Teil seiner Kindheit in Ohrdruf verbrachte, sowie der spannenden Industrie- und Handwerksgeschichte der Stadt. So befindet sich im Schloss das weltweit einzige Museum, welches eine so hohe Anzahl an Bauhaus-Stahlrohrstühlen von Erich Dieckmann präsentiert. Die eindrucksvolle Geologie-Ausstellung zeigt Fossilien und Minerale von vor 240 Mio. Jahren und weckt nicht nur bei Kindern den Forschergeist. Der KUBUS MAGICUS zeigt die effektvoll in Szene gesetzte Geschichte Ohrdrufs digital und in einmaliger Umgebung.

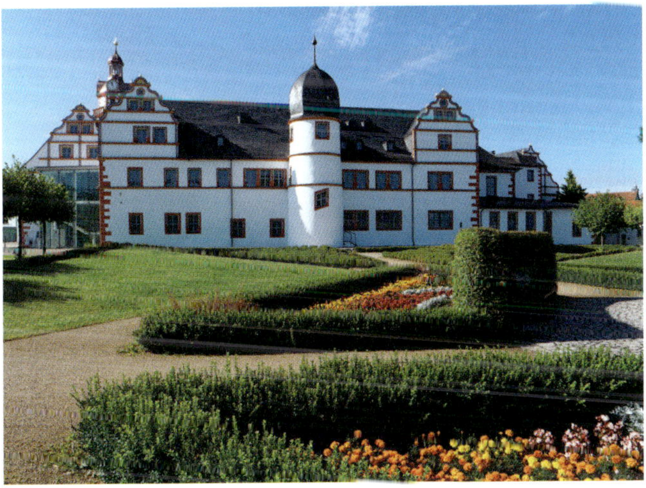

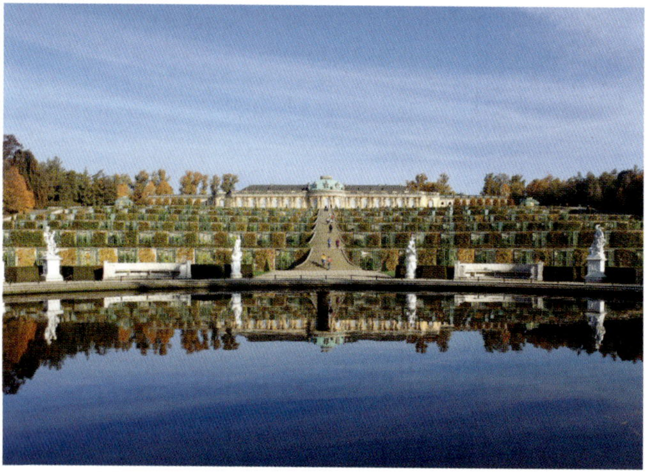

Potsdam

Schloss Sanssouci

Schloss Sanssouci (von französisch sans souci „ohne Sorge") diente von 1747 bis 1918 als Sommersitz der preußischen Könige und deutschen Kaiser. Wegen seiner kunsthistorischen Bedeutung wird Sanssouci auch preußisches Versailles genannt. In Sanssouci komponierte, musizierte und philosophierte der preußische Monarch Friedrich II. (1712–1786).
Eigentlich war Bach nach Potsdam gereist, um seinen Sohn Carl Philipp Emanuel zu besuchen. Doch kaum war der Komponist nach zwei schlaflosen Nächten in der Kutsche in Potsdam angekommen, ließ ihn der König zu sich rufen. Da sitzt Bach nun, umringt vom halben Hofstaat. Dann beginnt er zu spielen: eine vierstimmige Fuge, aus dem Stegreif. Das Thema, das der König ihm gestellt hat, ist verteufelt schwer. Eines ist klar: Friedrich II. will Bach auf die Probe stellen – und Bach löst die Aufgabe mit Bravour.

Schloss Sanssouci
Maulbeerallee
T. 0331 9694200
spsg.de

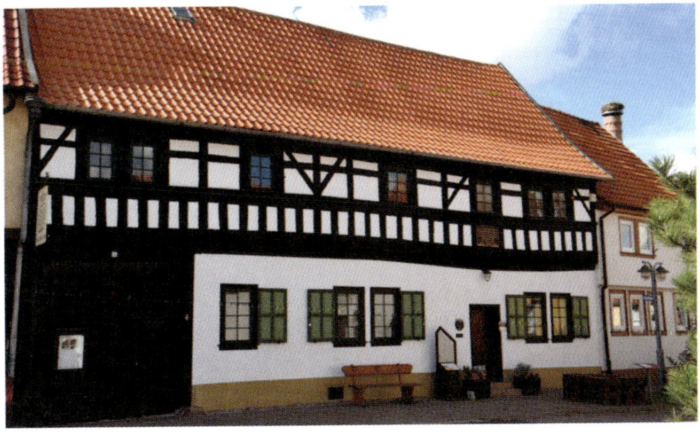

Wechmar

Bach Stammhaus

Bachstraße 4
T. 036256 22680
Bach.stammhaus-wechmar.de

Öffnungszeiten
Di, Do 10–18 Uhr
sowie nach Vereinbarung

Der Ursprung der weltgrößten Musikerfamilie, an deren Spitze Johann Sebastian Bach stand, ist Wechmar. Sein Ur-Ur-Großvater, Vitus (Veit) Bach, hat hier um 1600 als Bäcker und Müller gearbeitet.
Das Bach-Stammhaus (Oberbacks am Markt) beherbergt seit 1994 eine Bachgedenkstätte mit einem Museum der Thüringer Spielleute und Instrumentenbauer. Hier wird alles Wissenswerte über Veit Bach, seine Söhne Hans und Caspar sowie die im Oberbacks geborenen Söhne des Hans Bach; Johannes (1604), Christoph (1613, Großvater des Johann Sebastian Bach) und Heinrich Bach (1615) präsentiert; u.a. der weltgrößte Stammbaum mit mehr als 550 musikalisch-bachischen Familien am Scheunengiebel im Hof, über den berühmten „Herzchen-Stammbaum" aus Eisenach bis hin zur „Stammtafel des Johann Sebastian Bach" von 1530.
Bei Abrissarbeiten wurde die älteste Wirkungsstätte der Musikerfamilie Bach, die Veit Bach Obermühle, entdeckt. Sie wurde im Bauzustand von 1685 restauriert und beherbergt eine Holzbohlenstube aus dem Jahr 1585.
Das Bach-Stammhaus und die Veit Bach Obermühle sind die ältesten Wirkungsstätten der weltgrößten Musikerfamilie aller Zeiten.
Einschließlich der Besichtigung des Bach-Stammhauses, der Veit Bach Obermühle und der St. Viti Kirche (größte Dorfkir-

che Thüringens) führt der Rundgang insgesamt an 6 originalen Bach-Wirkungsstätten vorbei, u.a. auch an der Knaben- und Mägdeleinschule von 1738 (älteste Doppelschule Thüringens) in der Ernst Christian Bach von 1777 bis 1822 wohnte und als Knabenschullehrer und Kantor wirkte.

Weimar

Erlebnisort Bach in Weimar

Stadtschloss /Bastille

In der Bastille des Stadtschlosses erfahren Besucherinnen und Besucher viel über Bachs Weimarer Zeit. Der „Erlebnisort Bach in Weimar" zeigt eine frei zugängliche Präsentation, die über diese wichtige Lebensstation des Komponisten informiert. Außerdem erklingen Werke, die zwischen 1707 und 1708 in seiner Funktion als Hoforganist und Kammermusicus entstanden sind. Vorgestellt werden seine Wirkungsorte sowie die Bachfamilie, denn sechs seiner Kinder sind hier geboren – darunter Wilhelm Friedemann und Carl Philipp Emanuel. Der Erlebnisraum wird bestimmt von einer Wandgrafik, einem Bildschirm mit animierten Bildern sowie illustrierte Texttafeln.

Ensemble Bastille
Burgplatz 4
T. 03643 545400
Di–So 10–17 Uhr
klassik-stiftung.de

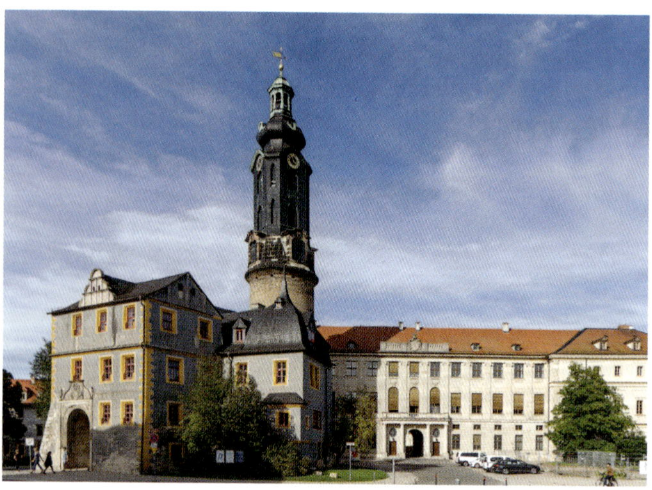

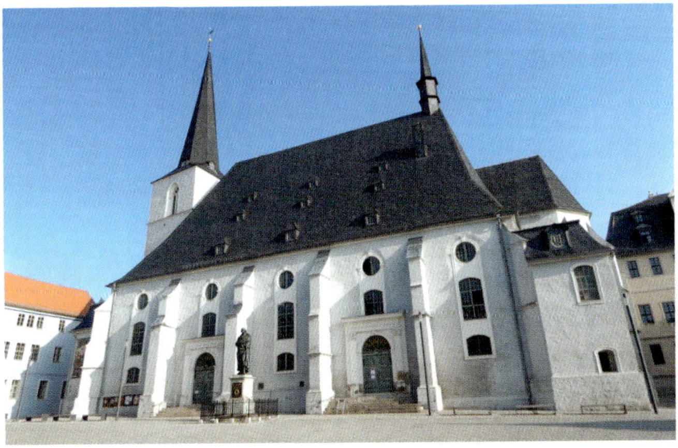

Herderkirche

Herderplatz
weimar-evangelisch.de

Öffnungszeiten
Mo–Sa 10–18 Uhr,
So 11–12 und
14–18 Uhr

Die Herderkirche (Stadtkirche St. Peter und Paul), erbaut als dreischiffige gotische Hallenkirche um 1500, wurde im 16. Jahrhundert zur Residenzkirche und zur Grablege der Ernestiner. Im 18. Jahrhundert barock überformt, war sie 27 Jahre Wirkungsstätte des Theologen der Aufklärung Johann Gottfried Herder. Sie beherbergt neben dem berühmten Altar von Lucas Cranach d.J. den Taufstein für vier Kinder Johann Sebastian Bachs, die Kanzel, von der Luther mehrfach predigte und die Grablegen von Kurfürst Johann Friedrich dem Großmütigen und seiner Frau Sibylle von Kleve, der Großherzogin Anna Amalia sowie das eindrucksvoll gestaltete Grab Johann Gottfried Herders. Die Zeugnisse der Vergangenheit, Gottesdienst und Kirchenmusik heute, aber auch der Versöhnungsauftrag als Nagelkreuzzentrum, machen sie zu einem Zentrum geistlichen Lebens weit über die Grenzen Weimars hinaus.

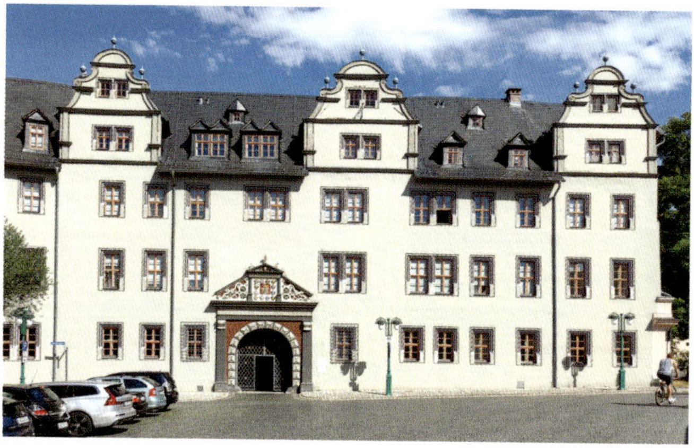

Rotes Schloss

Herzog Johann Wilhelm I. von Sachsen-Weimar (1530–1573) ließ 1573 östlich des Marktplatzes mehrere Bürgerhäuser niederreißen, um an ihrer Stelle das Witwenpalais für seine Frau Herzogin Dorothea Susanna (1544–1592) bauen zu lassen. Es wurde 1576 fertiggestellt. In dem heute als „Rotes Schloss" bekannten Gebäude wohnte die Herzogin bis zu ihrem Tod.
Das Rote Schloss bildet den Westflügel eines historischen Gebäudeensembles, mit Bauten aus unterschiedlichen Jahrhunderten und Stilepochen. An das im Stil der Renaissance erbaute Rote Schloss schließt nördlich das barocke Gelbe Schloss an, das zwischen 1702 und 1704 für Herzogin Charlotte Dorothea Sophie (1672–1738) errichtet wurde und nach dem Tod ihres Mannes Herzog Johann Ernst III. von Sachsen-Weimar (1664–1707) als Witwensitz diente. Im Gelben Schloss gab Johann Sebastian Bach den beiden Prinzen Ernst August I. und Johann Ernst IV. Musikunterricht.
Woher das Rote Schloss seinen Namen hat, ist bis heute ungeklärt. Nach dem Schlossbrand 1618 wurde das Rote Schloss zum Teil als herzogliche Residenz genutzt, im 18. Jahrhundert als privater Wohnsitz von Angehörigen der herzoglichen Familie und von 1702 bis 1703 auch vom Kammermusiker und Hoforganisten Johann Sebastian Bach. An der Südseite des Schlosses

Anna Amalia Bibliothek.
Markt 15
weimar-lese.de

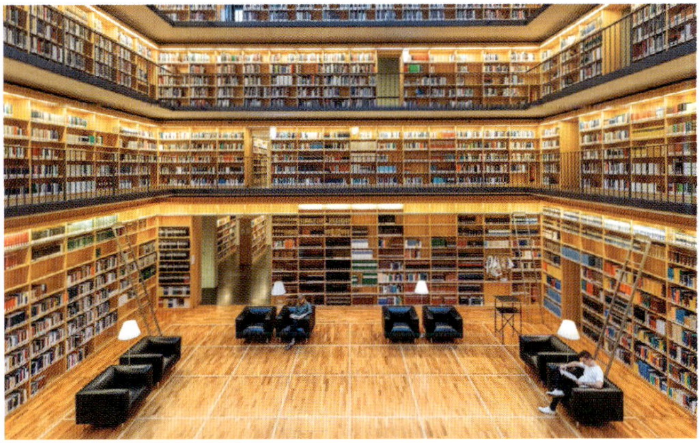

erinnert seit 1995 eine Bronzebüste von Bruno Eyermann aus dem Jahr 1950 an Bachs Wirken in Weimar.
Heute beherbergt das Rote Schloss die Forschungsbibliothek und das moderne Studienzentrum der Herzogin Anna Amalia Bibliothek.

Dank

Wir bedanken uns bei allen Bachstätten, die im Anhang dieses Buches vorgestellt werden, für die uns freundlicherweise zur Verfügung gestellten Informationen sowie für das überlassene Bildmaterial. Darüber hinaus haben wir viele wichtige Texte der Plattform „wikipedia" in teilweise leicht bearbeiteter Form entnommen. Allen, die daran mitgearbeitet haben, gilt ebenfalls unser herzlicher Dank.

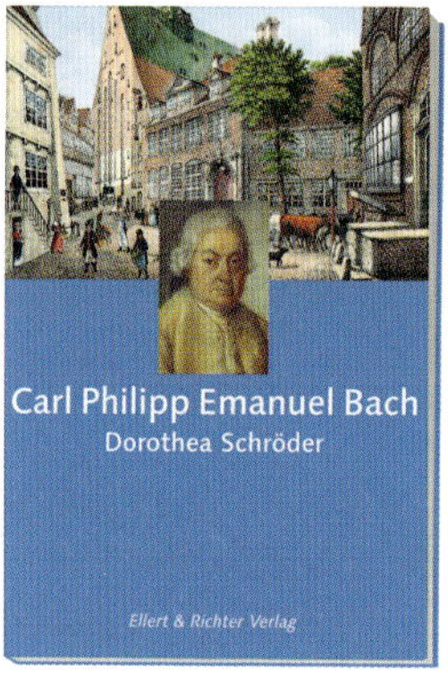

Dorothea Schröder
Carl Philipp Emanuel Bach (Hamburger Köpfe)
112 Seiten mit 33 Abbildungen
978-3-8319-0562-1

Am 8. März 2014 feiert die Musikwelt den 300. Geburtstag von Carl Philipp Emanuel Bach, dem zweitältesten Sohn Johann Sebastian Bachs, der zu Lebzeiten berühmter war als sein Vater. Als Hauptvertreter des ausdrucksvollen „empfindsamen Stils" prägte er die Übergangsepoche zwischen Spätbarock und Wiener Klassik: Haydn, Mozart und Beethoven kannten und schätzten seine Kompositionen. Nach drei Jahrzehnten im Dienst Friedrichs II. von Preußen zog Bach 1768 nach Hamburg, wo er bis zu seinem Tod im Jahr 1788 als Musikdirektor der Hauptkirchen und Konzertveranstalter tätig war. Sein vielfältiges Œuvre umfasst neben der Klaviermusik, die seinen Ruhm begründete, auch Sinfonien, Instrumentalkonzerte, Kammermusik, Oratorien, Kantaten und Lieder. In allen Genres fasziniert Bachs höchst individuelle Tonsprache. Ob dramatisch aufrüttelnd oder träumerisch singend, stets folgt die Musik seinem Motto: „Aus der Seele muß man spielen, und nicht wie ein abgerichteter Vogel."

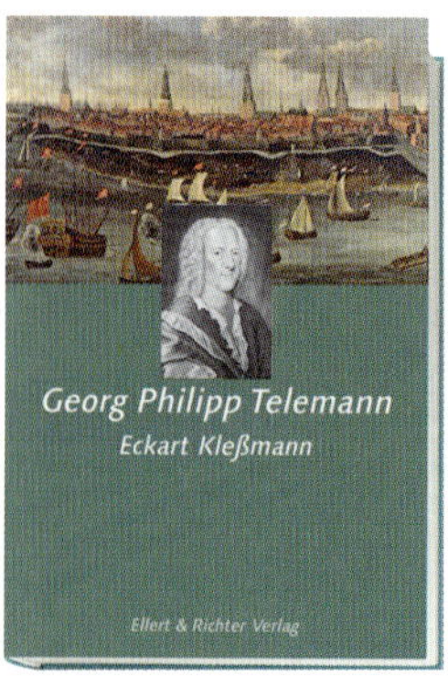

Eckart Kleßmann
Georg Philipp Telemann
140 Seiten mit 42 Abbildungen
978-3-8319-0611-6

Georg Philipp Telemann gehört zu den bedeutendsten Komponisten des 18. Jahrhunderts. Er hat wie kein anderer die bürgerliche Musikkultur befördert und souverän seine Stellung über 50 Jahre lang behauptet.
Der 1681 in Magdeburg geborene Telemann komponierte schon mit zwölf Jahren, begann seine Laufbahn als junger Musikdirektor in Leipzig, wirkte als Kapellmeister in Sorau, Eisenach und Frankfurt am Main, bis er 1721 nach Hamburg berufen wurde, wo er 46 Jahre lang als Kantor am Johanneum, Musikdirektor der fünf Hauptkirchen und Chef der Hamburger Oper tätig war.
Der allem Neuen stets aufgeschlossene Musiker genoss internationales Ansehen, erhielt als einziger deutscher Komponist seiner Zeit eine Einladung nach Paris, wo er acht Monate blieb und gefeiert wurde. Er hat als erster das Hamburger Musikleben organisiert und in zahlreichen Prozessen um sein Urhebererrecht gekämpft. Als er 1767 in Hamburg hochangesehen starb, bekam er ehrende Nachrufe. Aber schon bald geriet er in Vergessenheit, wurde im 19. Jahrhundert als „Vielschreiber" geschmäht und erst spät wiederentdeckt als einer der Großen der Musik von faszinierender Lebendigkeit.

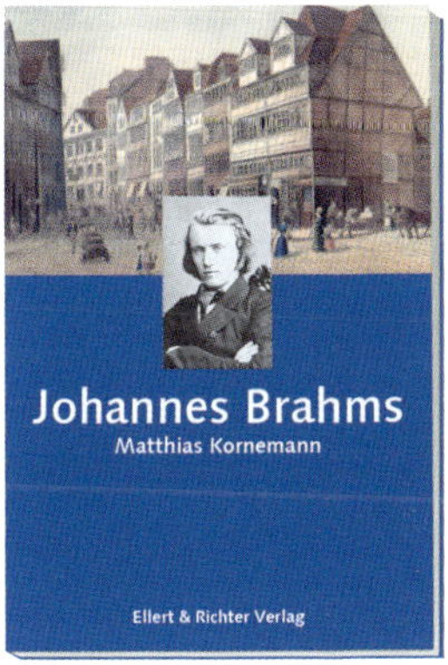

Matthias Kornemann
Johannes Brahms
184 Seiten mit 31 Abbildungen
978-3-8319-0586-7

Dieses Buch ist vor allem den ersten 30 Lebensjahren des Komponisten Johannes Brahms (1833–1897) gewidmet. Die Umstände seiner Jugend in Hamburg und ihre literarische Legendenbildung sind der erste Schwerpunkt der Untersuchung. Wir folgen dem jungen Künstler auf seiner 1853 beginnenden, alles entscheidenden Reise in die Musikzentren Deutschlands, auf der er von einem völlig Unbekannten zu einer musikalischen Größe ersten Ranges aufstieg. Während dieser Jahre verwuchs seine Biografie gleichsam mit jener Clara Schumanns (1819–1896), Pianistin und Ehefrau seines Freundes Robert Schumann. Ein Jugendporträt wäre unvollständig ohne ein Psychogramm dieser legendenumrankten Beziehung. Die letzte Rückkehr nach Hamburg 1859–1863 und die ersten Jahre der Erfolge beschließen diese Biografie des „Hamburger" Brahms.

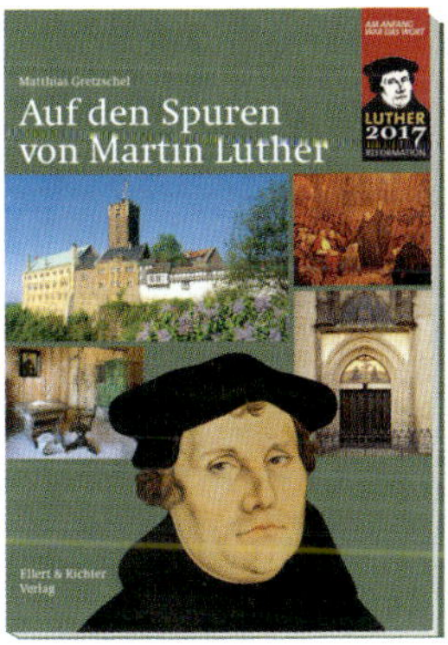

Matthias Gretzschel
Auf den Spuren von Martin Luther
288 Seiten mit 305 Abbildungen
978-3-8319-0563-8

Die Wirkungen des Wittenberger Reformators Martin Luther waren universal. Die meiste Zeit verbrachte er in Kursachsen, das durch ihn zum „Mutterland der Reformation" wurde. Der Theologe und Journalist Matthias Gretzschel nähert sich dem Phänomen Luther, indem er dessen Schicksal anhand der einzelnen Lebensstationen nachzeichnet: vom Geburtsort Eisleben im Mansfelder Land über die Schulzeit in Eisenach bis zum Eintritt ins Erfurter Augustinerkloster, vom Wittenberger Thesenanschlag zu der Disputation in Leipzig, von den Auftritten vor dem Reichstag in Worms bis zur „Schutzhaft" auf der Wartburg, wo er das Neue Testament ins Deutsche übersetzte. Dokumentiert werden auch die späteren Reisen, die Luther von Wittenberg aus unternahm, um sein reformatorisches Werk zu fördern. Im Anhang werden „Lutherstätten in Deutschland von A bis Z" nach Städten gegliedert mit ausführlichen Informationen und aktuellen Fotos präsentiert. Im Mittelpunkt stehen authentische Lebens- und Wirkungsstätten Martin Luthers, von denen bereits viele für das 500. Reformationsjubiläum 2017 neu gestaltet wurden: Kirchen, in denen er gepredigt, Häuser, in denen er gewohnt hat, sowie Lutherdenkmale und -ausstellungen. Auch die übrigen Hauptsehenswürdigkeiten der Orte werden vorgestellt.

Autor:
Matthias Gretzschel (Jahrgang 1957) wuchs als Kind einer Pfarrersfamilie in Dresden auf. Nach einer Buchhändlerlehre, dem Wehrersatzdienst als Bausoldat und dem Theologiestudium an der Leipziger Universität promovierte er 1988 im Fachgebiet „Christliche Archäologie und Kirchliche Kunst". Von 1990 bis 2017 war er als Kulturredakteur beim Hamburger Abendblatt tätig. Er ist Autor zahlreicher kulturgeschichtlicher Sachbücher u. a. über Bauwerke, Städte und Landschaften. Im Ellert & Richter Verlag erschienen u.a. seine Bücher „Die Dresdner Frauenkirche", „Auf den Spuren von Martin Luther" und „Als Dresden im Feuersturm versank".

Titelabbildung:
imago images, Berlin

Bildnachweis:
Alle Bilder von Georg Jung, Hamburg, außer:

BPK: 8 r. (Staatsbibliothek zu Berlin, Ruth Schacht)
Bürgerstiftung Dresden: 173
Fichtner, Hans-Christoph, Eisenach: 176
Hauptkirche St. Jacobi: 178
Hauptkirche St. Katharinen: 43 (Alexander Voss)
Hochberg, Elisabeth: 201
Horrmann, DSK: 27
Huber Images, Garmisch-Partenkirchen: 25, 40, 18/49, 80/81, 82/83, 144/145, 174, 180, 182, 184, 185
imago images, Berlin: 8 l., 9 r., 39, 44, 46/47, 54/55, 61, 161
Klassik Stiftung Weimar, Fotothek, Foto: Alexander Burzik: 205
Mauritius images, Mittenwald: 58/59, 63, 194
Punctum, Franke, Peter: 185
picture alliance, Frankfurt/M: 9 l., 67, 154
Stadt Ohrdruf (S. Schambach): 199
Stadt Mühlhausen (Tino Sieland): 196, 197, 198
Kirchengemeinde St. Nikolai Leipzig: 186 (Punctum/Peter Franke)
Kulturbetrieb Arnstadt: 168 (Steffen Rosipal Photography), 169 (Sebastian Keßler), 170 (Tino Sieland)
Stiftung Frauenkirche Dresden: 172 (Foto Oliver Killig)
SGM/Atelier Hermann Walter, Inventarnummer: F/4429/2005: 149
Sieler, Maren, Weimar: 203
Thomaskirche Leipzig/Carolyn Rau: 188
Wikimedia Commons: 10, 22, 23, 24, 28, 41, 42, 43, 62, 76/77, 84, 85, 86/87, 93, 94, 96, 99, 103, 105, 106, 108, 116, 123, 125, 126, 127, 131, 132, 133, 138/139, 141, 142, 143, 147, 149, 152, 157, 160, 162/163, 171, 183, 190, 191, 192, 193, 200, 204
www.stiftung-johann-sebastian.de: 115
Zapf: 118

Bibliografische Information der Deutschen Nationalbibliothek
Die Deutsche Nationalbibliothek verzeichnet diese Publikation in der Deutschen Nationalbibliografie; detaillierte bibliografische Daten sind im Internet über http://dnb.d-nb.de abrufbar.

ISBN 978-3-8319-0832-5

Text und Bildlegenden:
Matthias Gretzschel, Hamburg
Gestaltung:
BrücknerAping, Büro für Gestaltung, Bremen
Gesamtherstellung:
ADverts Ltd., Latvia, Riga

www.ellert-richter.de
www.facebook.com/EllertRichterVerlag
www.instagram.com/ellert_richter_verlag